森山卓郎
渋谷勝己
編

The Sanseido

Dictionary of Japanese Linguistics

　　三省堂

デザイン　松田行正＋杉本聖士

はしがき

　本辞典は、日本語学の重要な概念、現時点でのさまざまな研究成果を、分かりやすく、しかもコンパクトに解説したものです。三省堂『明解言語学辞典』、同『明解方言学辞典』に続くものとして、三省堂の飛鳥勝幸さんよりお話をいただき、その献身的な支えのもとに完成したものです。先の2冊の辞典は研究の新しさ、広さと明解な解説、そしてその使いやすさが注目されますが、本書も、そういったものを目指しています。

　すなわち、本書も、日本語学として重要だと思われる内容をコンパクトにまとめて立項し、個々のさまざまな用語や概念は目次索引から引いていただくという構成となっております。項目から読んだり、目次索引を活用したりして、本書を縦横無尽に使っていただければと思います。

　立項項目は、現在の日本語学の重要で基本的な概念や最新の研究成果を可能な限り網羅するように、そして本書のサイズに収まるように厳選しました。また、深く関わる国語教育や日本語教育などの関連分野にもできる限り目配りをしました。したがって、専門に関わる皆様はもちろん、国語教育に関わる先生方、日本語教育の先生方、日本語以外の言語の先生方、文学関係や関連領域の研究者、そして、それらの領域を学ぶ学生諸氏にもぜひお使いいただきたいと思っております。もちろん、本書を大学などの授業の教科書や参考書として使っていただくこともできるかと思います。

　コンパクトな本でありながら、この中には日本語学の豊かな世界が、そして、執筆陣の熱い想いが、ぎっしりつまっています。付録には、音声器官図、IPA、方言地図、詳細品詞分類、敬語分類対照表、ローマ字による古典語・現代語対照活用表など、多様な資料を収録しました。併せて活用していただけましたら幸いです。

　日本語学関係の辞典としては、日本語学会編『日本語学大辞典』(東京堂出版、学会を挙げて作られた1300頁を超える大辞典)など大辞典の類もあります。また、言語学については三省堂『言語学大辞典』という大辞典があります。本書を1つの入り口として、そうした大辞典の類も読んでいただくようお勧めしたいと思います。このほかに、分野ごとに、あるいは分野を横断して、解説する優れた概説書も多数あります。本書には参考文献も載せていますので、そうした参考図書や参考文献から、いろいろな研究を芋づる式にたどっていただき、日本語学の面白さを極めていただければまことにありがたく思います。

　本書の編集は、特に協力者を置かず、編者の2名で行いました。各項目の執筆にあたって、執筆陣の皆様には、限られたスペースで、しかも分かりやすい内容をつくすという難事業を達成していただきました。英文訳については、ルディ・トートさん(長崎大学)にお世話になりました。そのままでは訳しにくい概念なども工夫していただいています。そして、ともすれば滞ってしまいそうになるところを、こうして完成に至るまで進められたのは、三省堂編集部の飛鳥勝幸さんのお導きのお蔭です。

　本書ができるにあたって、お力添えをいただいたすべての方々に心からの感謝をささげます。

2020年4月
森山卓郎
渋谷勝己

編　集

森山 卓郎　　渋谷 勝己
　［早稲田大学］　　［大阪大学］

執筆者一覧

安達 太郎	安部 朋世	天野 みどり	有田 節子	庵 功雄
池上 尚	石黒 圭	石田 尊	市村 太郎	井本 亮
岩田 一成	岡崎 友子	加藤 大鶴	兼築 信行	苅宿 紀子
岸本 恵実	金 愛蘭	甲田 直美	小林 英樹	小柳 智一
坂井 美日	坂本 清恵	定延 利之	佐藤 琢三	佐藤 知己
澤崎 文	山東 功	渋谷 勝己	鈴木 仁也	鈴木 豊
高田 智和	高山 善行	武田 康宏	田中 英理	田中 真一
東条 佳奈	中俣 尚己	仁科 陽江	野間 純平	林 由華
原田 走一郎	福田 倫子	松木 正恵	森 勇太	森山 卓郎
八亀 裕美	矢澤 真人	矢田 勉	山岡 華菜子	米川 明彦

編集協力　（株）翔文社　　本文組版　（株）エディット

凡　例

1. 本書の各項目は、1行目から、日本語表記、よみ、英語表記、ジャンルの順に並んでいる。1行目の日本語表記がすべてカタカナの場合には、2行目のよみを省略した。

2. 左肩に˙がついている用語は、見出し項目または見出し項目との関連で説明されている用語である。その用語が説明されているページは「目次索引」に太字で表示した。

3. 本書で使用したその他の記号は、概略、以下の通りである。なお、本文中で解説されているものについては省略した。

4. 文献は、原則として、手に入りやすい（特に日本語で書かれた）ものを優先した。

○ …………………高ピッチの拍（音節）
◯ …………………低ピッチの拍（音節）
[　] …………………音声表記
/ / …………………音素（表記）
- …………………接辞境界（接中辞以外）
= …………………接語境界
*(左肩) …………[1] 再建形　[2] 非文法的な形、表現
?, ?? …………………容認性の低い表現
〜 …………………語形のゆれ
∅ …………………ゼロ要素
(→A) …………別項目Aへの参照指示
cf. …………………参照
A＞B …………AからBへの変化

目次索引

※太字の用語は見出し項目を、太字の数字はその用語の説明があるページを示す。

【か】

挨拶
あいさつ
greeting
談話

　人間関係を維持するための定型表現。非言語的コミュニケーションの連動・代用もある。東北地方の「おばんです」など方言差もある。なお、中世以前は現代ほど定型化していなかった。

【出会い・別れ】 呼びかけとも連続し、「おお」など声をかけるだけでも交話的機能を果たせるが、特に「こんにちは」「さようなら」「お疲れ」などの定型的表現は、相手との人間関係や状況を規定し、出会いによる領域侵犯や別れによる関係離脱の危機管理となる場を共有する点で「おはよう」など時間に関わる表現も多い。家族で「こんばんは」と言わないように、それぞれの用法に親疎関係が関わる。

【関係修復的挨拶】 基本的に、相手から自分へのプラスを認定するのが感謝（お礼）、自分から相手へのマイナスを認定するのが謝罪（お詫び）である。ともに心理的負担感の不均衡関係を是正する。

　「すまない」など心情を表す表現のほか、「謝る」は「誤る」という認定からきているように、「お待たせしました」など関係を認定する表現もある。そのほか、「感謝する」など遂行動詞によって発話行為を明示する表現もある。これに対して相手から、「とんでもない」など、その関係の否定があれば、その不均衡関係は明示的にリセットされる。

　不均衡がないものとして、「おめでとう」「御気の毒に」など共感的な挨拶もある。

　日本語では「{?大変／本当に} 有難う」のように、程度の大きさを言うより心情の深さで強めることが多い。

[文献] 森山卓郎「関係修復のコミュニケーション」藤森ことばの会編『藤森ことば論集』（清文堂出版 1992）、森山由紀子「平安・鎌倉時代の感謝・謝罪に見られる配慮表現」野田尚史ほか編『日本語の配慮表現の多様性』（くろしお出版 2014）　　　　　　　　[森山卓郎]

アイヌ語
あいぬご
Aynu (Ainu)
言語名

　アイヌ民族の言語。アイヌ aynu はアイヌ民族の自称で「人間」の意。北海道、サハリン（樺太）、千島列島（クリル諸島）に分布。固有の文字はなく、現在ではカタカナかローマ字で書かれるのが一般的である。Asai (1974) による方言分類では、北海道方言、樺太方言、千島方言に分かれ、さらに北海道方言は北部、北東部、南西部、南東部に分かれるとされる。なお、山田 (1957) の地名研究によって、古くは本州の東北地方でも話されていたことが証明されている。口承文芸が発達しており、なかでも長大な英雄叙事詩が有名である（金田一 1931、知里 1973）。

【系統・歴史】 同系言語が知られていないため、アイヌ語の歴史の詳細は不明である。服部 (1967) は、樺太方言では母音の長短の対立が保存されたが北海道方言では対立が失われ、高低アクセントに変化した、とする。なお、佐藤 (2016) のように長短を新しい発達ではないかとする意見もある。

【音声・音韻】 佐藤 (2008) の千歳方言の記述によれば、音韻体系は、母音音素 i、e、a、o、u、子音音素 p、t、k、s、h、'[?]、c[ʧ]、m、n、r、w、y である。声門閉鎖音を喉音音素として認める解釈は服部 (1964, 1967) が提唱したものであるが省略されることが多い。閉鎖音 p、t、k は音節末では「破裂が聞こえない（no audible release）」という点に特徴がある。アクセントは昇り核が弁別的な高低アクセントであるが、アクセントのみで意味が区別される事例は非常に少ない（例：tetá「この間」、téta「ここに」）。

【語順】 語順は SOV 型である。ただし、S と O は入れ替わることが可能である。名詞には性、数、格による語形変化がなく、主語、目的語いずれの場合も無変化であり、主格、目的格を明示する助詞も用いられない。また、動詞

にはテンスがない（例：kamuy unma rayke.「クマが（kamuy）ウマを（unma）殺す〜殺した（rayke）」）。

【文法構造】動詞には主語の人称が原則必ず表示され、他動詞の場合にはさらに目的語の人称が表示される（例：a-e-kor「私が（a-）お前を（e-）持つ（kor）＝私がお前と結婚する」（口承文芸からの例）。

　文法的手段として接頭辞、接尾辞、重複、語幹合成が用いられ、語が長い傾向がある。動詞語幹に名詞語幹が合成される「名詞抱合」も生産的である。アイヌ語の場合、自動詞主語抱合（例：sir-pirka「天気・良い」）、目的語抱合（例：wakka-ta「水・汲む」）のほか、他動詞主語抱合（例：me-rayke「寒さ・殺す（寒がる）」）も見られるのが特徴的である。

　存在、移動のような「場所」の概念に関係する自動詞（例：hosipi「帰る（単数）」、hosippa「同（複数）」）、対象に状態変化をもたらすような意味を持つ他動詞（例：tuye「切る（単数）」、tuypa「同（複数）」）は単複の区別を有することが多い。

　受動態は不定人称（a-「人が」）によって表現され、目的語は主語に昇格せず、能動態の構造を示す（例：mosmakur oro wa a-en-hotuyekar「他人（mosmakur）から（oro wa）人が（a-）私を（en-）呼ぶ（hotuyekar）」＝「私が他人から呼ばれる」）。

[文献] 金田一京助『ユーカラの研究』Ⅰ, Ⅱ.（東洋文庫 1931）、山田秀三『東北と北海道のアイヌ語地名考』（楡書房 1957）、服部四郎編『アイヌ語方言辞典』（岩波書店 1964）、服部四郎「アイヌ語の音韻構造とアクセント」『音声の研究』13（1967）、岡正雄監修『知里真志保著作集2』（平凡社 1973）、Asai, T. Classification of Dialects. *Bulletin of the Institute for the Study of North Eurasian Cultures* 8, 1974., 佐藤知己『アイヌ語文法の基礎』（大学書林 2008）、佐藤知己「言語史の研究方法とアイヌ語史の諸問題」『歴史言語学』5（2016）　　　[佐藤知己]

アクセント（現代語）
あくせんと（げんだいご）
accent

音声・音韻

　個々の語について決まっている韻律的特徴の一種で、強弱・高低などによって現れる。たとえば、英語やドイツ語、ロシア語などには、語の中で強く発音される部分（強勢）がある。そして、その位置の違いが意味の区別などに役立っており、英語のóbjectとobjéctのように、強勢が変わると意味や品詞の変わるものがある。このような点から、これらの言語は強さアクセントを持つ言語として特徴づけられる。

　一方、日本語などは語の中で高く発音される部分があることから、高さ（ピッチ）アクセントを持つ言語として区分される。そして強さアクセントを持つ言語と同様に、「ハシ（橋）」と「ハシ（箸）」などのように、語の中で高く発音される位置が変わることによって、意味の区別に役立つ場合がある。

【アクセントの機能】同音の語を区別することはアクセントの機能の1つである。しかし、現代日本語にはアクセントを持たない方言があり、また同一のアクセントを持つ同音語も多い（「シマ（島）」「シマ（縞）」など）。

　もう1つの機能としては、語のまとまり（文節のまとまり）を表すという点が挙げられる。ただし、アクセントの文節は文法的な文節と必ずしも一致するわけではなく、「この山」などは文法的には「この」と「山」の2文節であるが、アクセントとしてはひとまとまりとなる。そのため、アクセントのまとまりを「アクセント単位」や「アクセント句」と呼ぶことがある。

【アクセントの体系】アクセントのパターン（アクセント型）は有限であり、その種類・数や弁別特徴（どの要素が区別に関係しているか）は方言によって異なることが知られている。方言のアクセントのうち、東京をはじめ、中部地方や中国地方などに分布する東京式アク

セントの場合、1拍の名詞には「ヒガ（日が）」「テガ（手が）」のように2つの型、2拍の名詞には「ニワガ（庭が）」「カワガ（川が）」「アメガ（雨が）」のように3つのアクセント型がある。つまり、語の拍数が増えるごとに型の数も増えていく体系として分類することができるが、このようなアクセント体系を多型アクセントと呼ぶ。

　多型アクセントに該当する代表的なアクセント体系は、上述の東京式アクセントと、近畿地方を中心に四国地方や北陸地方に分布する京阪式アクセントである。伝統的な京阪式アクセントは、東京式アクセントに比してさらに型の種類が多く、1拍の名詞は「カガ（蚊が）」「ヒガ（日が）」「テガ（手が）」という三つの型、2拍の名詞は「ニワガ（庭が）」「カワガ（川が）」「ウミガ（海が）」「アメガ（雨が）」という4つの型に区別される。

　ただし、この2つのアクセント体系は同じ多型アクセントとされるものの、弁別特徴には異なる点を有する。東京式アクセントは下がり目（アクセント核）の有無と位置によってアクセント型が区別され、京阪式アクセントはそれに加えて語の始まりの高さ（高起式・低起式）が関与する。たとえば「ハシガ（端が）」「ハシガ（橋が）」「ハシガ（箸が）」は、東京式アクセントにおいてはそれぞれ、下がり目のない型・2拍目（語末）のあとで下がる型・1拍目のあとで下がる型として区別される。一方、京阪式アクセントにおいてはそれぞれ、高起式で下がり目のない型・高起式で1拍目のあとに下がる型・低起式で下がり目のない型である。語で発音すると、東京式アクセントにも高起式の語と低起式の語があるように思われるが、「この」のような語を前に接続させると「コノハシガ（この橋が）」となる。すなわち、始まりの高さは語に固有のものではなく、句の始まりをあらわすと解釈できる。一方、京阪式アクセントは「コノハシガ（この箸が）」となるため、始まりの高さが語に固有のものであることが理解される。

そして、高起式・低起式は語全体にかぶさる特徴であることから、語声調（単語声調）と呼ばれる。

　日本語には、このような語声調のみを弁別特徴として持つ方言も存在する。たとえば、鹿児島方言のアクセントは、語や文節の末尾から2音節目が高く発音される型（A型）と、末尾の1音節のみが高く発音される型（B型）に区分される。語の長さに関わりなく型の種類が定まっており、東京式アクセントの弁別特徴とは異なる。鹿児島方言と同じ二型アクセントは長崎方言などにも見出され、隠岐島方言などには三型アクセントが分布するが、近年ではこれらのアクセント体系を多型アクセントに対してＮ型アクセントと称し区別することが多い。

　一方、アクセントによる区別を持たない方言も存在する。無型アクセントや無アクセントと呼ばれ、南奥羽から北関東、九州地方の中央部などに分布する。

【アクセントの語類】それぞれのアクセント型に発音される語はグループ（語類）をなし、異なる方言間で対応関係を持つ。たとえば、「端が・飴が・庭が」などの語は東京方言で○○○と発音されるが、京都方言では○○○と発音され、鹿児島方言ではＡ型に発音される。「雨が・声が・窓が」などは東京方言で○○○、京都方言で○○○、鹿児島方言でＢ型となる。方言ごとに不規則な様子を見せるのではなく、このような共通性が見出されるのは、諸方言が分岐する以前にアクセントの語類を形成していたからであると考えられる。

　アクセントの語類の別について、その規則的な変化の原則を基に「アクセント類別語彙表」を最初にまとめたのが、金田一春彦である。「金田一語類」と呼ばれるそれは、現代諸方言のアクセントと、院政期から近世期のアクセントを知ることのできる文献との対応によって語を分類したもので、たとえば1拍名詞は第一類から第三類という3種類、2拍名詞は第一類から第五類という5種類に分けられる。

先に示した「端が」などは第一類、「雨が」などは第五類となる。この「金田一語類」は、ここから満遍なく語を選んで調査を行なうことによって、その地域のおおよそのアクセント体系を知ることができるため、現在でも特に本土諸方言アクセントを調査する際の1つの指針とされることが多い。

ただし、近年殊に多くの報告がなされている琉球諸語のアクセントにおいては、「金田一語類」と一致しない語も多く、その問題点が指摘されている。そこで、琉球諸語のアクセントについては「金田一語類」と区別して「系列」と名付け、「系列別語彙」の拡充とそれを用いたアクセント調査が進められている。

また、「金田一語類」や、それに追加・修正を行なった「早稲田語類」の主たる対象が和語の単純語（あるいは、それに相当するもの）であるという点から、字音語や外来語、複合語などのアクセント語類の整理については多くの課題が残されている。とりわけ字音語アクセントは方言間の対応関係を見出すことが難しいものも多い。たとえば「水洗・水仙・推薦」は東京式アクセントでスイセンと発音されるが、京阪式アクセントでは「水仙」はスイセン、「水洗・推薦」はスイセンと発音される。このような語のアクセントについては方言間の対応関係だけでなく、もとの音との関係やその語の成立時期なども考慮する必要があり、さらなる研究の発展が望まれるところである。

[文献] 金田一春彦『国語アクセントの史的研究—原理と方法』（塙書房 1974）、上野善道「日本語のアクセント」杉藤美代子編『講座日本語と日本語教育2　日本語の音声・音韻（上）』（明治書院 1989）、早田輝洋『音調のタイポロジー』（大修館書店 1999）、中井幸比古編著『京阪系アクセント辞典』（勉誠出版 2002）、上野善道監修『日本語研究の12章』（明治書院 2010）、金田一春彦監修・秋永一枝編『新明解日本語アクセント辞典 第2版』（三省堂 2014）
　　　　　　　　　　　　　　　　　　　[山岡華菜子]

アクセント（歴史）
あくせんと（れきし）
the history of Japanese accent

（歴史・音声・音韻）

【アクセント型と類別語彙】日本語アクセントの歴史的研究は、比較方言学的手法と文献学的手法を組み合わせて行われる。文献学的手法に基づく研究では、拍ごとに高拍（H）、低拍（L）、下降拍（F）、上昇拍（R）を設定しそれらが組み合わさることで語にアクセントの型が定まると見る。アクセントの型は品詞の別を越えて一定の「類」をなす。現代諸方言と文献資料の分析から、平安末期の京都方言において「類」を構成していたと推定される語彙を「類別語彙」と呼ぶ（「金田一語類」とも）。文献資料を中心に「類別語彙」を拡充したものに「早稲田語類」があるほか、現代諸方言によって本土祖語の「類」や「式」など音調型についての改訂案（上野 2006）もある。「類別語彙」は原則的に和語で構成されるが、古くに日本に輸入された漢語の一部にもそれに相当するふるまいが認められる。

【アクセントの変化】同じ「類」に属するアクセント型は基本的には一律＝規則的に変化する。大局的には複数に区別される型同士が統合を繰り返し、より少ない型の数へと向かっていく。ただし同じ型に所属していても形態音韻論的な違いに基づいてアクセント型を分化させることもある。また多数型など優勢な型に類推して個別変化を生ずることもある。

【アクセントの資料と時代的変化】文献資料を用いた研究ではその地域的特性ゆえに京都方言の歴史を考察することに主眼が置かれる。多くの場合、文献資料に記された「声点」（字の四隅に配置された音調を表す記号）や「節博士」（声譜や胡麻章）を分析の手がかりとする。アクセントの歴史は、その特徴に基づき大きく古代（平安時代末期）・中世（鎌倉・室町時代）・近代（江戸時代以降）と分けることができる。古代の資料には古辞書・音義書（『類聚名義抄』『和名類聚抄』『金光明最

勝王経音義』）、訓点資料（『日本書紀』など）がある。中世の資料には『古今和歌集』声点本や『四座講式』、論義書『補忘記』『開合名目抄』などのほか、定家仮名遣で書かれた諸文献もある。近代の資料には『平家正節』や近松浄瑠璃本などのほか、契沖のアクセント観察が記される『和字正濫鈔』もある。

【アクセントの歴史】 古くはHF（溝）、LR（紫苑）、RH（象）、RL（脛）、FL（虹）など曲調拍（F・R）を含む多様なアクセント型もあったようだが、平安末期には2拍名詞ではHH（庭）、HL（川）、LL（山）、LH（笠）、LF（春）の5類を区別する体系となる。同様に3拍名詞ではHHH（形）、HHL（小豆）、HLL（二十歳）、LLL（頭）、LHH（兎）、LLH（命）、LHL（兜）の7類を区別する体系であったとされる。中世には上昇拍であるRはほぼ消滅したほか、助詞や複合動詞を構成する動詞のアクセントが独立性を失った。南北朝期には語頭から連続する低拍のうちその最終拍のみを残して高拍化（語頭隆起）する大変化が生じ（LL＞HL、LLL＞HHL、LLH＞HLL）、高平型と低平型との対立が失われる。江戸時代初期にはLHH＞LLH、さらに後期にはHHL＞HLLと変化し、型の統合が進んだ。その結果、2拍名詞はHH、HL、LH、LFの4種、3拍名詞はHHH、HLL、LLH、LHLの4種を区別する体系となった。古代から近代に至るアクセント体系の変化を通覧すると、区別される型の数が減少しアクセントによる語の弁別性の高さが失われた反面、高平型を除きHが語に1か所のみ現れる体系となった点で、高い統語機能を有するようになったと言える。

［文献］奥村三雄「漢語のアクセント」『国語国文』30-1（1961）、小松英雄『日本声調史論考』（風間書房 1971）、金田一春彦『国語アクセントの史的研究—原理と方法』（塙書房 1974）、秋永一枝ほか編『日本語アクセント史総合資料』索引篇・研究篇（東京堂出版 1997, 1998）、上野善道「日本語アクセントの再建」『言語研究』130（2006）　　　　　　　　　　　　［加藤大鶴］

アスペクト
aspect

文法

状態かどうか、状態の場合は進行中か結果かなど、動きの時間的側面の取り上げ方による表現の違いをアスペクト（相）と呼ぶ。

【アスペクトのない述語】 形容詞や名詞の述語は状態しか表さない。「要る」などの動詞やテイル形で使われる「優れ（てい）る」なども状態しか表さない。これら動きを表す動詞以外の述語ではアスペクトは問題にならない。「海が見える」「泳げる」のような感覚動詞・可能動詞などは両方の用法を持ち、そのままの形で属性状態を表せるが、テイル形で実現後の状態を表すなど動きとしての用法もある。

【動きと状態】 動きの述語の場合、そのまま動きとして取り上げる場合とテイルなどをつけて状態として取り上げる場合とがある。たとえば、「ドアが{開く・開いた}」は動きを全体として前後から切り離す捉え方になっている。したがって、「ドアが開いた」と言えば、動きの発生の前後をいわば2コマの絵として捉えることになる。また、ふつう、特定の場面で「ドアが開いた。風が入ってきた」のように、動きの文どうしの連続は、時間的に進行する関係となる。一方、「開いている・開いていた」は動きが進行中ないし結果として、その前後も同じだという捉え方を表す。したがって「ドアが開いていた」と言えば、その状態をいわば1コマの絵として捉えることになる。また、「ドアが開いていた。風が入ってきていた」のような状態性の述語は同時的な解釈が一般的である。結果の状態は「その時すでに帰っていた」など、ある時間以後という関係（完了）を表すこともある。

【アスペクトの形式】 共通語のテイルは広く状態化するが中四国表現の一部など近畿周辺の方言によっては、「歩きよる」などのヨル系が進行中、「壊れとる」などのトル系が結果を表すというような使い分けがあるものもある。テイルのほか結果を表すテアルや進行中を表す

ツツアルなどは動きの動詞について状態化する。始メル、続ケルなどの複合動詞、テクルなどの補助動詞、トコロダなどの形式名詞、ナガラなどの時間を表す複文形式などがアスペクトに関わる。

【動きの時間的性質】共通語の「テイル」はその付加する動きの性質によって、違った側面を状態化する。たとえば「彼は道を歩いている」は進行中、「小鳥が1羽死んでいる」は結果を表す。

こうした違いを説明するために動きのとりあげ方と時間的な性質に応じた動詞の分類がなされる。一般に、主体が変化をするような動詞では、動きがどう「なる」か、という結果の側面に焦点があてられ、シテイル形は結果が取り上げられる。一方、主体が動きを展開し、変化しないものでは、その主体がどう「する」か、という側面に焦点があてられ、シテイル形では進行中で解釈される。

ただし、たとえば「小鳥が次々と死んでいる」が進行中を表すように、名詞との関係や副詞も含めた動きの全体的な性質が関わっている。また、そもそも瞬間的な動詞は進行中を（繰り返しでない限り）表せないなど、持続時間の有無も関わる。このほか、動きの性質には、変化後の結果のあり方に関わる内部構造もある。たとえば、「太郎は｛5分かかって・5分間｝窓を開けた」では「動作＋対象変化の結果の維持」という構造があり、違う「5分」だが、「｛5分かかって・5分間｝走る」はそうした変化を含まず、ともに「走る」動きの時間を表す。

[文献] Vendler, Zeno *Linguistics and Philosophy* Cornell U.P. 1967., 金田一春彦編『日本語動詞のアスペクト』（麦書房 1976）、奥田靖雄「アスペクトの研究をめぐって―金田一的段階」『宮城教育大学国語国文』8（1977）、高橋太郎「現代日本語動詞のアスペクトとテンス』『国立国語研究所報告』82（秀英出版 1985）、森山卓郎『日本語動詞述語文の研究』（明治書院 1988）、工藤真由美『アスペクト・テンス体系とテクスト―現代日本語の時間の表現』（ひつじ書房 1995）　　［森山卓郎］

言いさし表現
いいさしひょうげん
incomplete sentence

談話・語用論

文が中断されたまま終わっている表現。述部が省略されている表現や、「から」「ので」など接続助詞で終わり、あとに主節がない場合など、文法形式としては途中で終わっているもの。何らかの理由で途中で表現が終わってしまった不完全な場合と、話者の主張として意味的に完結している場合とがある。たとえば節間の関係を表す接続助詞が後続要素を伴わずに接続形式のみによって終結する現象がある。「お願いがあるんですが。」「私もう帰るから。」のように単独で用いられ、後続する表現は会話に見られない。

【研究事例】接続助詞等で発話が終わる表現は「言いさし」文（白川 2009）、従属節の主節化（insubordination）（堀江・パルデシ 2009）の名前で扱われており、談話内での機能が考察されている。接続助詞による従属節だけで言いたいことは言い尽くされているものもある。何かを補って考えなくても話者の発話内容が分かり、聞き手に判断を委ねることで配慮を示すなどの文脈効果を持つ。主節を伴わずに従属節が単独で一定の表現機能を持つ現象として知られている。形式的には一見、従属節のように見えるものの慣習化された主節用法である。接続助詞以外の従属節（副詞節、名詞化節、連体節）の主節化もあり、たとえば「みたいな。」「っていう。」のように被修飾語となる名詞句を伴わずに発話が終わり、これらの前接部分が発話の引用の場合がある。この場合、言いさしの形式により、完全な表現よりカジュアルな表現となる。「さっさと歩いて！」「早くいけば。」では命令や依頼、助言などの意味が慣習化している。

[文献] 白川博之『「言いさし文」の研究』（くろしお出版 2009）、堀江薫／プラシャント・パルデシ『講座・認知言語学のフロンティア5　言語のタイポロジー』（研究社 2009）　　　　　　　　　　　　［甲田直美］

意志動詞・無意志動詞
いしどうし・むいしどうし
volitional verb / non-volitional verb

【文法】

　意志動詞とは、意志的にコントロールできる動詞を言い、無意志動詞と対をなす。自己制御的動詞と呼ばれることもある。一般に、命令形、意志形、「てみる」「ておく」のような表現が使えるのは意志動詞である。

【意志動詞の種類と用法】たとえば「折れる」と「折る」のように自動詞と他動詞が対応する場合、「折れる」のような自動詞は無意志動詞であるのに対して、「折る」のような他動詞は意志動詞である。人間が主語になる場合には、目的をもってほかにはたらきかける点で意志動詞としての用法となる。なお、「歩く、励む」のように意志的な自動詞もある。

【無意志動詞の種類と用法】無意志動詞には、「欠ける」などそもそも動きを表さない動詞、可能動詞、自発的な感覚の動詞、「砕ける」など非人間主語の動詞などがある。人主語の動詞でも、「間違う」などマイナス価値の動き、「悲しむ」など心因的なもの、偶然性に依存する「知る」、外面観察的な「寒がる、たたずむ」などは、無意志的な動詞である。

　ただし、意志か無意志かは用法に関わるのであって、「古家を壊す」のように意志動詞と言える動詞でも、「落として時計を壊す」のように、用法によって無意志的な用法を持つ場合がある。これには価値性が関わる。

【関連表現】「書け」のような命令形、「書こう」のような意志形、「てみる・ておく」による試行性や準備性のほか、「書こうとする」のような意志発露、「書くことにする」など意志決定などの表現が関わる。使役の表現では「彼 {*に・を} 悲しませる」のように重なるヲ格がない場合、ニ使役は一般に意志動詞である。また「滑って転んだ」のような原因事態の解釈のテ形の接続はふつう無意志動詞である。

［文献］森山卓郎『日本語動詞述語文の研究』(明治書院 1988)　　　　　　　　　［森山卓郎］

位相語
いそうご
register-specific language

【社会】

　1つの言語の中にある多様性（バリエーション）を示す用語。社会集団や使用場面によって異なることば（特に語彙）のことを言う。菊澤（1933）は、水が固体である時には「氷」、気体の時には「水蒸気・湯気」のように、物理化学的には同じ物質であっても、位相（register）が異なればそれを表現することばが変わる。これと同じように、同じ意味を表すのにも、社会の位相が異なれば異なったことばが使われるとし、社会的位相ごとのことば（位相語）を研究する分野（位相論）の必要性を主張した。

　菊澤はことばの位相に関する研究を、社会を背景とする狭義の位相論である「様相論」と、音声言語・文字言語のような表現様式を背景とする「様式論」の、2つに分けている。これを社会言語学（変異理論）の視点と用語に近似的に置き換えれば、前者は言語使用者の属性によることばの多様性（地域方言や社会方言）、後者は同一言語使用者が使い分けることばの多様性（スタイルなど）を探る分野である。このうち様相論については、菊澤はさらに、①社会的・心理的（階級方言・特殊語）、②地域的（（地域）方言）、③生理発達的（児童語）に下位分類する。

　田中（1999）は、菊澤（1933）に具体的な記載のあまりない様式論も含めて位相全体を見直し、位相差が生じる要因を、強弱をもちつつ重層的にはたらくと注記しつつ、以下の3つに分けている。

社会的位相	性別、世代、身分・階層、職業・専門分野、社会集団によるもの
様式的位相	書きことば・話しことばの差異、文章のジャンル・文体の差異、場面・相手の差異、伝達方式の差異によるもの

　心理的位相　忌避の心理、美化の心理、仲
　　　　　　　間意識、戦場心理、対人意識・
　　　　　　　待遇意識、売手・買手の心理
　　　　　　　によるもの

同時に、位相によることばの相違が現れるレベルも、語彙のほかに、発音、文法、文字（用字）、文体、言語生活、言語意識など広範囲にわたるとし、位相論の扱う範囲を広げている。逆に菊澤の②地域方言は削除され、③児童語は単に生理的なものではないとして、社会的位相に位置づけられている。

　位相語の整理は菊澤の様相論や田中の社会的位相の面で進み、たとえば日本語史研究において、次のようなものが指摘されている。斎宮忌みことば（伊勢神宮で、仏教関係のことばを避けて言い換えたもの。「髪長（僧侶）」など）、女房ことば（主に室町時代の御所や仙洞御所の女官（女房）の間で使用された特徴的なことば。「おでん（田楽）」などの「お〜」ことばや、「しゃもじ（杓子）」などの「もじ」ことばが有名）、六方ことば（江戸時代の無頼の徒が使用したことば。「〜こんだ（ことだ）」などの訛音や「つん（出る）」などの接頭辞、「モサ」などの文末詞など）、廓ことば（江戸時代の遊女が使用したことば。「ンス」などの敬語や代名詞「ワッチ」など）など。社会的位相を映し出すことばには、現代でも、法律用語やIT用語をはじめとする業界用語や、学生語（キャンパスことば）などの集団語、若者語などがある。

　位相語には社会の多様な情報が焼きついており、それを使用することによって使用者は、自身のアイデンティティを聞き手や読み手に示すことができる。また位相語は、小説やアニメに登場する人物像を示す役割語として活用されることもある。（→社会方言）

[文献]菊澤季生『国語位相論』（明治書院 1933）、田中章夫『日本語の位相と位相差』（明治書院 1999）

[渋谷勝己]

異体字
いたいじ
variant character

文字・表記

　「剣・劍・劒・剱・釼」のように、読み方と意味が同じであっても、形（字体）の異なる漢字がある。字体の異なるもの同士の中で、どれか1つを正字（正字体）とした場合、残りの字体を異体字と呼ぶ。「剣・劍・劒・剱・釼」の場合、常用漢字の「剣」が正字で、「劍・劒・剱・釼」が異体字である。

　正字は、現代では常用漢字表などの国語施策や漢和辞典、古くは『説文解字』『玉篇』『干禄字書』『康熙字典』などの字書によって、規範的に正しいとされる字体である。一方、異体字は、旧字、本字、古字、俗字、通字、略字などさまざまな呼び名が与えられている。同じ字体でも、漢和辞典や字書により、呼び名が変わることもある。

　正字／異体字の別は、時代と地域によって変わり、時代と地域を通して一貫しているわけではない。たとえば、現代日本では常用漢字の「権」が正字であるが、戦前は「權」が正字であった。戦前と戦後で正字／異体字が入れ替わったのである。そのため、「権」を新字（新しく作った字体ではない）、「權」を旧字と呼ぶ。また、現代中国（大陸）では簡化字の「权」が正字であるが、かつては戦前の日本と同様「權」が正字であった。現代日本から見れば簡化字「权」は異体字となり、現代中国では日本の常用漢字「権」は異体字となる。このように、正字／異体字の別は、漢字圏内の時代差・地域差に基づく、字体に対する価値観の相違に起因するものである。

[文献]杉本つとむ『異体字とは何か』（桜楓社 1978）、大島正二『《辞書》の発明—中国言語学史入門』（三省堂 1997）、笹原宏之・横山詔一・エリック＝ロング『現代日本の異体字—漢字環境序説』（三省堂 2003）、石塚晴通編『漢字字体史研究』（勉誠出版 2012）、佐藤栄作『見えない文字と見える文字—文字のかたちを考える』（三省堂 2013）

[高田智和]

一致
いっち
agreement

　ブルームフィールド (1933) は、ある形式類 (form class) がさらに下位区分される統語現象を一致 (agreement) と呼び、3つのタイプを認めている。(1)「呼応 (concord, congruence)」。統語構造において、構成素同士が同じ下位類を取る場合。this boyにおいては、this、boyそれぞれが「単数」という下位類に属する。これに対し、these boysでは、these、boysは「複数」という下位類に属する。この場合、this、those は名詞に呼応する、と言う。(2)「支配 (government)」。I knowでは一人称単数代名詞としてIという下位類が、watch meではmeという下位類が選択されなければならない。この場合、know、watchはそれぞれ、I、me を支配する (govern)、と言い、このような現象を支配と呼ぶ。「ぞ、なむ」が活用語の連体形、「こそ」が已然形を要求する「係り結び」も支配の一例と言える。(3)「相互照応 (cross-reference)」。ラテン語のpuella cantat「娘が歌う」では、cantat自体が「彼女が歌う」という意味を含んでおり、厳密には「娘、彼女が歌う」という構造をしている。代名詞的な形式が含まれた下位類cantatが、実質的な意味を持っている外部の先行詞puellaと一致している。このような現象を相互照応と呼ぶ。なお、英語のthe boy runsはrunsだけでは文が成立しないので呼応の例である。これに対し、ラテン語の場合は puella「娘」は文の義務的構成素ではなく、cantatだけで文が成立する。

　なお、日本語での「呼応の副詞」には「めったに〜ない」のように特定の形式をとるものがある一方で、「ぜひ〜したい・するべきだ・しよう／*した」のように、一定の制約があるものの多様な形式をとるものもある。この点で、英語などの一致とは違いがある。

［文献］L.ブルームフィールド『言語』(大修館書店 1987)

［佐藤知己］

意味変化
いみへんか
semantic change, semantic shift

　同一語形により表される意味が、時間の推移とともに以前と異なるものに変化すること。意味変化は人間の心理的連想により起こるため、古い意味と新しい意味との間には何かしらの類似性があり、全く関係のない意味へ変化するわけではない。また、文法や音韻においては、旧形式と新形式とが共存したとしても明確に区別されるのに対し、意味においては、古い意味と新しい意味とが共存・累積し1語の意味を構成していくことがあり、こうした多義化も意味変化の特徴と言える。そもそも言語によるコミュニケーションは意思の伝達を目的とする。言語行動と意味とが直接的に結び付いているために、文法や音韻に比べ意味は日常的に変化しやすくなる。

【意味変化のパターン】古い意味と新しい意味との関係を分類しようとする試みは昔から行われている。特に有名なものに、意味の拡大・縮小、上昇・下降がある。前者は、拡大「お茶 (＝飲み物) でもごはん (＝食事) でも」、縮小「花見 (＝桜の花) で飲む (＝飲酒する)」のように、意味の広狭が変化する場合を指す。後者は、上昇「明日天気 (＝晴天) になあれ」、下降「お前 (＝同等以下に対する対称) もめでたい (＝間抜けだ) ね」のように、意味の価値が変化する場合を指す。ほかにも、類似性に基づく転用として「足代 (＝身体の足＞乗物)」「黄色い (＝黄の色＞調子の高い) 歓声」などの例が挙げられる。これら話者の言語行動が関与する意味変化とは別に、社会の変化が指示対象の変化を引き起こす例として、「車 (＝牛車＞自動車)」「着物 (＝着る物の総称＞和服)」などがある。

［文献］前田富祺「和語の意味変化」森岡健二ほか編『講座日本語学4　語彙史』(明治書院 1982)

［池上尚］

意味論
いみろん
semantics

分野名

　自然言語の語や文の表す意味を扱う分野。言語の表す意味は文字通りの意味と言外の意味に分けることができる。会社の受付で「田中さんは今こちらにいらっしゃいますか」と聞く時、文字通りには、田中という人物がその場にいるかどうかを聞く疑問文だが、受付の人物はこれを「田中を呼び出してくれ」という依頼に受け取る可能性が高い。これが言外の意味である。一般的には、意味論は前者を、語用論は後者を扱うとされるが、この境界は必ずしも明確ではない。

【意味の三角】自然言語は、音声や手話（言語記号）で外界の事柄を指すことができる記号体系である。たとえば、「イヌ」という言語記号は外界のその辺りに歩いている動物を指すが、これが「イヌ」の指示対象（referent）である。言語記号と指示対象は、直接的な関係にはなく、その記号の表す概念・指示（reference）を介して間接的に関係づけられる（C. オグデン・I. リチャーズ 1967）。言語記号、概念・指示、指示対象をそれぞれ三角形の頂点としたこの関係を意味の三角という。言語哲学者のゴットロープ・フレーゲ（Gottlob Frege）も言語表現の意味は、概念・指示に対応するSinnが第一義的に持つとし、指示対象（Bedeutung）と区別している。

【形式意味論】19世紀にアリストテレス以来の論理学を数学的記法で体系立てようとする記号論理学が隆盛となった。自然言語の*and, or, if…then, not, all, some*などの語を含む文は、記号論理学の代表例である命題論理や述語論理の論理式で近似的に表現することが可能である。言語哲学者のリチャード・モンタギュー（Richard Montague）は、1970年代の論考で、自然言語のさまざまな表現を、これらの論理体系を発展させた内包論理の論理式に一連の「翻訳規則」によって対応づけるモンタギュー文法を草案した。これによって、英語や日本語のような自然言語におけるさまざまな表現が法則性を持って論理式によって表現されることが可能になり、その論理式に与えられる意味論によって自然言語の意味を明示的に記述する道が開かれた。形式意味論では文や語句の意味を知っているとは、それらと外界のモノや出来事との対応関係を知っていることだと考える。「ドアが開いている」という文の意味を知っている人は誰でもドアが開いた状態でこの文が真になることが分かるということである。また、この文の意味（真理条件という）は、それを構成している語の意味とそれを組み合わせる規則によってのみ決定されるという構成性の原理を仮定している。

【認知意味論】統語論偏重の生成文法への不満や形式意味論への不満が重なり、認知意味論が1980年代に発生する駆動力となった。認知意味論は、自然言語と外界の指示物との間をとりもつ人間の世界の見方・概念化が言語表現のあり方や理解に決定的な役割を果たすと主張する。たとえば、「彼の心は氷より冷たい」という表現では、誰かの心を実際に計測して氷の温度と比較していると受け取る日本語話者はいないであろう。この言語表現の理解には、表現と外界との対応ではなく、ある人の態度を温度という観点で理解するという人間の行う解釈が必要である。認知意味論では、どのようにして言語理解に必要な概念・指示が形成されているかに大きな重点が置かれ、メタファーやメトニミーといった比喩表現、言語表現の多義性のあり方などの研究が幅広く行われている。

【語彙意味論】語彙意味論は、語の持つ意味関係、伝統的には、語と語の同義性・異義性・多義性などを扱う。近年は、語が共通して持つ意味素を最小の概念単位として立て、共通の意味素を持つ語の統語的・意味的振る舞いを予測・説明しようとする立場が多くの成果を挙げている（Jackendoff 1990）。

[文献] C.オグデン・I.リチャーズ『意味の意味』（新泉社 1967）、金水敏・今仁生美『意味と文脈』（岩波書店 2000）、R. Jackendoff. *Semantic Structures*. MIT Press. [田中英理]

いろは歌
いろはうた

the Iroha; poem used for ordering kana

【歴史・音声・音韻】

　固有日本語の音節を、重複なく、また一文字の遺漏も無いように使用して（ただし、清濁の区別は捨象する）つくられた、今様調（七五の四句）の韻文。いろはにほへと ちりぬるを わかよたれそ つねならむ うゐのおく やま けふこえて あさきゆめみし ゑひもせす。多くこの後に、「京」と漢字を付す。

【成立】初見は、1079年書写の『金光明最勝王経音義』付載のもので、五十音図にやや遅れる。作者については古くから空海とされてきたが、信じることはできない。いろは歌に先行して、同様の音節一覧に、平安時代中期頃成立の「あめつち」や970年初見の「たゐに」があったが、それらは韻文としての体裁が不完全で、いろは歌出現以後は廃れた。

【音声・音韻史上の意義】成立当時の日本語の音韻組織を知る上で、重要な資料である。前述の「あめつち」にあったア・ヤ行の「エ」の区別が見えないことから、両者の成立時期の間にその区別が失われたこと、一方でいろは歌成立当時、イ・ヰ、エ・ヱ、オ・ヲの合流は少なくとも完成してはいなかったことも知られる。

【用途】古くは万葉仮名やカタカナで記され、本来、寺院における音韻の学で使用されたとされる（小松1979）が、遅くとも12世紀前半頃以降、ひらがな書きされて最初歩の手習手本とされるようになったことが、出土資料から明らかである。また、鎌倉時代以降、和語を見出し語とする辞書の配列順としても用いられた。それらの用途のいずれにも、近代になって五十音図に交替されるまで、ほとんどもっぱらいろは歌が使われ続けた。

［文献］大矢透『音図及手習詞歌考』（大日本図書1918）、高橋愛次『伊呂波歌考』（三省堂1974）、小松英雄『いろはうた』（中央公論社1979）　　　　　　　［矢田勉］

韻書
いんしょ

ryme dictionary, ryme book

【歴史】

　詩作における押韻の枠組みを韻と呼ぶ。漢字をその韻によって分類し、韻目順に配列した字典を韻書と言う。韻書に示される漢字の音は一般的には反切によって示される。草創期の韻書には『声類』（魏・李登）や『四声譜』（六朝・沈約）などがあるが伝存しない。体系立った内容を知ることができるのは『切韻』（隋・陸法言）である。『切韻』は平上去入の声調を分け、193の韻目を立てている。詩作における韻分類に用いられたものではあるが、『切韻』が示す音の体系は、唐代長安音など、現実に存在した音韻体系を反映するとも考えられており、諸論がある。原本『切韻』は散逸したが、敦煌出土の残巻から原態を伺うことができる（『十韻彙編』『唐五代韻書集存』所収）。完本としては故宮博物院で発見された『全本王仁昫刊謬補缺切韻』が有名である。音韻研究には『切韻』を増補修訂した『大宋重修広韻』（大中祥符元年陳彭年等編、『広韻』と略称される）が用いられることが多い。日本にも『切韻』系統の十五家による韻書が伝来したことが藤原佐世『日本国見在書目』に記される。のち、国内の漢詩文の流行などを背景として、これらの諸書を集成した菅原是善『東宮切韻』（9世紀、佚書）がつくられた。このほか、藤原季綱『季綱切韻』なる書も存在したとされるが詳細は伝わらない。韻書から分析される音韻体系を図表の形で配列したものを韻図と言う。よく知られた韻図に唐代末の作という『韻鏡』がある。『韻鏡』は横軸に字音の声母（頭子音）、縦軸に韻母（音節から声母を除いた部分）を配すが、この原理は日本の五十音図の成立にも影響を与えた。

［文献］平山久雄「中古漢語の音韻」牛島徳次ほか編『中国文化叢書1　言語』（大修館書店1967）、高田時雄「敦煌韻書の発見とその意義」高田時雄編『草創期の敦煌学』（知泉書館2002）　　　　　　　［加藤大鶴］

イントネーション
intonation
【音声・音韻】

　文、句、発話レベルのピッチの変化。領域全体におけるピッチの形状を指す場合と、局所的なピッチの形状を指す場合がある。機能として、文・句内における要素のまとまりと文法関係を示す役割、話者の発話意図を示す役割、さらに、話者の感情を表す役割を持つ。

【イントネーションとアクセント】イントネーションは、語より上位のレベルの現象であり、語に関わる現象であるアクセントとは異なる概念である。基本的にアクセントとイントネーションはともに実現され、日本語では、いずれもピッチという音声手段によって現れる。たとえば疑問文では、下図左側のように、アクセントによるピッチ下降（「ペ↓ン」）の後に上昇イントネーションが現れることで、両者がともに実現される。これに対し英語では、図右側のように、語の途中で疑問上昇のイントネーションが始まる。これは、英語においてアクセント（強さ：'pén）とイントネーション（高さ）とが異なる音声手段によって実現されているためである。

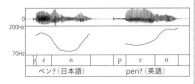

ペン?（日本語）　　pen?（英語）

【句イントネーションの結合法則】日本語では、句内において通常の修飾関係にある要素間のピッチが結合する。結合には法則があり、前部要素のアクセント型が全体の型を支配する。前部要素にアクセントがある場合（図左側「あ↓にのこども」（兄の子ども））、アクセントのピッチ下降により後部要素のピッチ上昇とアクセントが抑えられる。これをダウンステップ（downstep）またはカタセシス（catathesis）と呼ぶ。後部要素のアクセントの実現に着目し、アクセントの弱化と呼ぶこともある。

　これに対し、前部要素が平板アクセント（高ピッチ終わり）の場合、後部にアクセントがあればその位置まで、なければ語末まで高ピッチが連続する。たとえば、「あ↑ねのこども（姉の子ども）」において、後部語頭「こ」の低ピッチが高に変わることで、前後部が高ピッチ連続により一体化する（「あ↑ねのこども」となる）。

「兄の子ども」と「姉の子ども」

どちらも句レベルでピッチが結合し、前部要素が句全体のイントネーションの型を支配している。この点で、後部が全体の型を支配する複合語アクセントの結合法則とは異なる。

【真偽疑問文・疑問詞疑問文の音調】真偽疑問文と疑問詞疑問文をイントネーションによって区別する言語は少なくない。英語においては、真偽疑問文では文末が上昇するのに対し、疑問詞疑問文ではそこが下降するのが一般的である。名古屋・広島方言も同様のパターンを基本とする。それに対し、東京方言では、両疑問文ともに文末が上昇するが、各文のフォーカス部分（太字）を高くすることで、両者を区別する（真偽疑問文は「な↑にか↑のむ」（何か飲む？）のように、疑問詞疑問文は「↑なにをのむ」（何を飲む？）のようになる）。博多方言では、真偽疑問文では文中の語アクセントが残るのに対し、疑問詞疑問文では疑問詞以降、文末までの語アクセントを削除し、すべて平坦に発音する（文末で上昇する）。このように、両疑問文は、しばしば異なるイントネーションによって、音声的に区別される。

[文献] 田中真一・窪薗晴夫『日本語の発音教室—理論と練習』（くろしお出版 1999）、郡史郎「イントネーション」上野善道編『朝倉日本語講座3　音声・音韻』（朝倉書店 2003）、Vance, Timothy. *The Sounds of Japanese.* Cambridge University Press, 2008.　　　　［田中真一］

韻文・散文
いんぶん・さんぶん
verse / prose

【社会・文章】

　韻文とは、韻律を持つ文章を言う。音の進行に定型を持つ詩などの文学作品を指すこともある。韻律とは、母音や子音などの音韻の配置に規則性を持たせたり（いわゆる「押韻」）、文章の特定の箇所の音数を一定に揃えたりすることにより、文章に与えられた音声的定型やリズムを言う。一方散文は、韻文のような音声的定型や音数のリズムを持たない文章を言う。物語文など、全体としてそのような文章を主体とする文学作品を指すこともある。定型を持つ韻文に対して、韻文以外の定型を持たない文章一般を指す語であり、韻文の存在を前提とする。

　なお、五七調のものなど特定の形のものを定型詩と呼び、特定の形でないものを自由詩と呼ぶ。日本での詩の形式としては、一文ごとに一字落として書くとされている。自由詩は、この形をとることで、韻律を持たなくても、詩という韻文の扱いになる。さらに、ふつうの文章のような形（散文形式）で詩的表現をする散文詩もあり、散文と韻文との間には一種の連続性がある。

【音数律】音数律とは、一定の音数によって構成されるリズムのことである。日本語においては、短歌の五・七・五・七・七や俳句の五・七・五、七五調・五七調などが代表的で、1モーラを1単位とする。たとえば、「ガレージへトラックひとつ入らむとす少しためらひ入りて行きたり」（斎藤茂吉『暁紅』）という短歌では、長音（「ガレージ」）や、促音（「トラック」）、撥音（「入らむ(ん)」）のような特殊拍も「1」と計上されることによって、五・七・五・七・七の音数が形成されている。

[文献] 窪薗晴夫「音韻論」田窪行則ほか『岩波講座　言語の科学2　音声』（岩波書店 1998）、坂野信彦「日本語の音数律」飛田良文・佐藤武義編『現代日本語講座　第3巻　発音』（明治書院 2002）　　[市村太郎]

引用
いんよう
quotation

【文法】

　文中に異質な「ことば」を取り込む表現行為のこと。日本語では〈発言〉（例：「一郎はもう帰ると言った」）と〈思考〉（例：「一郎はもう帰ろうと思った」）の「ことば」がともに「と」によって文中に取り込まれる。「一郎が言った／思った」という話し手による描写の中に一郎による異質な「ことば」を取り込むのが引用の構造である。

　日常語としての引用は既存の著作の一部をそれと分かる形で自分の著作に取り込む行為を意味するが、〈発言〉と〈思考〉の「ことば」を同様に「と」で取り込む日本語文法における引用は、既存の「ことば」を取り込む行為というよりも、そのような「ことば」があったものとして話し手が再現する行為として捉えられる。〈発言〉は実際に聞き取って取り込むこともできるが、〈思考〉は実際にどんな「ことば」で考えたり思ったりしたのかを知ることはできないからである。

　日本語には「いざという時は力を貸すよ」「これはぜひ買いたいという品物はありましたか？」のような引用句による名詞修飾がよく見られる。先取りした発話や思いに託して名詞の性質を述べるものである。話し手によるありそうなことばの再現という引用の性質がこのような表現を可能にする。

　引用された「ことば」の表現の仕方には、実際に発話したり考えたりしたように表現するものと、話し手の視点で整理して表現されるものがある。「一郎は僕は二度とここに来ないからねと言った」は前者、「一郎は自分は二度とそこに行かないと言った」が後者である。この表現の違いは話法と呼ばれる。

[文献] 鎌田修『日本語の引用』（ひつじ書房 2000）、藤田保幸『国語引用構文の研究』（和泉書院 2000）

[安達太郎]

ヴォイス
voice

態とも言う。主語（ガ格）を中心とした事態の関与者と述語の表す動きとの意味的関係を示す動詞の文法的カテゴリー。換言するならば、動作主、対象などの事態の関与者のうちの何を中心として文を組み立てるかを、動詞の形態との関係で示すもの。たとえば、「先生が生徒をほめる（home-ru）」という能動文は動作主である「先生」が主語となっているのに対して、「生徒が先生にほめられる（home-rare-ru）」という受け身文においては、述語動詞語幹のhomeに接尾辞-rare-が添加され、動詞の示す行為の対象である「生徒」が主語になっている。

【概念と下位類型の認定基準】ヴォイスをどう概念規定するかと、どのような下位タイプを認めるかは研究者により異なるが、主要な論点は2つある。1つめは、対立する2つの文の知的意味（コト的意味）の厳密な同一性を前提とするか否かである。たとえば、上述の能動文と受け身文の対立では、動作主「先生」と対象「生徒」のどちらを主語にするかでは異なっているものの、文が叙述する事態は同一である。「生徒が勉強する」と使役文「先生が生徒に勉強させる」の対立においては、「生徒が勉強する」という事態の同一性は保たれているものの、使役文においてのみ「先生」の関与が述べられている点では同一ではない。論点の2つめは、述語動詞の形態的対立の規則性（生産性）問題である。受け身の接尾辞(r)are、使役の接尾辞(s)aseはともに非常に多くの動詞の語幹に添加することが可能である。つまり、生産性が高い。このような述語の形態的対立の生産性をヴォイスというカテゴリーの前提とする考え方がある一方、これを前提としない考え方もある。たとえば、他動詞文「太郎が財宝を地面に埋める（um-e-ru）」と自動詞文「財宝が地面に埋まる（um-ar-u）」におけるum-e-ruとum-ar-uの形態的対立は、規則

性が高いとは言えずどちらの形式も辞書（レキシコン）に記載されるべき項目である。寺村（1982）は、受け身や使役などの述語の形態的対立の生産性の高いものを「文法的ヴォイス」、動詞の自他対応のような生産性の低いものを「語彙的ヴォイス」と呼び、両者を同等にヴォイスの体系に位置づけている。

【受け身と使役】対立する2つの文の知的意味が完全に同一で、なおかつ述語の形態的対立の生産性を必須の要件とする場合、ヴォイスの類型として認められるのは、能動と直接受け身の対立のみになる。しかし、日本語の受け身文には、能動文と知的意味が完全に同一ではない間接受け身文も発達しており、日本語学において多くの場合、知的意味の完全な同一性を前提としない場合が多い。直接受け身文とは、「先生が生徒をほめる」に対する「生徒が先生にほめられる」のように、能動文の主語と目的語を入れ替えることによって成り立っている受け身文である。これに対して間接受け身文とは、「赤ん坊が泣く」に対する「太郎が赤ん坊に泣かれる」のように、能動文の格成分にない名詞が主語となっている受け身文である。元の文の格成分にない名詞が主語に位置づけられるという点で、間接受け身文と使役文は類似していると言える。また、「太郎が故郷を思い出す」に対する「太郎には故郷が思い出される」などのような自発文もヴォイスの類型として位置づけられる。ただし、現代日本語において、自発文をつくることができるのは、「思い出す」「悔やむ」のような心理や思考の動詞等の一部に限定される。自発文は広義の受け身文であると捉えられることもある。受け身文と使役文は、ヴォイスの射程を比較的狭く捉えた場合であっても、ヴォイスの類型として認められるものである。

【動詞の自他対応】形態的対立に生産性は認められないものの、上述のように自他対応もヴォイスの現象として位置づけられることがある。「犯人が警官につかまった」と「警官が犯

人をつかまえた」という自他の文の対立も、述語が形態的に対立し、対象である「犯人」と動作主の「警官」のどちらが主語になるかという点で異なっている。また、動詞の自他は、受け身や使役と形態論的にも深く関わりあっている。「生まれる（umare-ru）」は自動詞であるが、動詞の形態自体は他動詞「生む（um-u）」の受動形として分析することが可能である。同様に他動詞「済ませる（sumase-ru）」は、自動詞「済む（sum-u）」の使役形として分析可能である。また、自他対応の動詞の形態的対立のあり方にはバリエーションが認められる。1つは、他動詞「ふさぐ（husag-u）」に対して自動詞「ふさがる（husag-ar-u）」の方が形態的に有標である点で受け身に近いタイプ（自動化転形）。2つめは、自動詞「飛ぶ（tob-u）」に対して他動詞「飛ばす（tob-as-u）」の方が有標である点で使役に近いタイプ（他動化転形）。さらに3つめとして、自動詞「通る（too-r-u）」と他動詞「通す（too-s-u）」のようにいずれかの一方が無標とも有標とも言い難いタイプ（両極化転形）である。受け身、使役、自他対応は、全体として1つの動詞の形態的体系をなしていると見ることができる。つまり、自動詞的形式が有標である受け身、他動詞的形式が有標である使役を対極としつつ、その中間に、自動詞がやや有標的な自他動詞、両極的な自他動詞、他動詞がやや有標的な自他動詞の対立が位置づけられる。このような形態的体系性は、自他対応を語彙的ヴォイスとして、受け身や使役という文法的ヴォイスと対等な形でヴォイスの体系に位置づける根拠となっている。

【可能】「太郎が英語を話す」に対する「太郎に英語が話せる」のような可能文もヴォイスの問題として位置づけられることがある。ただし、可能文の場合、「太郎が英語を話せる」のように、元の文と格パターンが同じで交替が起こらない文もある。つまり、可能文は格の交替が義務的ではない。また、「話す」は動作性の述語であるのに対し、可能文の「話せる」は状態性の述語である。つまり、可能文は動詞の動作性／状態性に変更を加える。これらの点から、可能は受け身や使役ほどヴォイスの類型として典型的、中心的なものではない。なお、動詞の可能形はもともと受け身形と同一であったが、「読まれる（yom-are-ru）」と「読める（yom-e-ru）」などのように五段動詞に関しては形態的分化が完了している。一段動詞に関しては、「見られる（mi-rare-ru）」に対する「見れる（mi-re-ru）」が実態としては多く使用されてはいるものの規範的には受け入れられるとは言い難い。また同じく一段動詞でも「考える」などのように拍数の多い動詞は、「考えれる（kangae-re-ru）」のような新しい可能形の定着度が相対的に低い。受け身形と可能形の分化は未だその途上にあると言える。

【その他】「太郎が水を飲む」に対する「（太郎は）水 {が／を} 飲みたい」のような願望文もヴォイスの周辺に位置づけうるが、やはり格の交替が義務的ではなく、述語の動作性／状態性に変更をもたらす。また、「太郎が花子に髪を切ってもらう」のようなテモラウ文には受動性と使役性の両方が認められ、ヴォイスとの関連が問題とされることがある。ただし、テモラウ文はあくまで恩恵の関係という点に、表現としての重点がある。

［文献］奥津敬一郎「自動化・他動化および両極化転形」『国語学』70（1967）、柴谷方良『日本語の分析』（大修館書店 1978）、寺村秀夫『日本語のシンタクスと意味 I』（くろしお出版 1982）、益岡隆志『命題の文法』（くろしお出版 1987）、渋谷勝己「日本語可能表現の諸相と発展」『大阪大学文学部紀要』33-1（1993）、影山太郎『動詞意味論』（くろしお出版 1996）、佐藤琢三『自動詞文と他動詞文の意味論』（笠間書院 2005）、林青樺『現代日本語におけるヴォイスの諸相—事象のあり方との関わりから』（くろしお出版 2009）　　　　［佐藤琢三］

詠嘆
えいたん
exclamatory expression

文法・語用論

　主として文末に現れる情意的意味。文法においては、助詞、助動詞の意味・用法の記述で用いられることが多い。「あの頃は楽しかったなあ」のように、主体が距離をおいて事態と向き合う際に、静かに心から湧き上がる感情を表す。突然対象と遭遇した際に生じる「驚嘆」のような急激な心の動きではない。詠嘆は、意味的には感動、感嘆と類似するが、これらとの区別は明確でない。

　詠嘆表現は、表現形式の意味によるものと構文的手段によるものがある。古典語の表現形式では、助詞「けり」、終助詞「かな」「も」(上代)、間投助詞「を」などが詠嘆を表す。「けり」は、ラ変型活用語が前接する場合(「なりけり」など)や複合用法「にけり」で詠嘆を表す。構文的手段によるものとしては、体言止め(「浦の苫屋の秋の夕暮」『新古今集』)、連体形終止(「春きにけりと驚かれぬる」『後撰集』)、言いさし(「夢と知りせば覚めざらましを」『古今集』)などがある。

　詠嘆は文タイプとしても用いられる概念である。平叙文のうち、詠嘆を表す文を「詠嘆文」と呼ぶ。詠嘆文は文論においては、推量文、疑問文との関係が注意される。文の意味的タイプの連続性をどのように捉えるかは、文法研究の重要課題の1つである。

　古典文法では「詠嘆」で記述されるものはかなり広く、便利な用語であるが、概念規定については十分でない。言語表現に何らかの情意が込められた場合、それを「詠嘆」と呼ぶことが多い。また、詠嘆は散文に比べると和歌の歌末で現れやすい傾向がある。今後、詠嘆表現の本質は何かを問い直していく必要があろう。

[文献] 尾上圭介『文法と意味Ⅰ』(くろしお出版 2001)、日本語記述文法研究会編『現代日本語文法4　モダリティ』(くろしお出版 2003)　　　　　　　　[高山善行]

婉曲表現
えんきょくひょうげん
euphemism expression

社会・語用論

　排泄、病気、死に関することに直接言及するのを避ける表現を指す。文法記述においては直接的、断定的な表現を避け、ぼかしたり和らげたりする表現全般を指す。たとえば、「その考え方は間違っている」は断定表現であるが、「その考え方は間違っているようだ」とすると、断定を緩和することができる。また、結果的に、客観的、分析的なニュアンスが生じることがある。婉曲表現を用いることにより、話者が発言内容の責任を回避するという面もある。婉曲は言語表現の修辞面や運用面に関わる概念である。

　古代語では、「推量の助動詞」が婉曲用法を持つ。たとえば、「む」は連体修飾節において「思はむ子を法師になしたらむこそ、〜(かわいがっている子を出家させるのが、〜)」(『枕草子』)のように用いられた。このような「む」は文末用法とは異なるものであり、もっぱら文中用法において見られる。「む」の「仮定婉曲用法」と呼ばれ、婉曲表現の1つと考えられている。古典語では「推量の助動詞」がしばしば文中に生起するが、これは現代語であまり見られない現象である。一方、「めり」は文末で婉曲を表すことがある。「めり」の婉曲用法は中古中期以降に増加しており、「視覚による推定」という中核的意味が希薄化した結果、生じた用法と考えられる。

　古典語の婉曲表現については、実際に「ぼかし」「やわらげ」であったかは不明であり、仮定に過ぎない。

[文献] 高山善行「助動詞「む」の連体用法について」『日本語の研究』1-4 (2005)、福嶋健伸「従属節において意志・推量形式が減少したのはなぜか─近代日本語の変遷をムード優位言語からテンス優位言語への類型論的変化として捉える」益岡隆志ほか編『日本語複文構文の研究』(ひつじ書房 2014)　　　　　　　[高山善行]

大槻文法
おおつきぶんぽう
the grammatical theory of Otsuki Fumihiko

【理論】

　大槻文彦の文法理論で、「語法指南」(1889、国語辞書『言海』付載)や、その補訂版にあたる『広日本文典』『広日本文典別記』において展開されている。また、国語調査委員会編『口語法』(1916)、『口語法別記』(1917)も、実質的な執筆者は大槻であり、大槻文法の一端をうかがい知ることができる。

【学説】文法とは文や文章における法則とされ、「名詞、動詞、形容詞、助動詞、副詞、接続詞、弖爾乎波、感動詞」の八品詞に分類される。「弖爾乎波」は学校文法の助詞に相当し、「名詞につくもの(第一類)」、「種々の語につくもの(第二類)」、「動詞、形容詞、助動詞につくもの(第三類)」に分けられ、終助詞や間投助詞(「や」「かな」など)は感動詞に含められている。また、動詞に関連して「法(mood)」、「口気(voice)」、「時(tense)」といった文法カテゴリーへの言及も見られる。文の成分については「主語、又ハ、主文ハ、英文法ニイフSubjectニテ、説明語ハ、Predicateナリ、客語ハObjectナリ、修飾語ハModifierナリ」(大槻1897『広日本文典別記』)というように、英文法に倣って「主語、説明語(述語に相当)、客語、修飾語」の4つを示し、「火は、物を乾かす」は「主語＋客語＋説明語」というように説明される。

【影響】大槻文法は、明治前期における西洋風の文法書(洋式日本文典)と国学の流れをくむ文法書(国学風日本文典)との折衷を図り、1つの体系としてまとめ上げたもので、明治期の文法教育における代表的な学説として、検定教科書に広く採用された。

［文献］大槻文彦『広日本文典』『広日本文典別記』(吉川半七1897)、山東功「大槻以後―学校文法成立史研究」大阪府立大学人間社会学部『言語文化学研究』7 (2012)
［山東功］

送り仮名
おくりがな
kana suffix following kanji

【文字・表記】

　日本語の漢字仮名交じり文において、漢字の読み方を明示するため、漢字のあとに添える仮名の部分を言う。

【歴史】もともと漢文の訓読から生じたものであるが、系統立った送り仮名のつけ方が検討されるのは明治期に入ってからであった。中根淑『日本文典』(1876)を初めとして、内閣官報局による「送仮名法」(1894)、国語調査委員会による「送仮名法」(1907)等が発表された。「送仮名法」(1907)は「普通ノ活用語ハ最後ノ一音ヲ送ルヲ通則」とした上で、第15則までを掲げるとともに、2字以上を送る語の一覧表を附録として添えたもの。戦後における送り仮名の整理にあたってもこれが参考とされた。

【戦後の施策】送り仮名のつけ方は、分野によって異なる傾向があったため、その統一を求める声が高まった。国語審議会の検討に基づき「送りがなのつけ方」(1959)が一旦策定されるが、各方面からの意見や批判を受け、改めて審議が行われた。その結果「できるだけ系統的で簡明な法則にまとめる」とともに「慣用を尊重し、さらに表記上の実際に即して弾力性を持たせる」形で「送り仮名の付け方」(1973)を決定。内閣告示として実施され現在に至る。これは、送り仮名のつけ方を本則・例外・許容の3つに分けて考え、7つの通則によって説明するものである。

　「複合の語」は、学校教育で通則6の本則が教えられる一方、法令や公用文では許容が用いられている。また、通則7の慣用が定着しているかどうか判断しにくい場合もある。社会で行われる複合語の送り仮名には、いまだ分野による相違が見られる。

［文献］国立国語研究所『国立国語研究所資料集3　送り仮名法資料集』(1952)
［武田康宏］

オノマトペ
mimetic word, ideophone

　「オノマトペ」という日本語の用語は、擬音語（物が発する音を模倣した語。人間や動物などの声を模した擬声語はその一種）と擬態語（ありさまを模倣する語）を含んだ、広い意味内容を有している。古代ギリシャ語に由来する英語の用語"onomatopoeia"は擬音語を指し、日本語の用語「オノマトペ」と意味が異なるので注意が必要である。

【意味面と音韻面の有契的な結び付き】 一般に言語は、意味面と音韻面が「無契的」「恣意的」に結び付いており、その結び付きに「この意味だからこそ、この音韻で表される」といった有契性（必然性）は無いとしばしば考えられる。この考えに対しては古くから異論もあるが、擬音語については、もともと例外的に「有契的」「アイコニック（類像的）」「シンボリック」なものとされてきた。オノマトペ全般の意味面と音韻面との有契的な結び付きを解明する「音象徴」（sound symbolism）的な研究は、現在ネーミング研究とともに展開されている。

【語種としてのオノマトペ】 日本語のオノマトペは、漢語・外来語・一般の和語とは異なる1つの語種（語の種類）と位置づけられ、その形態的・統語的・音韻的なパターンについて記述が進められている。

【形態的なパターン】 現代日本語共通語では（以下この限定を略す）、オノマトペの形態的なパターンとしては、「ガタガタ」のような完全反復型が最も多いことが知られている。オノマトペ辞典（Kakehi *et al.* 1996）の見出し語の形態を調査した角岡（2007）は、これを、語基そのもの（例：「ふ」）・音素交替形（「がさごそ」）・語基交替形（「すってんころり」）・完全反復型（「がさがさ」）・不規則反復型（「ぶるるっ」）・「り」延長強勢擬容語（「あっさり」）・「り」接辞（「きらり」）・N（「ことん」）・Q（「にゅっ」）・R（「きー」）・R＋N（「ばーん」）・R＋Q（「にゅーっ」）・その他（「ぺたんこ」）のように分類した上で、「数的には反復型が圧倒的に多い。完全反復型だけでも696語と、全体1,652語の42.13％を占める」と述べている。

【統語的なパターン】 オノマトペの統語的なパターンとしては、中心的なものが3つある。(1) 名詞類（名詞・形容名詞）として、「だ」「な」や「の」「を」ほかの格助詞と結合する（例：「カチカチだ」「カチンコチンな／の状態」「このギザギザをなめらかにしたい」）。(2) 動詞語幹として、（時に「と」を介して）「する」と結合する（例：「カチカチする」「きちんとする」）。(3) 副詞として、（時に「と」を介して）用言と結合し、これを修飾する（例：「シャープペンシルをカチカチ（と）鳴らす」「さっきからカチカチうるさいよ」）。

【形態的・統語的・音韻的パターンの連動】 完全反復型の形態構造を持つ4モーラのオノマトペ（XYXY）は、(1)の名詞類なら平板型アクセント、(2)の動詞語幹や(3)の副詞なら頭高型アクセント、である。Xが「ガ」、Yが「タ」のオノマトペ「ガタガタ」を例にとると、「戸のガタガタを何とか直したい」「ガタガタな状態」の「ガタガタ」は冒頭の「ガ」のみが低く、以降の「タガタ」は高い。また、「雨戸をガタガタさせる」「さっきからガタガタうるさいよ」の「ガタガタ」は冒頭の第1モーラ「ガ」のみが高く、以降の第2～4モーラ「タガタ」は低い。

【和語・漢語・外来語のオノマトペ的用法】 諸言語のオノマトペについて明らかにされてきた意味特徴（多分にイメージ的。感覚モードの違いに敏感。態度や感情を含む）は、実は必ずしもオノマトペに特有ではない。完全反復型の形態をとることで、オノマトペでない和語・漢語・外来語も文中で、(1) 名詞類、(2) 動詞語幹、(3) 副詞としてほかの語句と結合し、語によってはオノマトペと似た意味特徴を持つ。(1) 名詞類の例：和語動詞「獲れる」の連用形「獲れ」、形容詞「あつい」の語幹

「あつ」、名詞「つや」、外来語「ラブ」の完全反復型「とれとれ（の魚）」「あつあつ（の天ぷら）」「つやつや（の髪）」「ラブラブ（な2人）」。(2) 動詞語幹、(3) 副詞も同様（例：「けちけちする」「さっきから金金うるさい」）。

これらの意味が「多分にイメージ的」な場合とはたとえば、いつ獲れた魚も獲れたことに変わりはないが、「とれとれの魚」が獲れたばかりの新鮮な魚を意味し、[獲れる] というイメージと強く結び付いているということである。「感覚モードの違いに敏感」とはたとえば、「あつあつ」が夏の高気温や熱せられた高温金属に対する皮膚感覚を意味しない一方で、食品に対する舌の感覚は意味するように、皮膚感覚と舌感覚を区別するということである。さらに「態度や感情を含む」とは、「とれとれ」「あつあつ」がいずれも単なる捕獲直後・高温を表すに留まらず、肯定的でうれしいイメージを意味するということである。

【発話末オノマトペの疑似遂行性と音韻的特徴】「カチカチ。合図の音がした」のように、オノマトペがほかの語句と結合せず単独で発話された場合、発話現場に事態が高い臨場感で描き出されることは「文外独立用法」の名のもとに知られている。しかし「あっちでもカチカチ。こっちでもカチカチ。合図の音がいたるところで聞こえた」のように、オノマトペが単独でなくほかの語句と結合しても、発話末でありさえすればこの臨場感は得られる。これらの臨場感は、オノマトペで終わる発話が感動詞で終わる発話と同様、物語発話であり、「疑似遂行性」とでも呼ぶべき性質を持っていることの現れである。「あっちでもカチカチ。こっちでもカチカチ。合図の音が鳴り響かなかった」のような否定が不自然なのは、「カチカチ」と言った時点で物語世界にその音が実現しており、あとでキャンセルできないからである。

こうした発話末のオノマトペは、発話末の感動詞と同様、「日本語のモーラ長・アクセント・語音に縛られない」という音韻的特徴を持っている。たとえば「グァシャーン。ガラスが割れて粉々になった」と言う場合の発話末オノマトペ「グァシャーン」は、文字で書けば4モーラらしいが実際には、描き出されるデキゴトの音響に左右され、何モーラとも言えない、モーラ単位から解放された長さを持つ。高低アクセントも持たず、「ガ」ではなく「グァ」のように、そもそも日本語の語音の組み合わせである必要もない。

「グァシャーンとガラスが割れて粉々になった」における「グァシャーン」のような、引用されたオノマトペも、モーラ長・アクセント・語音には縛られないが、「今度はグァシャーンとガラスが割れなかった」と言えるように、疑似遂行性は持たない。

【身体との同期】発話末でオノマトペを発することで、当の事態を現実に起こそうとしたり、その事態が現実にあるかのように演出する、いわば「煙を立たせることで火を起こす」ようなオノマトペの活用法がある。うつ伏せに近い姿勢の幼児に対して母親が「はい。ころーんとして。ころーん」と言い、2度目のゆっくりした「ころーん」に合わせて幼児に体を回転させて仰臥姿勢をとらせる場合、母親の「ころーん」発話は幼児の回転運動を誘いだしている。また、相手のことばにショックを受けてガーンとなった、と言わんばかりにふざけて「ガーン」と言うことなども同様である。

[文献] Kakehi, H., I. Tamori, & L. Schourup. *Dictionary of Iconic Expressions in Japanese*. Mouton de Gruyter, 1996., 田守育啓・ローレンス＝スコウラップ『オノマトペ』（くろしお出版 1999）、角岡賢一『日本語オノマトペ語彙における形態的・音韻的体系性について』（くろしお出版 2007）、篠原和子・宇野良子編『オノマトペ研究の射程』（ひつじ書房 2013）、定延利之「遂行的特質に基づく日本語オノマトペの利活用」『人工知能学会論文誌』30-1（2015）、川原繁人『「あ」は「い」より大きい!?』（ひつじ書房 2017）、定延利之「オノマトペと感動詞に見られる「馴化」小林隆編『感性の方言学』（ひつじ書房 2018）　　　　　　　　　　[定延利之]

音声学
おんせいがく
phonetics
分野名

　言語音声の物理的性質について科学的に解明する学問分野。言語音声の仕組みの法則化を目標とする音韻論（phonology）と対をなす分野である。

　音声学は、言語使用の3つの場面、すなわち、生成、伝播、知覚を基に、それぞれ、調音音声学（articulatory phonetics）、音響音声学（acoustic phonetics）、聴覚音声学（auditory phonetics）の三分野に分かれる。

　調音音声学は、音声の生成面に着目し、個々の音がどのように発音されるのかを扱う。音声学のうち最も伝統的で代表的な分野である。これに対し、聞き手が音声をどのように知覚するかという面に着目した分野が、聴覚音声学である。

　音響音声学は、音声が空気中を伝わる際の物理的特徴を視覚化し分析する分野である。近年、パソコンと音響分析ソフトの普及により、音声波形が手軽に分析できるようになり、この分野の研究が急速に進歩を遂げている。たとえば、ピッチの分析においては、高低のパターンのみならずその程度も問題とするイントネーションの研究も、音響分析ソフトの普及により、飛躍的な進展を遂げるようになった。

　関連して、パソコン上で音声を任意の状態に加工することもでき、加工された音声刺激に対する反応を分析する実験音声学（experimental phonetics）も、急速な発展を遂げている。

[文献] 北原真冬・田嶋圭一・田中邦佳『音声学を学ぶ人のためのPraat入門』（ひつじ書房 2017）、Boersma, Paul and Weenink, David. "Praat: Doing Phonetics by Computer [Computer program]." Version 6.0.56. 2019.

［田中真一］

音節
おんせつ
syllable
音声・音韻

　ソノリティー（聞こえ度：空気の流れの大きさ）に基づくリズムのまとまり。基本的にそれの大きい母音が音節の中心を担う。

【音節とモーラ】時間制御に関するリズム単位であるモーラ（拍）とは異なる概念ではあるが、両者の実質的な違いは、特殊モーラ（下図下線部）の扱いに集約される。特殊モーラをソノリティーの山の一部と捉えれば、直前の自立モーラとともに音節（重音節 heavy syllable）として数えられるのに対し、そこを単独で捉えればモーラとして数えられる。たとえば「おんせーがっかい（音声学会）」は、きこえ（ソノリティー）の山が4つできるため4音節8モーラと数えられる。なお、自立モーラのみからなる音節を軽音節（light syllable）と呼び、たとえば、「かわ」（川）は軽音節2つからなる。

おんせーがっかい（音声学会）

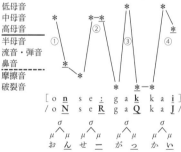

【音節構造】音節は内部に構造を持つ。大きく3つに分けられ、初頭子音を頭子音（onset）、母音を核（nucleus）または頂点（peak）、母音に後続する子音を尾子音（coda）と呼ぶ。

　音節内の三者の結び付き方は、言語によって異なる。たとえば、CVC音節において、英語はC/VCの分節を好むのに対し、日本語はCV/Cの分節を好む。特に、英語のVCの単位

は、ライム（rhyme）と呼ばれ、日本語のCVの単位はモーラと対応する。上記それぞれの分節方法は、詩の押韻や言い間違い、語形成など広範な現象と関わる。

各位置を占める分節音の数は、言語により異なる。日本語は、基本的に、頭子音に最大1つ（拗音は2つ）、核に2つ（二重母音か長母音）、尾子音に1つ（促音か撥音）生起可能であるが、CVが最も基本的である。一般にCVC, CCV, CVV等の音節を欠く言語はあってもCVを欠く言語はなく、日本語も例外でない。

母音で終わる音節を開音節（open syllable）、子音で終わる音節を閉音節（closed syllable）と言う（口の開きに着目した名称である）。日本語は典型的な開音節言語であり、英語は閉音節性の高い言語である。

【方言と音節・モーラ】 鹿児島方言は、音節を基にトーンの位置算定・付与がされる。このような特徴からシラビーム方言と呼ぶこともある。逆に、京阪方言はモーラ性が高く、伝統的に特殊モーラへのアクセントが許容されて来たが、近年、特に若年層においてこの傾向は薄れ、それが回避される傾向にある。

【音節と音韻現象】 従来、日本語は典型的なモーラ言語とされてきたが、近年、音節も重要な役割を担うことが報告され、両単位の併用が指摘されている（窪薗1999、窪薗・本間2002、田中2008）。育児語、略語、定型詩の字余り現象、野球声援、歌謡、外来語・複合語アクセントなど多岐にわたり報告されている。たとえば、川柳5モーラ句の字余りは、5音目が重音節（2モーラ音節）による場合が大半であり、字余り感も低い。非字余り句末の軽音節（1モーラ音節）との間で、音節量の中和現象（音韻的対立が解消される現象）が起こっている（田中2008）。

ビジネスマン　24時間　寝てみたい
いい数字　出るまで測る　血圧計

［文献］窪薗晴夫『日本語の音声』（岩波書店1999）、窪薗晴夫・本間猛『音節とモーラ』（研究社2002）、田中真一『リズム・アクセントの「ゆれ」と音韻・形態構造』（くろしお出版2008）　　　　［田中真一］

音素・音声
おんそ・おんせい
phoneme / phonetic sound

音声・音韻

ある言語内で意味の弁別に関わる最小単位を音素（phoneme）と言う。音素はその言語の話者にとって同一の音として認識される。それに対し、一音素内で実際に現れる（複数の）音を異音（allophone）と呼ぶ。音素の観点から言語音を記述したものを音韻表記と呼び、異音の観点から言語音を記述したものを音声表記と言う。

【音素認定と音声・異音】 ［saki］（先）と［taki］（滝）は語頭の［s］と［t］のみの違いにより、意味が弁別されている。このような、最小の違いにより意味が区別される語のペアを最小対（ミニマル・ペア：minimal pair）と呼び、音素認定基準の1つとなる。この基準により、日本語では/s/と/t/は別の音素と見ることができる。

また、ハ行子音は、ア・エ・オ段［h］、イ段［ç］、ウ段［ɸ］のように、異なる三種の音声として生起する。しかし、母語話者にとっては通常これらの違いは意識に上らず、どれも1つの子音/h/として認識される。

このように、音声上の違いが言語体系の中で意味に関わる区別を持つか否かというのが音素（音韻）と異音（音声）の関係である。1つに認識される分節音（/h/）が音素であり、音素内で別々のもの（［h］, ［ç］, ［ɸ］）として実現する各音声が異音である。異音は音声表記され、［ ］の中に示される。これに対し、音素は/ /の中に入れ音韻表記される。なお、ヘボン式ローマ字において、Fuji［ɸuʒi］（富士）やshichi［ʃitʃi］（質）などの下線部のように、異音の考え方を反映した表記法がしばしば採用されている。

【相補分布と条件異音・自由異音】 音素認定のもう1つの基準として、相補分布（complementary distribution）という考え方がある。たとえば、上記のハ行子音において、［ç］の生起する環

境は/i/の前であり、その環境において他の子音は生起しない。同様に、[h], [ɸ] についても生起環境は決まっており、1つの環境に同時に複数の異音は生起せず、各異音が相補う形で生起する。このような分布を相補分布と呼び、音素認定の基準とする。各異音の生起環境が相補分布のように決まっている（生起の予測可能な）ものを条件異音（conditional allophone）と呼び、環境が決まっていない（生起の予測不可能な）ものを自由異音（free allophone）と言う。

音素は時間軸上の分節レベルにおいては最小の単位であるが、これよりも小さな抽象的な単位として、（弁別）素性（(distinctive) feature）がある。素性は音声の種々の性質を基準によってプラス・マイナス値で表すもので、これにより、各音声の特徴および音声間における性質の異同を体系的に示すことが可能になる。

【音声と音韻、韻律と音韻】言語音声は一般に、分節的特徴と超分節的特徴とに二分され、それらが同時に実現される。分節的特徴とは、言語音を時間軸の中で区切った際に認識できる最小単位のことで、具体的には、母音や子音といった単音レベルの特徴のことである。これらは特に分節音（segment）と呼ばれる。

これに対し超分節的特徴は、韻律またはプロソディー（prosody）とも呼ばれ、分節音よりも上のレベル（リズム・アクセント・イントネーション）の情報を指す。音声的には高さ、長さ、強さといった情報であり、超分節音素と呼ぶこともある。

また、超分節的特徴（韻律）と区別する目的で、分節音のことを指して音韻という語を用いる場合もある。

[文献] 斎藤純男『日本語音声学入門　改訂版』（三省堂 2006）、Vance, Timothy. *The Sounds of Japanese*. Cambridge University Press, 2008.、菅原真理子編集『音韻論』（朝倉書店 2014）

[田中真一]

音便
おんびん
euphonic change

音韻・文法

単語内、および単語連続において音節が母音のイ・ウ、撥音・促音に変化する現象を音便という。イ音便、ウ音便、撥音便、促音便がある。特に動詞の連用形に「て」「た」が続く場合に「書きて」「読みて」が「書いて」「読んで」のようになった形を音便形と言うが、五段動詞（四段動詞）にのみ起こり、一段動詞には起こることがない。たとえば「置きて」は「おいて」となるが、「起きて」は音便形にならないため、音韻変化ではない。しかし、イ音便、ウ音便はそれまで日本語の音韻構造になかった母音連続を許すこととなり、撥音便、促音便は日本語に母音を伴わない新しい音韻を発生させることになった。音便が発生したことにより、母音連続、鼻音韻尾、入声韻尾などを持つ漢字音を取り込みやすくなったと考えられる。上代、平安時代初期から文献に現れ、イ音便、ウ音便、撥音便、促音便の順に発生したと見られるが、促音便は和文には現れにくい。

【イ音便】キ・ギ・シから子音が脱落して起こる。「ツキタチ（月立ち）」→「ツイタチ」、「ツキカキ（築垣）」→「ツイカキ」、動詞の連用形「カキテ（書きて）」→「カイテ」、「ツギテ（次て）」→「ツイデ」、「オビヤカシテ（脅かして）」→「オビヤカイテ」、形容詞連体形「トキコト」→「トイコト」などである。サ行動詞連用形シのイ音便は平安中期になって現れ、中世の狂言などには多く用いられるが、現代までに多くの地域で音便形が使われなくなっている。

【ウ音便】ク・グから子音が脱落して起こる例は平安初期から見られる。形容詞連用形「クハシクス（徴）」→「クハシウス」のほか、「かく（斯）」→「カウ」、「カグハシ（芳し）」→「カウバシ」。ヒ・ビ・ミのイが脱落して起こる例はやや遅れて現れる。「イモヒト（妹）」

→「イモウト」、動詞連用形「カナヒテ（敵ひて）」→「カナウテ」、「ヨビテ（呼びて）」→「ヨウデ」、「タノミテ」→「タノウデ」などである。バ行、マ行動詞連用形は、撥音便（m音便）からウ音便に転じ、江戸初期まではウ音便が優勢であった。関東ではハ行動詞連用形の音便は促音便、バ行、マ行動詞は撥音便である。

【撥音便】平安時代には、撥音便はニ・リなどの母音脱落から変化して［n］となったn音便と、ビ・ミなどから母音脱落によって［m］となったm音便とが生じた。n音便は和文では古くは表記されず、「シニシコ（死にし子）」→「シnジコ（ししこ）」、「アルメリ（有るめり）」→「アnメリ（あめり）」など、m音便は「む（ん）」で表記され、「ツミタル（摘みたる）」→「ツmダル（つむたる）」、「エラビテ（選びて）」→「エラmデ（えらむて）」などである。［n］［m］の区別はすぐに失われ［n］に合流し、表記もやがて「ん」が専用に用いられるようになる。バ行、マ行動詞連用形の音便はナ行動詞連用形と区別するためにウ音便になるが、江戸時代になるとウ音便が衰え、撥音便になる。

【促音便】チ・リなどから母音脱落により変化したものである。和文には現れにくく、また古くは表記する文字を持たず、表記されないこともあった。訓点資料では、促音無表記の「タテ（発ちて）」「ヨテ（因りて）」などが見られ、「ツ」による表記は鎌倉時代中期以降に一般化する。関東では、ハ行動詞連用形も促音便である。

　そのため、「カヒテ（買ひて）」→「カッテ」と「カリテ（借りて）」→「カッテ」との区別ができなくなることから、「借りて」を非音便で使用し、「借りる」が五段動詞でなく、一段動詞に変化をしている。

［文献］馬渕和夫『国語音韻論』（笠間書院 1971）、柳田征司『日本語の歴史5下―音便の千年紀』（武蔵野書院 2015）　　　　　　　　　　　［坂本清恵］

音変化
おんへんか
sound change

歴史

　言語の変化のうち、音声・音韻面で起こるものを音変化と言う。形態変化、語形変化である音韻の脱落、添加、同化、異化、融合などを言う。

【脱落】母音脱落には、イダク（抱く）→ダク、イバラ・ウバラ（茨）→バラ、ヨメイリ（嫁入り）→ヨメリ、ツユイリ（梅雨入り）→ツユリなど、ニョウボウ（女房）→ニョウボの短音化したもの、子音の脱落には、イ音便・ウ音便、撥音、促音の脱落するものには、フンデ（フミテ→ムンデ）（筆）→フデやコジキ（乞食）→コジキなどがある。

【添加】コチ（此方）→コッチ、ドチ（何方）→ドッチ、アタマカラ（頭から）→アタマッカラなどの促音が挿入されるもの、クルタビ（来る度）→クルタンビなど撥音の挿入されるものなど。また、外国語を取り込む際にbet（別）がベツ・ベチ、inkがインク・インキなど狭母音を添えるものがある。また、ハルアメ（春雨）→ハルサメ、マアオ（真青）→マッサオなど子音の挿入されるものなどがある。

【同化・異化】音が続けて現れる場合に、隣接音に変化する現象で、前接音にひかれる順行同化デキル（出来る）→デケル、後接音から前に及ぶ逆行同化フルイ（古い）→フリイなどが見られる。同化と逆の現象が異化で、母音の重出を避けるバアイ（場合）→バワイなど子音の挿入などがある。

【融合】連接する音節が融合するもので、同化、長音化として扱う場合もある。キウリ（胡瓜）→キューリ、ボクワ（僕は）→ボカァ、コレワ（是は）→コリャなどが挙げられる。

［文献］金田一京助『増補　国語音韻論』（刀江書院 1937）、岸田武夫『国語音韻変化の研究』（武蔵野書院 1984）

　　　　　　　　　　　［坂本清恵］

開合
かいごう

kaigō; open-closed distinction

音声・音韻

日本語では母音分類法として、口の開きの広狭、あるいは唇の円め有無により、「ひらく」「ひろがる」を「開」、「すぼる」「すばる」「すぼむ」を「合」と言う。5母音やウ段長音の発音に対して用いることもあったが、主にオ段長音の開合の区別とその合流が問題となる。オ段長音は母音連続の融合により生じ、開長音と合長音の2種の長音が生じる。

開音 au（あう・あふ・さう・さふ）などから
合音 ou（おう・おふ・おほ・こう）などから
開拗音 jau（きゃう・しゃう）などから
合拗音 jou（きょう・しょう）などから
eu（えう・えふ・せう）などから

開合の混乱例は鎌倉時代から見られ、16世紀末からキリシタン資料で、開音をǒ、合音をô として書き分け、それぞれ [ɔ:]、[o:] と音価推定されていたが（橋本 1928）、[ou] と [oo] の可能性もある（豊島 1984）。中世末頃から合音に合流するが、謡では中世語らしさを残すために重視し、『当流謡百番仮名遣開合』（1697）では、曲ごとに開合に関わる語を抜き出し、「逢阪あふと　ひらく」「不動　とうと　すほる」（『安宅』）のように示す。合拗音は、同じく「すぼる」発音であったウ段長音との混同が見られ、ウ段長音を長音化せずに文字どおりの「ワル」発音により、混同を避ける伝承がある。明和改正謡本では和語についての開合を区別しなくなり、現在はどの流儀も開合の区別は行わない。なお、方言では、開音：合音を [ɔ:]：[o:]（新潟県中部）、[a:]：[o:]（島根県東部、鳥取）、[o:]：[u:]（九州）での区別が報告されている。

[文献] 橋本進吉『文禄元年天草版吉利支丹教義の研究』（東洋文庫 1928）、豊島正之「「開合」に就て」『国語学』136（1984）、上野善道編『日本方言音韻総覧』『日本方言大辞典　下』（小学館 1989）　　　　［坂本清恵］

外来語
がいらいご

loanword, borrowed word, foreign borrowing

語彙

日本語の単語を語種、つまり出自の観点から分類すると、大きく固有語（和語）と借用語とに分けることができる。一般的に「外来語」とは、後者のうち、中国語由来の「漢語」を除く語、とりわけ16世紀以降に西洋から取り入れられた「洋語」を指す。主にカタカナ表記をすることから「カタカナ語」とも呼ばれる。

【外国語の日本語化】借用した語を日本語の中で用いる時、原語の中で持っていた音声、語形、意味、用法等の性質が失われ、日本語の構造に同化していく。たとえば、/ink/ を開音節言語である日本語にあわせて子音の次に母音を追加して /inki/ と発音したり、「サボる（サボタージュ＋る）」のように拍数の短縮・動詞化させたりする場合である。

また、原語にはない意味で使う場合や（例："cunning" は英語では狡猾さの意であるが、日本語では試験中の不正行為という意で使われる。日本語の「カンニング」は "cheating" が近い）、原語にはない略語をつくる（例：terrorism→テロ）、原語にある単語等を使って原語にはない新たな語（句）をつくる（例：ガソリンスタンド（gas station）、ナイター（night＋接尾辞er））といった場合もある。これらは「和製外来語」と呼ばれ、外国語学習の妨げとされる。

【外来語の発音と表記】従来の日本語にない原音はそれに近い日本語音に置きかえる。"Thank you" の /θæ/ の音は日本語の典型的な発音にはないため、聞こえの近い「サ」の音があてられ、「サンキュー」となる。そのため、原語では /l/ と /r/ は別の音で "right" と "light" は別語になるが、日本語では同じ「ラ」をあてることで二語は同じ「ライト」となってしまうということが起きる。

しかし、これまで日本語になかった新しい

発音を日本語に持ち込むこともある。「外来音」と呼ばれるもので、「ヴァ」「ウェ」「ディ」「ドゥ」「フィ」「フォ」などがある。これらを原音に近い音で発音するか、それぞれ「バイオリン」「ウエート」「デズニーランド」「ヒンズー」「フイルム」「フオルム」のように日本語音に近い音で発音するかは人によって揺れる。

このような揺れは表記の面においても見られる。上記の外来音のほかに、語末に「ー（長音符号）」をつけるか否か（例：メモリー対プリンタ）、/ei//ou/を長音とエイ・オウのどちらにするか（例：メール対ネイル、ホーム対サラダボウル）、イ段・エ段の後を「ア」と「ヤ」のどちらにするか（例：アジア対ダイヤ）などにも揺れが認められる。さらに、これらの揺れが表記と発音の間でも起きている。

現代日本語では語種を文字種に連動させて使うことが一般的である。つまり、和語はひらがなまたは漢字、漢語は漢字、外国語・外来語はカタカナまたはアルファベットによる表記を基本とするが、それをずらすことで表現効果が得られる。たとえば、「SOBA」「かふぇ」「仏蘭西料理」という表記は、それぞれ洋風、和風、格式ばったイメージを与える。

また、本来は外来語であったものが日本語として定着した結果、和語・漢語との見分けがつけられなくなったものは、表記が揺れる場合がある。「いくら（ロシア語）」「金平糖（ポルトガル語）」「たばこ・煙草（ポルトガル語）」「かっぱ・合羽（ポルトガル語）」「煙管（カンボジア語）」「ぽんず・ポン酢（オランダ語）」といったものは外来語の意識が希薄で、ひらがなまたは漢字表記をする場合が多い。

【外来語の意味】外来語を取り入れる時、意味がずれてしまうことがある。英語の"talent"は「才能」「技量」の意であるが、日本語の「タレント」は「テレビ・ラジオ番組等に出演する芸能人」を指す。"claim"も原語では「当然のこと・権利として要求する、主張する」の意であるのに対して、日本語の「クレーム」は名詞として用いられ、また意味も「苦情」「文句」といったマイナス評価の意に傾いている。

そして、多義語である"get"のいろいろな意味のうち「手に入れる」の意だけ取り入れたり、ロシア語"Икра（イクラ）"のように「魚卵」の意を「鮭の卵」に縮小して用いたりすることがある。逆に、「果汁100%の飲み物」を表す"juice"の意味領域を日本語では拡大させて「清涼飲料水全般」に使うこともある。一方、語源を同じくする語が原語の違いによって複数の語形を持つようになった「二重語（doublet）」は、語形の違いによる意味の分化が見られる。たとえば、コップ対カップ、トラック対トロッコ、ガラス対グラス、ラムネ対レモネード、ストライク対ストライキ、シーツ対シートなどである。

【外来語増加の量的・質的側面】これまで外来語は、日本語の語彙において周辺的な存在として位置づけられてきた。たとえば半世紀前に行われた国立国語研究所の「雑誌九十種の語彙調査」（1956）では、外来語の使用率は、異なりでは10%ほどを占めるものの、延べでは3%弱にすぎない。しかし、20世紀後半を通して外来語は確実に増加し、日本語語彙におけるその位置を変えてきた。このことは、上記の追跡調査と言える国立国語研究所の「現代雑誌70誌の語彙調査」（1994）をはじめ、1906年から1976年までの雑誌『中央公論』を対象とした国立国語研究所の経年調査（1987）、橋本和佳の大正から平成までの社説調査（2006）、金愛蘭の20世紀後半の新聞全紙面の語彙調査（2011）でも確かめられている。

このような外来語の量的な増加は、日本語語彙に占める外来語の比重が大きくなったということだけでなく、一部の外来語が「基本語彙」（一定の言語使用領域において広範囲・高頻度に用いられる単語の集合）の中に進出するという結果をももたらしている。さらに、

言語外的な理由によって用いられる具体的な外来語とは異なり、従来和語や漢語の類義語があるにもかかわらず用いられる「抽象的な外来語の基本語化」現象には刮目すべきである。たとえば、20世紀後半の新聞において外来語「トラブル」は、従来の「いざこざ」「もつれ」「悶着」「紛擾」「不調」「不具合」「ごたごた」「騒ぎ」などの類義語を収束しながら量的・質的両面から拡大を遂げたが、その基本語化の背景には描写的（物語的）な色彩の強い文体から事実を淡々と概略的（要約的）に報告する文体へと新聞が変化してきたという指摘がある。しかしながら、上記現象に関する記述と理論化は始まったばかりで、今後、語誌研究はもちろん、類義語を含む語彙全体の変化に注目する語彙史研究や文章文体をも視野に入れた考察が求められている。

他方、外来語の量的増加による言語問題とその対応策も見られる。専門用語を中心とした外来語について分野や年齢などによる理解度の違いからコミュニケーション障害となってしまうという問題を改善すべく、公共性の高い場で使われている分かりにくい「外来語」について、ことば遣いを工夫し提案することを目的とした国立国語研究所による「『外来語』言いかえ提案」が行われた。

[文献] 国立国語研究所『現代雑誌九十種の用字用語1』（秀英出版 1962）、楳垣実『日本外来語の研究』（研究社出版 1963）、石野博史『現代外来語考』（大修館書店 1983）、国立国語研究所『雑誌用語の変遷』（秀英出版 1987）、同『外来語の形成とその教育』（1990）、石綿敏雄『外来語の総合的研究』（東京堂出版 2001）、国立国語研究所『現代雑誌の語彙調査—1994年発行70誌』（2005）、同『公共媒体の外来語—「外来語」言いかえ提案を支える調査研究』（2007）、小林千草『現代外来語の世界』（朝倉書店 2009）、橋本和佳『現代日本語における外来語の量的推移に関する研究』（ひつじ書房 2010）、金愛蘭『20世紀後半の新聞語彙における外来語の基本語化』（阪大日本語研究別冊3 2011）　　　　[金愛蘭]

会話の含意
かいわのがんい
conversational implicature

語用論

　会話の際に語用論的な理由で導出される含みのことを言う。「1050円持っている」と言った時に、意味論的には1050円以上ならいくら持っていても偽とはならないが、通常の会話においては、1051円以上持っていることは想定されない。これが会話の含意である。

　会話の含意の特徴として、取り消しが可能であるという点が挙げられる。たとえば「彼は1050円持っている。」に続けて「ひょっとしたら2000円持っている。」と言える。このように「1051円以上持っていない。」という会話の含意は取り消しが可能である。一方、「彼は1050円持っている。*ひょっとしたら500円しか持っていない。」という文が言えないように、意味論的な含意は取り消しができない。

　ポール・グライス（Herbert Paul Grice）によれば、会話において参加者は「今行われている会話の方向や目的に沿う形で会話に参加しなければならない」とされ（Grice 1975）、量（必要以上／以下の情報量としない）、質（嘘をつかない）、関連性（関連性のないことを言わない）、様式（表現の不明瞭さを避ける）の4つの原則を共有して会話に参加している。先ほどの「1050円持っている。」という会話は、「量の原則」に従い、「（1051円以上ではなく）1050円持っている」と解釈されるのである。これによって、話し手が効率的に文脈を理解したり、この原則に沿わない時に、丁寧さなどの発話意図が相手に伝達されたりして、会話が進められる。

[文献] Grice, Herbert Paul "Logic and Conversation", in P. Cole and J. L. Morgan (eds.) *Syntax and Semantics*, Vol 3: *Speech Acts*, Academic Press. 1975、田窪行則「語用論」林栄一・小泉保編『言語学の潮流』（勁草書房 1988）、金水敏・今仁生美『意味と文脈』（岩波書店 2000）　　　　　　　　[森勇太]

会話分析
かいわぶんせき
conversation analysis

【談話・語用論】

　人間の相互作用行為として会話を分析すること。狭義には社会学の分野において1960年代にサックス（Harvey Sacks）とシェグロフ（Emanuel A. Schegloff）の協同で創案された学問分野を指す。

【分野】ある特定の発話を前後の会話参加者の反応に照らし合わせて、どのような行為であったのかを分析する。談話分析（discourse analysis）では言語分析に主眼が置かれるのに対し、会話分析ではことばの意味機能自体というよりも、人々が社会生活を送る上で用いている「方法」を会話の分析によって読み解こうとする。社会学におけるエスノメソドロジー（ethnomethodology）の影響を受けて発展した。エスノメソドロジーでは、既成の社会学の概念を見直し、概念を成立させている人々の認識や日常の行為を分析する。社会を構成する人々の相互行為を理解する視点に加え、会話を詳細に転記し、会話における相互行為を分析する分野として確立した。

【方法】会話分析では雑談などの目的のないやりとりや、教室や医療場面などの制度的会話など、さまざまな会話を分析対象とする。実際に生じた会話を録音または録画して、その音声や身振りなどの行為を忠実に、かつ詳細に文字化したものをデータとして用いる。転写データを繰り返し観察し、注目する対象を抜粋し、会話例として提示しながらそこで達成されている行為を読み解き、それを記述する。ジェファーソン（Gail Jefferson）によって開発された転写方法が標準的な転写法として用いられる。

【分析事例】会話の発話連鎖を形作るものの1つに「質問—応答」「挨拶—挨拶」「依頼—応じる／断る」などの隣接対（adjacency pair）がある。第一対成分を発したなら次の第二対成分があるはずだという規範的期待を生み出

す行為対である。会話の開始と終結も、隣接対によってなされ、質問のあとの無言区間が質問の聞き手が黙っていると捉えるのは、質問のあとは答えが来るという期待による。会話の開始部や終結部は「挨拶—挨拶」や開始あるいは終了とそれへの同意で行われる。会話の終結部では、終結の隣接対の前に、これ以上会話が継続しないことを示し、終結に向けての準備を行う発話連鎖が観察される。これは会話の開始も終了も一方的なものではなく社会的なものであるためである。会話参加者が交替で話す時、話す順番のことをターン（turn）と呼び、順番を構成する一つ一つの発話をターン構成単位（turn construction unit；TCU）と呼ぶ。ターンが入れ替わる中で、スムースに次の話し手にターンが移行するためにはTCUごとに聞き手はその発話が終わりそうな場所（完了可能点）が分かる必要がある。しかし実際にはTCUは話者交替の結果から導かれたもので、長さや文法的単位はまちまちで、文であったり、節や語であったりするが、聞き手は文法的のみならず韻律や身振りなどの非音声的な情報、文脈からの情報を加味して順番の移行に適切な場所を判断している。修復（repair）は、言い間違えや聞き間違えなど発話の産出や理解に問題が生じた場合、それに対処する行為である。問題が生じると、会話参加者は連鎖の進行をいったん中断し、修復の連鎖によって問題を解決する。この間、他のすべての連鎖は延期され、問題が解決してから会話参加者はもとの行為や連鎖に戻るので、他の行為よりも優先されると言える。

［文献］Sacks, H., Schegloff, E., & Jefferson, G., A simplest systematics for the organization of turn-taking for conversation. *Language*, 50-4, 1974.、串田秀也・好井裕明編『エスノメソドロジーを学ぶ人のために』（世界思想社 2010）、串田秀也・平本毅・林誠『会話分析入門』（勁草書房 2017）　　　　　　　　　　　　　　［甲田直美］

係り結び
かかりむすび
kakari-musubi

文法

　文中の助詞と呼応して文末の述語形態が変化する現象を言う。「係り結び構文」とも言う。係り結びを生じさせる助詞を「係助詞」（けいじょし／かかりじょし）と呼ぶ。江戸期に本居宣長『てにをは紐鏡』(1771) が「は」「も」「徒（助詞φ）」が終止形、「ぞ」「の」「や」「何（疑問詞）」が連体形、「こそ」が已然形で結ぶという呼応を図表で示した。これは事実の直観的な理解にとどまるが、係り結び研究の道を開いた点で研究史上の意義が大きい。さらに宣長は、『詞の玉緒』(1779) で和歌の豊富な実例を挙げて実証している。その後の研究による部分修正を経て、現行の古典文法では、「ぞ」「なむ」「や」「か」による連体形終止、「こそ」による已然形終止を係り結びとする。

【係り結びの範囲】 係り結びの範囲は一定ではない。山田文法のように意味に重点を置き、係り結びを広く捉える立場もある。「鳥は飛ぶ時、羽を動かす」の「鳥は」の意味は節を越えて文末に及ぶが、「鳥が」に置き換えると、従属節に収まり文末には及ばない。この事実より、「は」が係り結びを起こしていると見るのである。結局のところ、係り結びの範囲は定義の仕方によって異なるのであるが、どのように定義すれば、文法現象の記述、説明に資するかという点が重要である。

【結びの特徴】 係助詞の結びとなる文末要素には制限がある。原則として終助詞が結びになることはない。ただし、「ぞ」の結びとなる「や」（「〜ぞ〜や」構文）はその例外である。「なむ」は「む」「らむ」「けむ」「まし」といった「む系」助動詞を結びにとらない。一方、物語作品では、「なむ〜ける」の呼応が多く見られる。阪倉篤義はそれらを、「物語る文体」と呼んでいる。

【情報構造】 情報構造の観点から見ると、係助詞「ぞ」「か」が焦点を表すと言える（例外もある）。この観点は、古典語と方言、他言語の対照研究で重要となる。琉球方言では「ドゥ」(du) が「ゾ」に対応すると考えられ、終止形とは異なる連体形に相当する形を結びにとる。琉球方言の記述は、古典語の係り結びを考える上で参考になる。

【成立と変遷】 係り結びの成立、衰退については明らかにされていない。成立については、「倒置説（大野 1993）」「挿入説（阪倉 1993）」「注釈的二文連置説（野村 2002）」など諸説あるが、定説には至っていない。一般に係り結びは中世期に衰退、消滅したとされるが、個々の係助詞の衰退時期には遅速がある。「なむ」は中古期後半頃には活力を失っているが、「こそ」は近世初期頃まで残る。係り結び衰退の原因を連体形終止の多用化に求める考え方があるが疑わしい。なお、疑問助詞「や」「か」の消滅については、間接疑問文の成立との関係が注目される。「や」「か」の係り結びが活性化している間は、文中に疑問節を埋め込むのは難しい。「や」「か」の係り機能の弱化がその前提条件となるだろう。

【研究課題】 このような成立、衰退の問題に加えて、係助詞と副助詞、間投助詞との関係、係助詞の前接要素の記述分析も課題である。係り結び研究には課題が多いが、他言語や方言の実態を視野に入れた上で、係助詞の問題に限定せず、広くとりたて表現の研究として進めるべきであろう。

[文献] 山田孝雄『日本文法学概論』（宝文館 1936）、大野晋『係り結びの研究』（岩波書店 1993）、阪倉篤義『日本語表現の流れ』（岩波書店 1993）、近藤泰弘『日本語記述文法の理論』（ひつじ書房 2000）、野村剛史「連体形による係り結びの展開」上田博人編『日本語学と言語教育』（東京大学出版会 2002）、小田勝『古代語構文の研究』（おうふう 2006）、衣畑智秀・岩田美穂「名詞句位置のカの歴史─選言・不定用法を中心に」『日本語の研究』6-4 (2010)

[高山善行]

格

かく

case

文法

　文中のある要素と他の要素の関係を示す形
式。日本語においては、「が」「を」「に」「で」
「から」「まで」「より」「の」などの格助詞（格
助辞、後置詞と呼ばれることもある）によっ
て標示される。格助詞のうち「の」について
は、「学生の本」のように名詞（句）と名詞
（句）の関係を示すが、その他の格助詞は文
中の名詞（句）と述語の関係を表す。たとえ
ば、「太郎が自転車を店から家まで運ぶ」とい
う文において、格助詞「が」「を」「から」「ま
で」は、それぞれ述語「運ぶ」という動作の
動作主、対象、起点、着点を表している。

【格の名称】一般的に格はその機能に応じて、
主格、対格、与格、属格などの名称で呼ばれ
るが、日本語学では上のそれぞれに対して、
ガ格、ヲ格、ニ格のように、格の形式をその
まま名称として使うことが多い。ただし、「机
の上に花瓶がある」におけるニ格は与格と呼
ぶものの場所を表す場合もあるなど、その関
係は必ずしも単純ではない。

【位置づけ】格という概念は広く捉えられる場
合と狭く捉えられる場合がある。狭く捉える
場合、格は上述のように文中の要素間の関係
を示す形式に限定される。日本語では格助詞
がこの機能を担うが、ヨーロッパ語の代名詞
のように屈折がこの役割を果たすこともあ
る。格の概念を広く捉える場合、文中にお
ける名詞（句）の類型的な意味（意味役割）
をもその射程に含む。たとえば、動作主、経
験者、対象、相手、原因などの意味役割は深
層格と呼ばれる。この場合、格助詞のような
形式は表層格と呼ばれる。ただし、近年の研
究において、格の概念は狭義の形式に限定し
た意味で用いられることが多い。また、格の
概念は、主語・目的語といった文法関係（文
法機能）の問題とも区別して考える必要があ
る。「水が飲みたい」という文では、「水」は
ガ格でありながらも目的語である。

【格支配】文中における格の選択を決定づける
のは、動詞を中心とした当該の文の述語であ
る。「太郎が花子を愛する」という＜ガ－ヲ＞
型の文の述語動詞を「恋する」に変更すると、
「太郎が花子に恋する」という＜ガ－ニ＞型の
文になることが分かる。このような述語のは
たらきは格支配と呼ばれる。

【意味役割との対応】格形式と意味役割の対応
関係は、必ずしも一対一の単純なものではな
い。ガ格の場合、「太郎が走る」「太郎が失神
する」「リンゴが好きだ」のように、動作主、
経験者、対象といった意味役割と対応する。
動作主とは意志的な主体であるのに対し、経
験者は非意志的である。ヲ格であれば、対象
（例：花瓶を割る）のほかに、起点（例：東
京を出発する）、経路（例：道を歩く）とも対
応する。また、ニ格であれば、相手（例：学
生に教える）、原因（例：爆音に驚く）、場所
（例：ここにいる）などと対応する。

【連語】連語とは、奥田靖雄を中心とする言語
学研究会のグループによる用語であり（奥田
1985）、格という概念とも密接に関わるもの
である。たとえば、「木をきる」、「えだをおる」
「大根をきざむ」といったヲ格と動詞の組み合
わせは、対象を変化させる「もようがえの結
び付き」を形成しているとされる。このよう
な結び付きの構造的なタイプは、構成素であ
る名詞や動詞の類型的な（カテゴリカル）な意
味と相互に作用しているとされる。

［文献］柴谷方良『日本語の分析』（大修館書店 1978）、
仁田義雄『語彙論的統語論』（明治書院 1980）、寺村秀夫
『日本語のシンタクスと意味 I』（くろしお出版 1982）、
奥田靖雄『ことばの研究・序説』（むぎ書房 1985）

[佐藤琢三]

格助詞
かくじょし
case particle
文法

　格関係、すなわち、文中の要素間の関係を標示する助詞。他の形式とともに使われる拘束形態素であり、なおかつ文法的な役割を果たす機能形態素であることから、格助辞と呼ばれることもある。また、名詞に後接することから後置詞（postposition）と呼ばれることもある。

　動詞との複合によって形成された複合格助詞を除くと、格助詞として、「が」「を」「に」「で」「から」「へ」「と」「まで」「より」「の」を挙げることができる。このうち、「の」は「学生の本」のように名詞句を形成して名詞と名詞の関係を示す。ただし、「先生の書いた本」のように連体修飾節の中では、「が」と交替して使われているものとされる。その他の格助詞は、文中における名詞（句）と述語との関係を標示する。「太郎が荷物を台にのせる」という文において、「太郎」が「のせる」という行為の動作主、「荷物」が対象、「台」が着点であることを、それぞれ「が」「を」「に」が示している。

　格成分が助詞「は」によって主題化されるとき、「が」と「を」に関しては格助詞が脱落しなければならない。すなわち、「*太郎がは」「*荷物をは」という言い方はできない。他方、その他の格助詞は主題化されても、「〜には」「〜では」「〜からは」「〜までは」などのように格助詞がそのまま残り、述語との論理的関係を表示する機能を果たす。

　「によって」「に対して」「にとって」「において」などは複合形式であるが、文中の要素間の関係を示すものであり、複合格助詞と呼ばれる。

[文献] 寺村秀夫『日本語のシンタクスと意味I』（くろしお出版 1982）、奥津敬一郎ほか『いわゆる日本語助詞の研究』（凡人社 1986）　　　　　　[佐藤琢三]

雅語・俗語
がご・ぞくご
refined language / slang
歴史・語彙

　雅語は、一般的に詩歌などの文芸で用いられるような上品で優雅なことばを指す。明確な基準はなく、幅は広い。古風なことば、田舎びていないことばという意を含み、語種としては主に和語が対象となる。「五月雨」「いで湯」「休らう」「師走（月名）」「大和（旧国名）」など。近代以前は「雅言」の語が用いられることが多く、近世・近代においては、文語体書きことばの模範となる平安時代の詩歌や和文に用いられるようなことばを指すことがある。江戸時代の古語語彙集として、石川雅望『雅言集覧』がある。また、雅語を用いて書かれた文章や文体の意で「雅文」・「雅文体」と言うが、その場合は中古の和文を模して書かれた擬古文を指すことが多い。

　俗語は、雅語に対して、一般的に改まったことばではない卑俗なことば、下品なことば、スラングを指す。「ケツ」「ババア」「ピンポン（正解）」「エロい」「ロン毛（長髪）」「マザコン」など。近代以前は「俗言」「俚言」などの語も用いられ、日常の話しことばや田舎びたことば、規範的な語形ではないことばなどを指すことも多い。江戸時代の俗語辞書として、太田全斎『俚言集覧』がある。「雅文」・「雅文体」に対して「俗文」・「俗文体」と言うときには、日常的な文章や口語体の文章、口語文体などの意で用いられ、「雅俗」の対立は必ずしも一定ではない。坪内逍遥は『小説神髄』中の「文体論」において、「雅文体」「俗文体」「雅俗折衷体」の三種を挙げ、「雅文体ハすなはち倭文なり」「俗文体ハ通俗の言語をもてそのまゝに文になしたるものなり」とする。

[文献] 坪内逍遥『小説神髄』（松林堂 1886-86）、宮島達夫『語彙論研究』（むぎ書房 1994）、米川明彦編『日本俗語大辞典』（東京堂出版 2003）　　[市村太郎]

学校文法
がっこうぶんぽう
school grammar

【文法】

　学校の教科で教授される文法論。教科教育文法。その性質上、理論的な整合性よりも、実用性や分かりやすさを優先する傾向がある。戦前の日本では、実用的な文語作文の需要があり、主として文語文法が教授されたが、戦後は小・中学校で現代語文法、高等学校で古典文法が教授される。

【学校文法の歴史】明治5（1872）年の学制制定を受けて、明治6（1873）年に「小学校教授要目」が制定される。ここに「文法」という教科が立てられ、日本語の学校文法が始まる。「小学校教授要目」の「文法」は、具体的な教科書も示されず、教科自体も「当分これを欠く」と付されているが、「名詞」「代詞」「様詞」「副詞」「動詞」「後詞」「接詞」「嘆詞」の8品詞の教授が指示されている。

　明治7（1874）年に田中義廉『小学日本文典』、明治9（1876）年に中根淑『日本文典』など西洋語の文法に倣った文典が刊行され、文法教科書として利用された。一方、古典享受や和歌作成などを目的とした文法の教授も行われ、本居宣長『詞の玉緒』や本居春庭『詞の通路』なども用いられた。

　明治19（1886）年に成立した大槻文彦『言海』の巻頭に、日本語文法の概要を示す「語法指南（日本文典摘録）」が掲載された。これは、西洋流の品詞論を軸としつつ、形容詞や助動詞の認定に国学流の考えを取り入れるなど日本語への適応が進んでおり、『言海』と連動させて多くの語の品詞が容易に知られるなど、文法教科書として好適であった。このため、明治23（1890）年には『語法指南』が単独刊行され、文法教科書として広く用いられた。後に大槻は『広日本文典』（明治30（1897）年）も著している。

　「語法指南」には、自立しない接続詞や感動詞、活用しない助動詞などが含まれたが、自立と付属、活用と非活用の対立を採用する文典の影響を受けて、終助詞類の整備が進められ、芳賀矢一『中等教科明治文典』（明治37（1904）年）では、ほぼ現在の教科教育文法と近い内容となっている。

【現在の学校文法】現在の国語科で教授される教科教育文法のうち、橋本進吉『新文典』（昭和6（1931）年）や文部省『中等文法』（昭和18（1943）年）の流れをくむ文法論。「文の成分」として「文節」を採用する点、単語を自立と付属、活用と非活用の対立でクロス分類させた後、文節相互の関係および活用の形態から品詞を規定する点に特徴がある。いわゆる「機能文法」の立場から実用性の低さが非難され、三上章をはじめとする文法研究者から文法理論としての不整備が非難されたが、現在も教科教育文法の主流となっている。

　「言語の単位」のうち、「文」「段落」「文章」は児童・生徒でも観察しやすいが、「文の成分」「単語」は捉えにくい。文節を用いた文法論では、間投助詞「ね」「さ」の挿入などの手法で、児童・生徒にも比較的容易に「文」を区切ることができ、ほぼ「文の成分」と重なるという利点がある。さらに、「文節相互の関係」として「主語・述語の関係」「修飾・被修飾の関係」（さらに連用修飾と連体修飾に分ける）、「接続の関係」「並立の関係」「補助の関係」「独立」を立てることで、「主語になることが出来るもの：名詞」「もっぱら連用修飾語になるもの：副詞」のように活用しない自立語の品詞の認定に応用する。

　品詞としては、現在、多くの教科書では、名詞（体言＝主語になる）、動詞、形容詞、形容動詞（以上3つが用言＝述語になる）、連体詞、副詞、接続詞、感動詞という自立語類と助詞、助動詞という付属語類に分類する10品詞が採用されている（以前は代名詞を1品詞として立て、名詞と共に体言に位置づける11品詞もあった）。「深紅」など主語にならない「名詞」、「〜する」形になる動名詞など、位置づけには課題もある。

［文献］中山緑朗・飯田晴巳監修『品詞別　学校文法講座』（明治書院 2013）

［矢澤真人］

活用
かつよう
conjugation

 文法

　語が意味や機能によってその形を変えること。日本語においては、動詞、形容詞、形容動詞、コピュラが活用する。これらを活用語と呼ぶこともある（→巻末付録）。

　語の捉え方などによって、何を活用に含めるかは研究者間で大きく異なる（→形態論）。さらに、異なっているだけでなく、整合性を欠く場合さえある。たとえば、学校文法では「食べれば」は「食べれ」までが動詞「食べる」の活用形であり、「ば」は別の語（→接続助詞）とされる。しかし、「食べれ」と「ば」の間に語や形態素の境界があると考える理由はなく、この「食べれ」は語とは考えられない。一方、「食べろ」などは独立性のある語である。このように、学校文法の活用体系は語でないものと語であるものとが混在するものであり、整合性を欠く。

　ただし、活用の捉え方として、語内部の構造（活用形、語基、語幹などと呼ぶ）に一定の機能を認めるものもある。

【活用の捉え方】 活用（特に動詞活用）を捉える発想として、意味的（ならびに統語的）な対立を重視する立場（髙橋ほか2005など）と、形式（形態法および統語法）上の構造を重視する立場（丹羽2012など）がある。

　前者の立場では、意味的、もしくは統語的カテゴリーによって語が形を変えるという発想で活用を捉える。つまり、語全体でどのような意味・機能を持つか、という捉え方をする。この場合、表の形で活用を示すことが多い。これは、語を中心に活用を捉える立場と言える（Word and Paradigm）。

　一方、形式上の構造を重視する立場では、形態素の配列や異形態の選択などが問題になる。この立場の場合、意味はそれぞれの形態素が担い、その組み合わせとして語（や用言複合体）ができあがると考える。これは、形態素を中心に活用を捉える立場と言える。

　両者はたとえば、以下のように異なる。前者の場合、「食べた」「食べない」「食べなかった」は語全体が形を変えて、それぞれの活用形になる。一方、後者の場合は、それぞれ「食べ-た」「食べ-な-い」「食べ-な-かった」のように形態素が連続して活用形をなす、と考える。

　ただ、「食べさせられたくなかったようですね」のように、相当複雑な構造もありうる。そのため、これを用言複合体として捉え、その構造と語（特に動詞）の活用とを合わせて捉える、という立場もある。

【異形態に対する考え方】 形態素を中心とする考え方の間にも異なる点はある。たとえば、異形態に対する考え方である。1つの立場では、それぞれの環境に異形態が準備されておりその環境に応じて異形態が選択される、と考える（Item and Arrangement）。もう一方の考え方では、異形態のうち1つを基本形と考え、それに形態音韻規則をかけてそれぞれの異形態を導き出す（Item and Process）。

　たとえば、前者であれば、日本語動詞の仮定の接辞は母音語幹動詞の場合rebaが選択され（例：tabe-reba）、子音語幹動詞の場合はebaが選択される（例：kak-eba）、と考える。一方、後者の場合、たとえばrebaという基本形を想定し、子音語幹動詞の場合、子音連続を避けるためにrが削除され、ebaという異形態が導き出される、と考える。なお、これらとは異なる立場として、子音や母音が語幹拡張要素や連結音として挿入されるという考え方もある。

[文献] 寺村秀夫『日本語のシンタクスと意味Ⅱ』（くろしお出版1984）、髙橋太郎ほか『日本語の文法』（ひつじ書房2005）、丹羽一彌編著『日本語はどのような膠着語か─用言複合体の研究』（笠間書院2012）、三原健一・仁田義雄編『活用論の前線』（くろしお出版2012）

[原田走一郎]

仮名
かな

kana; Japanese syllabogram

【文字】

　日本語を書き表すために用いる、ひらがなやカタカナといった日本語固有の音節文字のこと。万葉仮名は音節文字ではなく、表語文字である漢字を表音的に使用したものだが、万葉仮名を含め、日本語を書き表す際に表音節の機能を有する文字用法全般について仮名と呼ぶこともある。

【万葉仮名】漢字の字体をそのままに、漢字が本来持つ字義を捨象し、表音的に用いることで日本語を表す文字用法。flowerの意味をもつ日本語/hana/を「波奈」と書くようなものを指す。ひらがな・カタカナの成立以前から日本で行われていた。

　山田（1955）は、文字には「素材としての文字」と「用法における文字」という二面性があると述べている。前者は表語文字や表音文字といった、その文字が持つ体系そのものを言い、亀井ほか（2007）によって「静態」と呼ばれた。後者はその文字ひとつひとつを実際の運用面でどのように用いているかという、個別場面における文字のあり方を言い、「動態」と呼ばれた。この文字の二面性を考えるとき、万葉仮名は素材としては表語文字の漢字であり、その用法においては表音的に用いられている。音節文字のひらがなやカタカナとは違い、万葉仮名は用法における文字の面からのみ仮名であると言える。

　万葉仮名の起源は、中国大陸や朝鮮半島で、漢文の中へ中国語以外の固有名詞を書き表すために漢字を表音的に用いた「仮借」の用法にある。日本列島において書かれたものであっても、埼玉県稲荷山古墳出土鉄剣銘の人名「獲加多支鹵」や、『日本書紀』の歌謡「波魯波魯爾…」などは、漢文（中国語文）の中に使われているため、厳密には仮借の用法であると考えられる。その後、日本語文の中にもさまざまな語を表すために漢字の意味を捨象して音のみを生かして用いる用法が見られるようになった。これを万葉仮名と呼んでいる。

　万葉仮名には漢字の中国語読みに由来する音を用いた音仮名だけでなく、漢字の日本語読みによる訓を用いた訓仮名も存在する。また一字多音節や多字一音節のものも用いられた。

音仮名：波奈・安吉・南・甲斐
訓仮名：為酢寸・夏樫・五十

『万葉集』の中にその種類も量も豊富であるため、「万葉集に見えるような仮名」の意味で「万葉」が名称に付けられているが、万葉集にのみ使われるわけではない。さらに、『万葉集』に見える万葉仮名は、たとえば「恋」を表すために「孤悲」と書くなど、本来捨象しているはずの漢字字義を表現に生かすような実例が多く見られる。これは歌集という文学作品の表記であることが多分に影響を与えていると考えられるが、このように字義を表現に利用する用い方は決して万葉仮名一般の性格ではない。その意味で、『万葉集』の万葉仮名はむしろ特殊であるため、「万葉」の名称を避けて「真仮名」と称することもある。

　後のひらがな・カタカナとの違いとして、万葉仮名には濁音専用の字体が存在する。清音カには「可」や「加」を用いる一方で、濁音ガには「我」を用いるなど、字体そのものによって清濁を書き分けており、同一字体で清濁に通用したり、同一字体に濁点「゛」を付すことによって清濁を書き分けるひらがな・カタカナの表記システムとは異なる。ただし、濁音専用の仮名による清濁の書き分けは、万葉仮名の中でも記紀万葉のようにごく公的で長期保存が見込まれた性格を持つ資料においては厳密だが、木簡や正倉院万葉仮名文書のように非公的で一回的な資料においては厳密でない。

【ひらがな】万葉仮名の漢字字体を崩すことによってできた、日本語固有の音節文字。成立は9世紀後半頃であり、手紙や歌の筆記など、

私的な場面の中で成立したと推測されている。和文体を基調とする物語や歌集の表記に用いられ、平安中期以降に仮名文学作品の隆盛をもたらした。

単に「かな」や、「かんな」と呼ばれることもあり、これは真正の字を意味する「真名」(＝漢字)に対して、仮の字を意味する「かりな」に由来するものである。万葉仮名が「男手」と呼ばれるのに対しひらがなは「女手」と呼ばれることもあるが、女性のみが用いていたというわけではない。また、ひらがなの中でも漢字の崩し方が弱いものを特に「草仮名」と呼ぶことがある。これは「有年申文」(867年)のようにごく初期のひらがなを指して言うほか、10世紀以降、「秋萩帖」のように書の芸術の場面で装飾的な効果を狙って書かれた仮名を指して言うこともあるが、両者は年代・用途ともに全く異なるものである。

現在のひらがな字体は1900(明33)年の「小学校令施行規則」によって定められたものに基づいている。それまでは一音節に対して
/e/：え、ゑ(江)　/o/：お、を(於)
など字体が複数あって統一されていなかった。現在では教育や法令・新聞・放送など公的な場面をはじめとして、漢字平仮名交じり表記を用いるのが一般的であり、字体も統一されている。ただし、同一字体の実現形である字形にはさまざまなものがあり、「さ」に対する「さ」や、「そ」に対する「そ」など、使用する形が細かく規定されているわけではない。この点はカタカナも同様である。

【カタカナ】万葉仮名の漢字字体の字画を省略することによってできた、日本語固有の音節文字。ハ(←八)のように、字画を省略せずにそのままできたものもある。成立は9世紀中頃であり、漢籍や仏典など漢文の訓読の際に本行の漢字の間へ読み仮名や送り仮名などを小さく注記する訓点として発達した。11世紀以降は仏教説話や聞書きなど、和漢混淆文体の資料が漢字片仮名交じり表記で書かれ、明治以降、戦前までこの表記方法は公的文書

等の正式な表記体として使用されていた。また、『堤中納言物語』(平安後期)には、ひらがなをまだ書けない姫君がカタカナで手紙の返事を書く場面があり、この頃より初学者向けの文字として位置づけられていたことが分かる。

ひらがなと同じく、「小学校令施行規則」によって字体が統一され、さらに戦後になって公用文に漢字平仮名交じり文が正式採用されるようになると、カタカナの使用場面は減少していった。現在では、外来語の表記や「ワンワン」のようなオノマトペのほか、「スドウじゃなくてストウです。」のようにことばの音をことさらに意識させる場合や、「おトクな情報」のように語の意味を強調したり通常とは異なる特殊な意味で用いていることを示したりする用途で使われることがある。

【変体仮名】ひらがな・カタカナの成立以降、一音節に対し多数あった仮名字体の種類には変遷があり、個人差もある中で徐々に整理されて数が少なくなっていった。「小学校令施行規則」によって定められた、現行のひらがな・カタカナの字体以外の字体を総称して変体仮名と呼ぶ。変体仮名には、(1)字源が現行のものと違うもの(し：き←志)、(2)字源は同じでも、筆順や崩し方の違いで別の形になったもの(お：た←於)、(3)略しきる前の形(い：ゐ←以)が存在する。現在でも蕎麦屋の看板に「きむ」(楚者＝そば)を用いるなど、通常と異なる雰囲気をもたらす効果をもって変体仮名が使用されることがある。

[文献]山田俊雄「国語学における文字の研究について」『国語学』20(1955)、築島裕『日本語の世界5　かな』(中央公論社 1981)、森岡隆『図説　かなの成り立ち事典』(教育出版 2006)、亀井孝・大藤時彦・山田俊雄『日本語の歴史2』(平凡社 2007)、沖森卓也・笹原宏之・常盤智子・山本真吾『図解日本の文字』(三省堂 2011)

[澤崎文]

仮名遣い

かなづかい

kana orthography

【文字・表記】

どの音にどの仮名が使われているのかという仮名の用い方を広義の仮名遣いとすることもできるが、一般には、書き分けるべき文字の数が固定したのち、音韻の変化によって、仮名文字と音韻が1対1対応でなくなったときに仮名遣いの問題が生じる。音韻と仮名文字が1対1対応をしていた時代の仮名遣いを現代からみて「歴史的仮名遣い」「古典仮名遣い」「旧仮名遣い」と呼び、古典作品の校訂に使うこともある。仮名を網羅するものとして48文字の「あめつちの詞」などがあったが定着することはなく、「いろは」47文字が書き分けるべき文字数として固定した。10世紀中頃までは、ヤ行のエがあったが、ア行のエとの音の区別がなくなると、文字数が固定していなかったこともあり、「歴史的仮名遣い」で区別されることはない。

【定家仮名遣い】平安時代になると語中尾のハ行音がワ行音に発音されるようになり、「サハギ（さわぎ）、スヘテ（すゑて）」など語中のワ行をハ行で書かれたものが現れる（馬渕1958は「平安かなづかい」とする）。11世紀には「お」「を」、続いて「い」「ゐ」、「え」「ゑ」の区別がなくなり、表記の混乱が見られるようになる。藤原定家（1162〜1241）は和歌の表記や古典書写において、「お」「を」についてはアクセントの高低を利用した書き分けを行い、低い音（平声）には「お」を、高い音（上声）には「を」を用い、「い」「ゐ」「ひ」、「え」「ゑ」「へ」は旧草子に拠るとする仮名遣いを使った。その後、アクセント変化が起こったこともあり、アクセントを利用する原理は伝わったが、原理どおりの仮名遣いは実際にはあまり用いられることがなかった。定家仮名遣い批判の書と言われる長慶天皇（1343〜1394）の『仙源抄』（1381）は、アクセント体系変化後のアクセントによる定家仮名遣い

を踏襲した珍しい著述である。行阿の『仮名文字遣』（1363以降成立）などが流布した結果、定家の残した資料に見られる仮名遣いが定家仮名遣いとして、江戸時代まで和歌、連歌、謡の世界で広く用いられていった。この江戸時代まで使われた定家仮名遣いは、言わば、古典作品に使われている仮名遣いに倣ったものであり、歴史的仮名遣いと原理は同じである。

四つ仮名、オ段長音の開合の区別が失われてくると、これらの仮名遣いも問題となる。謡の世界では、仮名遣いだけでなく、発音としても区別をさせようとして、『当流謡百番仮名遣開合』（1697）などが刊行されている。

【歴史的仮名遣い・字音仮名遣い】江戸時代中期の僧契沖（1640〜1701）は『万葉集』の注釈研究を通して古文献による仮遣いを認識し、『和字正濫鈔』（1695）で和語の仮名遣いの規範を平安以前の文献に求めることを示し、定家仮名遣いへの批判を繰り広げ、『和字正濫通妨抄』（1697）を著した。契沖の仮名遣いは一般には広まらず、なお定家仮名遣いなどが用いられた。国学者の間で認められ、補訂も行われ、楫取魚彦『古言梯』（1765）が『和字正濫鈔』の不備を直し、歴史的仮名遣いの確定に寄与した。

和語の仮名遣いに対して漢字音の歴史的仮名遣いを扱うものは「字音仮名遣い」と呼ばれる。それまでは字音語の仮名遣いは、個別に扱われてきたが、釈文雄は『韻鏡』を解釈した字音研究『磨光韻鏡』（1747）をあらわし、『和字大観鈔』（1754）で扱い、本居宣長は『字音仮字用格』（1776）において古代文献による表記法を決定しようとした。その後、漢字音研究が進み、白井寛蔭『音韻仮字用例』（1860）が字音仮名遣いをまとめた。昭和になって訓点資料の研究が進むと、さらに訂正が行われている。

【明治期の仮名遣い】明治以前は統一した仮名遣いはなく、明治政府発足以来、公には歴史的仮名遣いが行われていた。1900年の小学校令

施行規則では、義務教育において字音仮名遣いの習得は難しいとされ、漢字音を書き表す場合に限り表音的仮名遣いを用い、長音符号「ー」を用いる「棒引き仮名遣い」が採用された。しかし、これもわずかのあいだの実施にすぎず、1908年に元に戻された。その後、25年に文部省の臨時国語調査会が、漢字音と和語とを区別しない仮名遣い改訂案を、31年にその修正案を、34年には新字音仮名遣表を答申したが、実施には至らなかった。

【現代仮名遣い】第二次世界大戦後、国語審議会により、和語と漢語（漢字音）を区別しない表音仮名遣いが立案され、1946年にそれまでの歴史的仮名遣いに代わる、「現代かなづかい」が内閣訓令として示された。歴史的仮名遣いで使われていた「くゎ・ぐゎ」を「か・が」に、「ぢ・づ」を「じ・ず」に合流させ、拗音の「や・ゆ・よ」と促音「つ」を原則として小書きするもので、現代音に基づく。ひらがなにのみ通用する仮名の規則であり、表音的表記が必要な場合にはカタカナ表記が行われる。また、「現代かなづかい」も歴史的仮名遣いに比べれば、表音的な表記法ではあるが、完全な表音ではなく、伝統的な表記習慣を例外として残している。たとえば、助詞「を」「は」「へ」、複合あるいはかつての同音連呼による場合の「ぢ・づ」、オ段長音の表記においは、発音と表記の対応がくずれる。[wa]は一般には「わ」で、助詞の場合には「は」と書き、「は」は一般には[ha]、助詞の場合には[wa]のように2つの音と対応するなど、歴史的仮名遣いを一部慣習として残した上で、助詞を「わ」で書くことも許容している。オ段長音については、たとえば「オーサマ（王様わうさま）」は「おうさま」、「オーキミ（大君おほきみ）」は「おおきみ」と、「トー（十とを）」は「とお」とするなど、歴史的仮名遣いで「ほ」「を」と書いてきたものは「お」で書く。さらに、合拗音、四つ仮名、オ段長音の区別のある地域では、発音どおりの表記を許すといった柔軟な措置も存した。

国語審議会は、1966年から戦後の国語施策の見直しに入り、86年に仮名遣いのよりどころとして、新たな「現代仮名遣い」が内閣訓令として示された。そこでは、「現代かなづかい」が浸透してきたことを受け、それまで許されていた助詞の「は」「へ」を「わ」「え」と書くことや、四つ仮名、合拗音、オ段長音を区別する地域に対する配慮などの許容がなくなったが、規範性を緩やかにして適応範囲を限定している。「現代語の音韻に従つて書き表す」を第1表とし、特例を第2表に示す。第1表には促音の表記は「なるべく小書き」にすることが記されているが、告示の「前書き」にあるように法令などでは促音「つ」表記が可能になっている。第2表には、「表記の慣習による特例」として、6項目が挙げられ、助詞の「を」「は」「へ」、動詞「いう（言）」、「ぢ・づ」の表記、オ段長音の「お」について示している。

「ぢ・づ」については、複合に対する意識が一様でないところから、「かたず（固唾）」に「かたづ」、「さかずき（盃）」に「さかづき」などの許容を認めている。動詞「いう（言）」はユーと発音されるが、他の活用では「イッテ」と発音するため、語幹がイとユとにならないように配慮されている。また、付記として「えい」と表記するものは地域によって長音エーと母音連続エイで発音されるが、発音に関わらず「かせいで（稼）」「とけい（時計）」などを示している。

［文献］山田孝雄『仮名遣の歴史』（宝文館 1929）、馬渕和夫「定家かなづかいと契沖かなづかい」『続日本文法講座2　表記編』（明治書院 1958）、山内育男「かなづかいの歴史」『講座国語史2　音韻史・文字史』（大修館書店 1972）、文化庁『国語施策百年史』（ぎょうせい 2005）、文化庁HP「国語施策」　　　　　　　　　［坂本清恵］

漢語
かんご
Sino-Japanese word

【語彙】

　字音語とも言う。語の出自を根拠とするのであれば、漢語は大陸・朝鮮半島経由で伝来した語種と定義される。その意味で漢語は中国からの借用語とも言える。漢語を構成する形態素を我が国で独自に組み合わせたもの（「哲学」など）や、いわゆる和製漢語（おほね→「大根」など）は、借用語ではないが広義の漢語と考えられる。また漢字音の音配列上の特徴から、漢字の読みはCV＋ン（「漢カン」）、CV＋イ・ウ（「海カイ」・「高コウ」）、CV＋チ・ツ・キ・ク（「七シチ」・「発ハツ」・「域イキ」・「白ハク」）となることが多い。古来、和語と紛れがちな「絵エ」がこの音配列上の特徴に合わないことも考え合わせれば、出自とは別に音表象から漢語を定義する立場もあり得る。このほか漢字表記を通じて「牧場」（まきば・ボクジョウ）のように音訓両用する語が存在することなどから、漢字表記語という概念が有効となる場合もある。

【伝来音の系統】漢語を構成する字音には系統がある。朝鮮半島経由で6世紀頃までには伝来したとされる中国南方音由来の呉音は、主として仏教や日常生活に関連する語に用いられる（「餓鬼ガキ」「障子シャウジ」）。7世紀頃隋唐の長安から伝来した音は漢音と呼ばれ、朝廷によって正式な音として奨励された。中近世に禅宗などとともに伝来した中国語音は唐宋音と呼ばれる（「行脚アンギャ」「暖簾ノレン」）。このほか、呉音以前の伝来と目される古音には「意オ」「止止」「移ラ」など中国上古音との関わりが考えられる音もある。古くは一語に呉音と漢音など異なる系統の字音を混在させることはなかったが、平安末期頃から混在例が現れ始める。また歴史的に呉音読みと漢音読みを交替させる漢語も少なくない（「言語」呉音ゴンゴ・漢音ゲンギョ、「無礼」呉音ムライ・漢音ブレイなど）。

【漢語の日本語化】奈良・平安時代に盛んに学習された仏典や漢籍を通じて大量の漢語が日本語に流入することとなった。異なり語数で見れば漢語含有率は『万葉集』で1％に満たなかったのが『枕草子』『源氏物語』では10％前後に増加し、さらに中世の和漢混淆文である『平家物語』では40％を越える。前代には主として知識階層のものであった漢語がこの頃から日常語化したとされる。漢語が日本社会に受容されていく中で「病者」をバウザ（拗音の直音化）、「本意」をホギ（撥音の脱落）、「冊子」をサウシ（音便化）とする現象が生じたほか、名詞として受容した漢語を「懸想す」「気色づく」「執念し」「優なり」など活用語化するものも現れる。

【新漢語】幕末から明治初期に西洋文明を摂取するにあたり、その文物や概念を漢語に翻訳したことで新たに大量の漢語が生まれた。これを新漢語と呼ぶ。訳出の方法には中国古典語に存在する語を転用したもの（「宇宙」「演説」「義務」など）、新たにつくり出したもの（「理想」「象徴」「教養」など）がある。このほか、近代中国語において英語から翻訳された漢語を借用することもあった（『英華字典』に記載の「銀行」など）。

【語構成】2字以上で構成される多くの漢語には並列構造（「山河」「東西」）、修飾構造（「春風」「黄金」）、動賓構造（「読書」「改心」）、主述構造（「地震」「年長」）などの文法的な構造がある。近現代では「不＋確実」「客観＋的」「先見＋性」などのように接辞として機能する字音形態素によって、3字以上の漢語も数多く作られる。

[文献] 佐藤喜代治『日本の漢語　その源流と変遷』（角川書店 1979）、沼本克明『日本漢字音の歴史』（東京堂出版 1986）、田島優『近代漢字表記語の研究』（和泉書院 1998）、陳力衛『和製漢語の形成とその展開』（汲古書院 2001）、岡島昭浩「漢語から見た語彙史」安部清哉ほか『シリーズ日本語史2　語彙史』（岩波書店 2009）、沖森卓也『日本の漢字　1600年の歴史』（ベレ出版 2011）

[加藤大鶴]

漢字
かんじ
kanji; Chinese character

文字

【漢字の発生と伝播】漢字は、古代の中国大陸において、古代の中国語を記すために作られた。現存する最古の漢字は、殷代後期（紀元前14〜11世紀）の甲骨文である。その後、金文、篆書、隷書と標準書体の変遷を経て、唐代（618〜907）には書法としての楷書が完成する。草書と行書は、隷書から派生した書体であると考えられている。

漢字は、中国文化を受容した朝鮮半島、ベトナム、琉球、日本などの中国周辺（東アジア）の民族・言語に伝播し、現代まで続く漢字文化圏を形成した。

【漢字の日本化】14年鋳造の銅銭「貨泉」や、57年に後漢の光武帝から与えられた金印「漢委奴国王」などの出土物が示すように、弥生時代には漢字が日本に伝来していたと見られる。以後、日本語を書き表す文字として適合するように、日本漢字音への変換、和訓の引き当てと定着、万葉仮名を経て新しい文字体系である平仮名・片仮名の創出といった漢字の日本化が徐々に進行していく。

古墳時代の稲荷山古墳鉄剣銘には、漢文中に「獲加多支鹵」「斯鬼」などの固有名の音仮名表記が見られ、漢字を用いた日本語表記の萌芽が見て取れる。奈良時代には、仏足石歌碑や『万葉集』などでは、万葉仮名で和歌が書かれた。訓仮名使用から、和訓の定着が進行していたことがわかる。和訓の定着には漢文訓読が大きく影響していると考えられる。

『続日本紀』宣命や『延喜式』祝詞などでは、漢字と万葉仮名を交えて、日本語の語順にしたがって文章を記している。付属語や活用語尾などに万葉仮名を用い、視覚的に区別するために小書きする表記法で、宣命書と呼ばれる。平安時代以降、万葉仮名を平仮名や片仮名に置き換えた宣命書が広まり、漢字仮名交じり文へと展開していく。

漢字の字画全体を草体化した平仮名、漢字の一部を取り出した（省画した）片仮名は、ともに9世紀から発達した。「仮名」という名称は、本来の用法で用いる漢字を「真名」と呼ぶのに対したものである。漢字の一用法であった万葉仮名から、独自の文字体系に分化したのである。

【漢字の構成】後漢の許慎は『説文解字』において、漢字の構造を6種に分類し、それに基づく字源説を述べている。この分類は六書と呼ばれ、現代の漢和辞典にも採用されている。

象形は、具体的な事物をかたどった文字である（「日」「月」など）。指事は、抽象的な概念を象徴的に示した文字である（「上」「下」など）。象形と指事が基本の造字法であり、古代文字に共通する造字法である。

会意は、象形文字や指事文字の組み合わせにより、別の意味を持たせた文字である（「信」「武」など）。形声も、既存の文字の組み合わせであるが、構成要素の一方は表音的機能（声符）を持つ文字である（「江」「河」など）。漢字の8割以上は形声文字であるとされ、漢字を増産する原動力となった造字法である。

仮借と転注は、既存の文字の転用法である。仮借は、文字のない単語に対して、類似した発音を持つ文字を借りて引き当てることを言う。一方、転注は定説を見ない。河野六郎説（1994）では、意味の関連によって既存の文字を引き当てることとする。

漢字の構成要素を位置によって分類し、代表的な4種を用いて「偏旁冠脚」と呼ぶことがある。偏は左側（土：つちへんなど）、旁は右側（力：ちからなど）、冠は上部（宀：うかんむりなど）、脚は下部（心：したごころなど）で、このほかに、上部から左側の垂（广：まだれなど）、外側を囲む構（囗：くにがまえなど）、左側から下部の繞（辶：しんにょうなど）がある。これらは部首に用いられ、現代の漢和辞典では、画数と組み合わせて、漢字分類と漢字検索に利用されている。

【漢字音】元来漢字は、中国語において、1字

1音節1語の対応である。中国語の音節構造は、頭子音＋介音＋主母音＋韻尾で、音節全体に声調（アクセント）が付属する。中国語の中古音（6〜10世紀）の声調は、平声・上声・去声・入声の四声である。伝統的な中国音韻学では、頭子音を声母、声母を除いた部分を韻母と呼ぶ。漢詩の韻は韻母を指す。また、韻書などで行われた反切は、反切上字の声母、反切下字の韻母を用いて、対象字の発音を記述する方法である。

中国漢字音の受容にあたっては、子音＋母音の日本語音節構造に入れ込むための単純化（鼻音韻尾-nと-mの合流）や2音節化（入声韻尾-p、-t、-kの開音節化）が行われた。また、拗音は漢字音を取り入れた際に、新たに日本語に加わった音韻である。

日本漢字音は、中国からの移入時期と経路によって分類される。早期に移入したのが呉音で、長江下流地方の音が百済経由で伝わり、仏典の読誦音として定着した（「人間(ニンゲン)」「女性(ニョショウ)」「自然(ジネン)」など）。唐の洛陽・長安の音が遣唐使によってもたらされたものが漢音である。朝廷によって正音とされ、漢籍の読みに用いられた（「人間(ジンカン)」「女性(ジョセイ)」「自然(シゼン)」など）。鎌倉時代以降、禅僧などによって伝えられえた宋代以降の音を総称して唐音と呼ぶ。呉音と漢音が定着していたため、体系的に取り入れられることなく、「蒲団(フトン)」「饅頭(マンジュウ)」など特定の単語に使用されるにとどまった。

【近現代の漢字】漢字の機能には、漢字仮名交じり文で意味のまとまりを区別する（分かち書きに相当）、同音語（「関心／感心／歓心」など同音異義語や「固／堅／硬」などの異字同訓）を区別する、新しい単語を作る成分になる（造語機能）などが挙げられる。一方で同音語の使い分けは学習の負担とも指摘されている。

漢字の数の多さを原因とする学習負担の軽減、印刷や通信の効率化のため、近代以降、漢字廃止論や漢字制限論が主張されてきた。前者は前島密「漢字御廃止之議」（1866）、後者は福沢諭吉『文字之教』（1873）が著名である。漢字廃止による代替表記法の提案には、平仮名専用、片仮名専用、ローマ字専用、外国語使用などがある。

太平洋戦争後、米国教育使節団によるローマ字使用の勧告もあったが、漢字制限論に拠って1946年に「当用漢字表」（1850字）を制定するに至る。当用漢字は、印刷文字と手書き文字とを近づけることを原則とし、簡略化した新字体が採用された。なお、「当用漢字表」は1981年に「常用漢字表」（1945字）に変わり、2010年の改定で増補され（追加196字、削除5字）、現在2136字である。

常用漢字には「者」のように簡略化された新字体が採用されていたが、常用漢字の改定で、「箸」などが加わったことにより、「者」「箸」のように常用漢字の中の同じ部分の形が違うという問題なども生じている。「箸」のような形は「印刷標準字体」としてすでに点がある形で使われていたことによる。

漢字制限論に関連して、基本漢字を選定する試みも行われている。日下部重太郎「実用漢字等級表」（1933）、大西雅夫「日本基本漢字」（1941）、国語問題協議会「教養のための基本漢字表」（1980）などである。「常用漢字表」や義務教育用の「学年別配当漢字」も、基本漢字の一種と言えよう。

[文献] 藤枝晃『文字の文化史』（岩波書店 1971）、西田龍雄編『講座言語 第5巻 世界の文字』（大修館書店 1981）、井之口有一『明治以降の漢字政策』（日本学術振興会 1982）、中田祝夫・林史典『日本語の世界4 日本の漢字』（中央公論社 1982）、佐藤喜代治編『漢字講座 全12巻』（明治書院 1987-1989）、西林昭一『書の文化史 上中下』（二玄社 1991-1999）、河野六郎『文字論』（三省堂 1994）、小林芳規『図説日本の漢字』（大修館書店 1998）、乾善彦『漢字による日本語表記の史的研究』（塙書房 2003）、前田富祺・野村雅昭編『朝倉漢字講座 全5巻』（朝倉書店 2003-2006）、野村敏夫『国語政策の戦後史』（大修館書店 2006） 大島正二『漢字伝来』（岩波書店 2006）、沖森卓也ほか『図解日本の文字』（三省堂 2011）　　　　　　　　　　　　　　　　［髙田智和］

感情表現・感覚表現
かんじょうひょうげん・かんかくひょうげん
emotive expression

語彙・意味

話し手 (書き手) が、自らの感情や感覚を聞き手 (読み手) に伝えたり、聞き手や第三者の感情や感覚を何らかの根拠を基に推し量って述べる表現。動詞、形容詞、オノマトペ、感動詞を用いるなどさまざまな表現手段がある。

動詞表現としては、「受動的感動表現」(〜に驚く／おびえる) と「能動的感動表現」(〜を憎む／心配する) がある (寺村1982)。

形容詞表現では、「感情形容詞」(うれしい、かなしい、さびしい) や「感覚形容詞」(いたい、かゆい、くすぐったい) と呼ばれる形容詞が用いられ、一語文的に感情・感覚そのものを表明することもあるし (「うれしい！」「いた(っ)！」)、感情を引き起こした対象を分析的に述べる形もある (「来てくれてうれしいわ」「これ触ると痛いよ」)。感覚形容詞は、感覚をもたらす対象を主語として、その特性づけをすることもある (「この葉っぱは痛い」)。

オノマトペを用いる感情表現・感覚表現は、直接的である (モヤモヤ、ムカムカ、ザワザワ)。これらは、名詞としても使われるし (「モヤモヤが払拭できない」)、動詞としても使われる (「あの態度見てるとムカムカする」)。

感動詞を用いる感情表現・感覚表現 (わー！きゃー！、えーっ！) は、場面に依存しながら、話し手の感情を伝える。

広義の感情・感覚表現は、文学作品などにおける複雑で修辞的なものも含む。

[文献] 寺村秀夫『日本語のシンタクスと意味I』(くろしお出版 1982)、中村明編『感情表現辞典』(東京堂出版 1993)、中村明編『感覚表現辞典』(東京堂出版 1995)

[八亀裕美]

感動詞
かんどうし
interjection

文法・語彙

「あ」「いやぁ」「うーん」など、言及対象を持たない、話し手の心情の発露のことば。挨拶やかけ声を含むか否かは説が分かれる。

【出現位置】 感動詞は単独で一発話をなすと考えられがちだが、必ずしもそうではない。たとえば「箱を開けたらあら不思議」「箱を開けたからさあ大変」「箱を開けたらなんと中身は…」の「あら」「さあ」「なんと」のように、発話の中で副詞的にほかのことばと結び付くこともある。

【場面性】 動物は、今、ここにやってきた敵に応じて警戒音を発するが、以前に来た敵や次に来るかもしれない敵については語れない。このように動物のコミュニケーションは場面性を持ち、「今、ここ」に限られている。それに対して人間の言語は「今、ここ」に限られない幅広い言及対象を持ち脱場面的である。だが、感動詞の多くは場面的であって、「今、ここ」の話し手の心情の発露に限られている。その感動詞の中にあって、上述の「あら」「さあ」「なんと」などは例外的に脱場面的であり、「今、ここ」ではなく、語られている物語世界の中の、その時、その場で箱を開けた人物やその周囲の人物の気持ちを表す。

【音調】 場面性の有無は音調と対応する。驚きの気持ちや、興味を惹かれる気持ちは、平静状態から興奮状態への移行であり、そのことを反映して、驚きや興味惹起の感動詞「あれ？」「えー？」「ん？」などは、基本的に低から高への上昇音調で発せられる。ところが、その中で上述の「あら」「さあ」「なんと」などの脱場面的な感動詞は、頭高型アクセントで、つまり第1モーラ (「あ」「さ」「な」) は高く、第2モーラ以降 (「ら」「あ」「んと」) は低く発せられる。

そもそも感動詞は "wuueaaaa!" のような叫びと隣接しており、「何モーラ」と言えるよう

なモーラ長でも必ずしもなく、日本語の語音（例：「う」「わ」「あ」）で構成されているとも限らない。ところが上述の「あら」「さあ」「なんと」のような副詞的な感動詞は、必ず語音で構成され、モーラ単位の長さを持つ。

【キャラ】「今、ここ」の話し手の心情の発露でありながら、モーラ単位の長さを持ち、語音で形成され、頭高型アクセントを持つ感動詞がある。それは「あら、山田さんじゃありませんの」「おや、お久しぶり」「まあ、どうされましたの」の「あら」「おや」「まあ」などの、《上品》なキャラの話し手が発する感動詞である。リアルに驚き、動揺し、うろたえることは上品ではない。上品に驚くとは、物語の登場人物の心情を語るような「他人ごと」として驚くことである。

【疑似遂行性】感動詞が単独で一発話をなさず、ほかのことばと結び付くことは、副詞的な場合を除いてもある。それは「箱を開けたらギャーッ。彼女は悲鳴をあげた」の「箱を〜ギャーッ」のような、感動詞で終わる発話の場合である。感動詞で終わる発話は、物語発話である（感動詞だけの発話も「感動詞で終わる発話」ではあり、物語発話の場合がある）。

適切な人間が適切な場面・方法で「開会を宣言いたします」と言えば、それが開会を宣言することになるように、一部の発話は現実世界にその発話内容を実現させる性質（遂行性）を持つ。これに対して物語発話は、たとえば「昔々あるところにおじいさんとおばあさんが住んでいました」と物語れば、物語世界に老いた男女が設定されるように、現実世界ではなく物語世界にその発話内容を実現させる、「疑似遂行性」とでも呼ぶべき性質を持っている。「ギャー。彼女は悲鳴をあげなかった」や「箱を開けたらギャー。彼女は悲鳴をあげなかった」が不自然なのは、「ギャー」の時点で物語世界に女性の驚きが実現しており、あとからキャンセルできないからである。

[文献] 友定賢治編『感動詞の言語学』（ひつじ書房 2015）、小林隆編『感性の方言学』（ひつじ書房 2018）[定延利之]

間投助詞
かんとうじょし
interjectory particle

文法

「私がね、」の「ね」、「だけどさ、」の「さ」のように、非文末の文節（以下「文節」と記す）の末尾に現れ、何らかの態度が見てとれる助詞。文末に現れる終助詞と同形で、独立した品詞と認めない研究者もいる（藤原1994）。俗に「ネサヨことば」とも呼ばれる。

本来は文末に現れるはずの「です」が文中の文節に現れる場合、「私がです、これをです、」よりも「私がですね、これをですね、」の方が自然なように、間投助詞の必要度が高い。ただし「だ」は間投助詞なしでも不自然ではない（「わしがだ、」）。

【間投助詞と終助詞】文節末尾で助詞「よ」を跳躍するようにポンと高く発声し、そのまま音調を低く下げると、「だけどよォ、俺がよォ、」のような《下品な男》の物言いになる。文末で助詞「よ」を同様に発音すると、「悪かったよォ。」「許してよォ。」のような《子ども》っぽい物言いになる。このように文末と文節末は環境として異なるが、「よ」を間投助詞と終助詞に細分すべきか否かは検討を要する。

間投助詞と終助詞を区別する根拠として、文末には現れるが文節末には現れない「わ」のような助詞の存在が挙げられる。だが、「そういえば、あの時、田中さんにだったわ、電話してました」と言う場合の「田中さんにだったわ」などが挿入文であって文節ではないと言い切れるかどうかは微妙な問題である。

【ネサヨ運動】「ネサヨ運動」は一般には、間投助詞「ね」「さ」「よ」を耳障りで撲滅すべきとした1960年前後の排斥活動とされる。だが、実はこれらのことばを切り口にした言語教育活動であったという報告もある。

[文献] 藤原与一『文法学』（武蔵野書院 1994）、橋本典尚「児童の教育活動からみる「ネサヨ運動」と「ネハイ運動」の実態」『国立青少年教育振興機構研究紀要』8（2008）、定延利之『文節の文法』（大修館書店 2019）[定延利之]

慣用句
かんようく

idiom

語彙

　複数の語が慣用的に組み合わされて語彙化した表現で、語の結合全体が1つの語彙項目となっているもの。用言を含むものが多いが、「うりふたつ」「海千山千」のように名詞（ただし主語になりにくい）によるものもある。

　連語関係の固定性と意味の不透明性（非構成性）から特徴づけられるが、「原義」をどう考えるかによって慣用句かどうかの認定には連続性もある。ただし、ことわざや標語など、一文としての主張があるものは、一般には慣用句とは呼ばない。

【固定連語的慣用句】「間髪を入れず」「口が悪い」「心配をかける」「いざという時」などは、連語関係の固定性から、固定連語的慣用句として位置づけられる。たとえば「*間髪を入れる」のような固定性を破った表現はできない。「口が悪い」も同じ意味では「大きな口が悪い」「悪い口」のようには言わない。これは「口」の意味がメトニミー（換喩）的に「（評価的な）話し方」へと転義しているからである。

　この例のように「口」の原義をどう認めるかにも関わって、固定連語は一般的な連語とも連続している。ただし、たとえば一般連語の「テレビを切る」などは文字通りカッターで切るわけではなく、「スイッチを切る」ことを表す点でメトニミー的転義があるが、「ラジオ、エンジン」などほかにも使えること、「切ったテレビをつける」のように用法に一定の自由度があることから固定連語とはしない。

　また、「{呪い／電話／心配}をかける」の「かける」のような動詞は、実質的意味が規定しにくく、機能動詞と呼ぶことがあるが、ともに使う名詞の種類に制約が大きい点で、固定連語を構成する場合がある。ただし「心配をする」のような「する」も機能動詞だが、一般性が高い点で、通常は慣用句には分類されない。

【比喩的慣用句】一方、連語全体で（比喩を典型とした）転義があるものは比喩的慣用句と呼ばれ、意味は不透明である。比喩による点で外国語でも同様の発想のものがあるものもある。固定連語に対して、比喩的慣用句は全体での転義がある。たとえば座り方を表す「あぐらをかく」は固定連語的慣用句であるが、「今の地位にあぐらをかく」のような用法になれば、ニ格を取って「よい地位・立場に安住して努力をしない」という別の意味になる点で比喩的慣用句である。

　ただし、比喩的慣用句は、狭い意味での比喩に限られるわけではない。たとえば「岩の間から新芽が顔を出す」のような「顔を出す」は擬人的なメタファーによる比喩的表現だが、「会議に顔を出す」の「出席する」という用法では比喩というよりもメトニミー的である。ただし、いずれも、全体として転義的になっており、句としての意味は、部分の要素の意味から単純に合成されない。

　比喩的慣用句の比喩的転義は慣用的・固定的であることにも注意が必要で、たとえば「頭でっかち」は「頭が大きくて賢い」ではなく「理屈・知識しかない」といったマイナス評価的意味に限られている。こうした固定性は、ステレオタイプ的な評価にも繋がる点で、人権的に問題が指摘される表現もある。

【固定性】慣用句は、特定の構造で使われる、順序置換・自他変換・肯否変換などの文法操作を自由に受けない、などの用法上の固定性（凍結性）がある。たとえば「喉から手が出る」は「～ほど（欲しい）」という形で使われるのが典型的であり、「*手が喉から出る」のような順序置換、「から」「より」の置換、否定表現などはできない。

　ただし、この固定性は、個別の特性による。「恩を返す」に対する「*恩が返る」はないが、「世話を焼く」に対する「世話が焼ける」があるなど一般化は難しい。

［文献］宮地裕編『慣用句の意味と用法』（明治書院 1982）

［森山卓郎］

基礎語彙・基本語彙
きそごい・きほんごい
basic vocabulary

【語彙】

ある言語の語彙において基本的な位置にある語の集合を基本語彙と言い、基本語彙の中でも最も基本的であるとされる語の集合を基礎語彙と言う。何をもって「基本的」とするかについて確立した定義はないが、基本語彙が語彙調査によって客観的に抽出される高頻度・広範囲に用いられる語群（基幹語彙とも言う）とされるのに対して、基礎語彙は言語教育を目的として専門家により主観的に選定される語群とされることが多い。ただし、「基礎語彙」は言語年代学や言語系統論において同系統の言語比較調査に用いる語群を指すのにも用いられるので、注意が必要である。

言語教育における基礎語彙研究にはオグデン（C.K.Ogden）、言語年代学における基礎語彙研究にはスワデシュ（M.Swadesh）のものが有名だが、前者は他の語に置き換えられないことを基準にしたために除外された基本語がある。後者は語族が限定されているという限界が指摘されている。日本では、土居光知の『基礎日本語』（1933）、阪本一郎の『日本語基本語彙幼年の部』（1943）・『教育基本語彙』（1958）など、母語話者のための「教育基本語彙」の研究から始まり、国立国語研究所の大規模な語彙調査による書きことばの基本語彙の研究などを経て、非母語話者のための日本語教育基本語彙の選定なども行われるようになっている。

[文献] 林四郎「語彙調査と基本語彙」『電子計算機による国語研究Ⅲ』（秀英出版 1971）、真田信治「基本語彙・基礎語彙」『岩波講座日本語9 語彙と意味』（岩波書店 1977）、国立国語研究所『日本語教育のための基本語彙調査』（秀英出版 1984）、樺島忠夫『日本語探検—過去から未来へ』（角川書店 2004）　　　　　[金愛蘭]

疑問
ぎもん
question

【文法】

〈疑い〉と〈問い〉からなる複合的な概念であり、両者が相関して疑問表現を形成する。〈疑い〉は話し手の判断がなり立たないことを表す意味的概念であり、〈問い〉は話し手が聞き手に問いかけることで疑念の解消を目指すことを表す機能的概念である。

判断の不成立には、(1) 真偽の不明、(2) 文中要素の不明、(3) 選択肢の適切性の不明といった要因がある。これは、それぞれ真偽型（例：「この本、読んだ？」）、疑問詞型（例：「誰が言ったの？」）、選択型（例：「紅茶にする、それともコーヒーにする？」）の疑問表現として実現される。

〈疑い〉と〈問い〉を併せ持つ文を質問文と呼ぶ。不明なことを聞き手に問いかけ、疑念の解消を目指す文である。聞き手の存在は必須であり、話し手は聞き手を答えを知る存在と見なして質問文を用いる。

〈疑い〉に傾斜した文もある。「だろうか」「かな」によって表される疑いの文である。「誰が来るのだろう？」や「何時かな？」は基本的には独り言や心内語で用いられる。

一方、〈問い〉に傾斜した文もある。「だろう」や「じゃないか」によって表される確認要求の文である。確認要求は、聞き手に注意を促したり、確信が持てないことがらを聞き手に問いかけて確信を得ようとする文である。「あそこに郵便局が見えるでしょ？」や「高校に佐藤先生っていたじゃないか」のような例がこのタイプである。確認要求には真偽型、補充型、選択型という区別はない。

[文献] 安達太郎『日本語疑問文における判断の諸相』（くろしお出版 1999）、宮崎和人『現代日本語の疑問表現—疑いと確認要求』（ひつじ書房 2005）　　　[安達太郎]

共時態・通時態
きょうじたい・つうじたい
synchrony / diachrony

一般

　ソシュールによる用語。共時態は、ある特定の時代の言語の状態を指し、通時態は、時代を通じた言語の変化の状態を指す。

　ソシュールによると、言語研究の本質的課題は、ことばによる意味の伝達がどのように行われるのか、という問題に取り組むことであるとされる。そのため、言語研究の対象としては、▼ラングの共時態が優先であると主張される。言語研究では一般に、通時態（変化）を切り離し、同時点の共時態の中だけで考察すべきであるとされる。たとえば、現代日本語の「た」は、古典日本語の完了・存続の助動詞「たり」を起源とするが、この二者を即座に結び付け、現代の「た」までも完了・存続の助動詞であると分析するのは適切でない。古典語の「たり」は、その時代の助動詞の体系において、ほかの助動詞（過去：き、けり、完了：つ、ぬ、たり、り…）との関係の中で、完了と存続を担っており、現代と事情が異なっている。現代語の「た」の機能は、あくまで現代の共時態の中で分析しなければならない（現代の「た」は、動詞の基本形「る」などの対で、一般に過去を表す）。

　ただし、通時態の研究が無意味であるというわけではない。ことばの体系が、ある時代からある時代にかけて、どのように、なぜ変化したのかという点も、言語研究の重要な課題である。通時態を観察する際には、その時点ごとの共時態の把握が必要である。それら共時態同士を比較対照することで、はじめて通時態は正確に把握できる。

　共時態・通時態を扱った研究には、同言語の共時的な変異（方言など）の比較対照研究や、古典語から現代語への通時的変化を明らかにする歴史言語研究などがある。

[文献] 加賀野井秀一・前田英樹編『ソシュールの思想 丸山圭三郎著作集 I』(岩波書店 2014)　　[坂井美日]

共通語・標準語
きょうつうご・ひょうじゅんご
common language / standard language

社会

　標準語とは、ある国や社会において1つの基準・規範とされる言語を指す。公的場面やマスメディアにおいて使用され、教育によって習得される言語である。1つの理想化された言語体系を指し、言語政策によって形成される。類似の用語に▼公用語（official language）があるが、国連における公用語のように、公用語は複数選定されることもあり、必ず1つに絞られる標準語とは異なる。日本では、明治末期に国語調査委員会が全国的な方言調査を行い、その結果を標準語における発音・語法の選定の根拠とした。

　一方、共通語とは、ある国や社会において広く通用する言語を指す。日本においては全国共通語を指すことが多いが、特定の地域で広く通じる「地域共通語」も存在する。したがって、標準語と違って共通語には複数のものが存在しうる。

　このように、標準語と共通語は互いに異なる概念を表す用語だが、日本においては両者を区別せず、ほぼ同じものとして使われることも少なくない。これは、標準とされている変種（＝標準語）が全国どこでも通じる、すなわち共通語でもあるという事情が大きく関与する。さらに、教育現場やマスメディアにおいて「標準語」よりも「共通語」が好んで用いられるようになったという事情もある。これは、「標準」ということばが持つ「上からの押し付け」のニュアンスが、かつての「方言撲滅」を想起させるという理由による。

　日本語学においても、両者が区別されずに使用されていることは珍しくない。しかし、本質的には、標準語は言語の体系・構造を指す用語であり、共通語は言語の機能を指す用語であるとして厳密に区別する研究もある。

【方言と標準語】標準語が権威を持った規範的な変種として成立し、教育やマスコミによっ

て全国に広がると、各地で方言と標準語の言語接触が起こる。その際、方言よりも上位に位置づけられている標準語が方言に取って代わる、つまり標準語化が起こることは珍しくない。日本では、国立国語研究所が大規模な標準語化の調査を行ってきた。なかでも山形県鶴岡市において1950年、1971年、1991年、2011年の4回にわたって行われた調査は、大規模な経年調査として知られている。この調査により、鶴岡市における標準語化の進み方が詳細に記述された。

標準語化は鶴岡市だけでなく各地で進行したが、必ずしもすべての地域で標準語と同じことばを話すようになるとは限らない。たとえば、西日本では、方言で「足らん」と言うところを「標準語」として「足らない」と言うことがあるが、規範的な語形としての標準語形は「足りない」である。つまり、この地域における「足らない」は「標準語形」とは異なるが、「方言形」とも違う、その地域で広く通じるという意味で「地域共通形」と言える。このように、標準語化によって方言と標準語の中間的な言語が生まれることになった。

【スタイルとしての標準語】 標準語が全国に行き渡った結果、現代ではほとんどの人が標準語と方言のバイリンガルとなり、仕事のときは標準語を話し、家では方言を話すというように、場面によって標準語と方言を使い分けるようになった。つまり、方言や標準語をスタイルとして捉えることができる。しかし、前述したように、接触の結果、標準語と方言は互いに影響を与え合い、中間的なものになっている。特に若年層話者の話す方言は、標準語の影響を受けて伝統的な方言とも規範的な標準語とも異なった特徴を持ったスピーチスタイルであり、ネオ方言と呼ばれる。

[文献] 真田信治『脱・標準語の時代』（小学館 2000）、高木千恵「関西若年層の話しことばにみる言語変化の諸相」『阪大日本語研究』別冊2（2006）、塩田雄大「日本語と『標準語・共通語』」『日本語学』37-5（明治書院 2018）

[野間純平]

キリシタン資料
きりしたんしりょう
Kirishitan materials

16〜17世紀、カトリック・ミッション（宣教団）が日本宣教のために作成した資料の一群を言う。「キリシタン」はポルトガル語 Christão（キリスト教徒）に由来する。写本と版本があり、版本のうちイエズス会が日本で印刷したものを特にキリシタン版と称し、32点が現存している。国外でイエズス会および後続のドミニコ会が印刷したものを含める場合もある。これらキリシタン版には、ローマ字本と漢字・ひらがな（ごく初期にはカタカナ）で印刷された国字本がある。

キリシタン資料には日本語学習のために作成された文法書・辞書・教科書が含まれており、当時の日本語を非日本語の枠組みで体系的に捉えた資料として重視されてきた。なかでも、ロドリゲスの二著書『日本大文典』（1604-08）『日本小文典』（1620）と、『日葡辞書』（1603-04）はイエズス会の日本語研究を集大成したものと言える。また教科書として編纂された『天草版平家物語』（1592）『エソポのハブラス（天草版伊曽保物語）』（1593）は、口語的要素の強いローマ字本として活用されてきている。

こうした実用書とは別に、キリシタンにとって重要だったのは教義、信仰に関する書であり、輸入書を基に日本で作成した『霊操』（1596）などのラテン語本、修養書を翻訳した『ぎやどぺかどる』（1599）などの日本語本は、版本だけでなく写本も複数残っており、日本での宣教・受容のあり方を伝えている。

実用書にせよ教義書にせよ、キリシタン資料は欧・日の典拠をどのように編集、翻訳、印刷（書写）したか明らかにすることが研究の基礎である。また世界宣教の産物として他宣教地の資料と比較することも課題である。

[文献] 豊島正之編『キリシタンと出版』（八木書店 2013）

[岸本恵実]

句・節
く・せつ
phrase / clause

文法

　複数の連続する語からなるまとまり。句の概念はボトムアップ的で、中心となる語に他の語が結合したものと見なす。節の概念はトップダウン的で、複数の述語を含む文に対して、一つ一つの述語を中心としたまとまりを節と呼ぶ。そのため、節には必ず何らかの述語が含まれる。「太郎の本」は述語を含まないため名詞句である。「太郎が買った本」は全体として名詞句であると同時に、下線部は連体修飾節となっている。ただし、句と節の区別が曖昧な場合もある。「赤い本」の下線部を節と見なすべきかどうかは、下線部がただの修飾語ではなく、述語として機能しているかどうかという問題に直結する。「表紙が赤い本」の場合、主述構造を持つため、連体修飾節と見なしやすい。

【節の分類】複文を節に分けた時、最も中心となる節を主節（main clause）と呼ぶ。日本語で終助詞が接続することができるのは基本的に主節に限られ、通常の語順では主節は複文の最後に置かれる。主節以外の節は従属節（subordinate clause）と呼ばれる。また、野田（2002）は従属節を、主節との関係の視点から述語を拡張する連用節（温かくなったら、この種をまきましょう）、名詞に相当する名詞節（誰とでも仲良くなれるのが私の特技です。）、名詞を拡張する連体節（読み終わった本は、元の場所に返してください）に分類している。

【南の階層構造】従属節の中でも接続助詞を含むものについては多くの研究が行われている。なかでも重要な成果として、南（1974）がある。これは従属節がその内部に含むことのできる要素によってABC段階という階層構造に分類されることを示したもので、南の階層構造と呼ばれている。

　たとえばA類のナガラは「笑われながら走った」のようにヴォイスを含むことができるが、

	段階	従属節	含まれる成分
A	描叙	ナガラ（継続）、テ（付帯状況）、ツツ連用形重複など	格成分（主格を除く）、ヴォイス、程度副詞、様態副詞
B	判断	ノデ、タラ、テモ、ト、ナラ、ノニ、バ、テ（理由）、ナガラ（逆接）、ツツ（逆接）など	主語、打消、時間・場所を表す語、評価的な副詞
C	表出	ガ、カラ、ケレド、シ、テ（並列）など	主題、陳述副詞、モダリティ
D	伝達	（引用節）	呼びかけ、命令形、終助詞

「私が笑いながら彼が走った」のように従属節だけの主語をとることはできない。ナガラ節の主語は主節の主語と一致していなければならない。いわば主節に強く依存している節であり、このことを従属度が高いと表現することがある。他方、C類のガは、「彼は文句を言うだろうが、私は賛成だ。」のように、主題のハやモダリティのダロウを含むことができ、かなり文に近い。このことを従属度が低いと表現することがある。

　従属節の分類としてはABCの三段階であるが、これら従属節には含まれないものとして終助詞などが挙げられる。しかし、引用節では、「「いいよ」と言われた。」のように含むことができる。また、従属節が他の従属節を含むときも、この分類に従う。A類の節はA類の節までを中に含むことができる。同様に、B類の節はB類まで、C類の節はC類までを含むことができる。

　南の階層構造はその後も検討が重ねられており、修正の提案も行われている。近年では理論言語学の観点からの精緻化のみならず、コーパスを用いた検証も行われている。

[文献] 南不二男『現代日本語の構造』（大修館書店 1974）、尾上圭介『文法と意味I』（くろしお出版 2001）、野田尚史ほか『複文と談話』（岩波書店 2002）、益岡隆志ほか編『日本語複文構文の研究』（ひつじ書房 2014）、中俣尚己「接続助詞の前接語に見られる品詞の偏り」『日本語の研究』13-4（2017）　　　　　　　　　[中俣尚己]

句読点
くとうてん
punctuation mark

文字・表記

　主に句点（「。」）と読点（「、」又は「,」）を言う。文の区切りや文的構造を示すために用いる。広義の句読法には「？」「！」「…」「─」などの符号の使い方を含む。

【歴史】漢文の訓読に用いる場合はあっても、元来日本語、特に仮名文に句読点を用いる習慣はなかった。句読点が広く用いられるようになるのは、19世紀の終わり頃であったが、用法は多様であった。1906年に文部省大臣官房図書課が「句読法案」を示し、「文ト文トノ関係、文中ノ語・句・節ノ相互ノ関係ヲ明カニスルヲ目的」として、マル（。）、テン（、）、ポツ（・）、カギ（「）、フタヘカギ（『）の5種の符号とその使用法を示したことによって「、」と「。」による句読点が次第に定着していくこととなった。

【くぎり符号の使ひ方】戦後すぐ、上記「句読法案」を骨子として、文部省教科書局調査課国語調査室が「くぎり符号の使ひ方［句読法］（案）」（1946）を示した。これは、文部省内で教科書・文書などの表記を統一するためのもので、かつ「案」に過ぎなかったが、現在においても、各方面で参考にされることがある。句点・読点のほか各符号の使い方について、国がまとまった考え方を示したのは、現在のところこの案が最後である。

【横書きの読点】昭和26年に国語審議会が建議し、翌年内閣官房長官依命通知の別冊として周知された「公用文作成の要領」では、「句読点は、横書きでは「,」及び「。」を用いる」とされた。現在でも、公用文や教科書などで、横書きの場合、読点にコンマ（「,」）が用いられることが少なくない。

［文献］小学館辞典編集部編『句読点、記号・符号活用辞典』（小学館 2007）、坂井晶子「明治・大正期の初等教育における句読法」『日本語の研究』14-2（日本語学会 2018）　　　　　　　　　　　　　［武田康宏］

訓点資料
くんてんしりょう
glossed materials

一般

　漢文訓読のために、漢文に訓点を記入した漢籍・仏典などの資料を訓点資料と呼ぶ。伝存する訓点資料は、平安時代だけでも5,000点を超え、特に9世紀平安時代初期においては信頼に足る和文系資料が存在しないため、訓点資料により音便や仮名遣いの実態を知ることができる。

　平安・鎌倉時代の訓点資料には、句読点、語順点（返り点や一二点）、送り仮名、読み仮名のほか、ヲコト点という現代では使われない訓点記号がある。ヲコト点は、漢字の四隅や周辺、内部に記入され、読み方を示す記号である。ヲコト点には、星点（・）を始めとして、さまざまな形の記号が用いられ、記号の形と記入された位置によって、読み方が決まる。図の左は9世紀初め頃に法相宗で用いられた喜多院点、右は大学寮の博士家で用いられた古紀伝点のヲコト点図である。ヲコト点の種類は100種以上知られ、宗派や学派によって異なる。ヲコト点は助詞、助動詞、語形の一部を示すために使われたが、カタカナが発達してくると、徐々に後退していった。

喜多院点（星点）　　　　古紀伝点（星点）

　訓点の記入には、朱筆、墨筆、白筆などの色彩があり、記入年代と記入者の違いを反映している。また、尖った筆記具で紙に凹みを記入する角筆もある。

［文献］中田祝夫『古точка本の国語学的研究』（講談社 1954）、築島裕『平安時代訓点本論考』（汲古書院 1996）、吉田金彦・石塚晴通・築島裕・月本雅幸編『訓点語辞典』（東京堂出版 2001）、小林芳規『角筆のひらく文化史─見えない文字を読み解く』（岩波書店 2014）　　　　［高田智和］

訓読
くんどく
native Japanese reading

一般

　中国語である漢文を日本語で理解するために、漢文に読み方や、句読点、返り点などの訓点を記入する言語行動のこと。訓読は日本語だけの現象ではなく、漢文を受け入れた中国周辺言語（韓国語やベトナム語など）で共通して行われた。訓読が最も高度に発達し、最も長く1000年以上も続いているのが日本語である。

　日本語の漢文訓読は奈良時代に始まり、最古の資料は『李善注 文選抜書』（745頃）で、文や句の区切り記号が記入されている。同時代の『華厳刊定記』には、語順を示す漢数字が記入されている。現代の漢文のように、句読点、返り点、送り仮名、読み仮名のすべてが最初からあったわけではなく、徐々に揃っていったと考えられる。

　漢文の訓読は日本語に大きな影響を与えた。カタカナは、漢文の行間に読み方を記入する際、速く小さく文字を書くための便宜に、漢字の部分を使って（省略して）できた文字である。漢字で書かれた中国語の単語に、意味の類似する日本語の単語を引きあてたものが和訓である。「および（及）」「きわめて（極）」「いわゆる（所謂）」などは、漢文を訓読する過程でつくられた日本語である。文語文は漢文の訓読文を基盤としている。現代日本語に対する訓読の最大の影響は、借用語である漢語の日本語文での使用である。近代において和製漢語が大量につくられたことも、訓読による漢字・漢語の日本語への受容・同化が背景にある。

［文献］山田孝雄『漢文の訓読によって伝へられたる語法』（宝文館 1935）、金文京『漢文と東アジア―訓読の文化圏』（岩波書店 2010）、齋藤文俊『漢文訓読と近代日本語の形成』（勉誠出版 2011）、高田智和「漢文訓読と日本語」専修大学図書館編『日本語の風景―文字はどのように書かれてきたのか』（専修大学出版局 2015）　［高田智和］

敬語
けいご
honorifics

待遇表現

　話題の人物や聞き手を目上・上位として位置づけたり、話し手が改まった態度で話していることを示したりする、そのための専用の表現。一般的には話題の人物や聞き手に対する敬意や丁寧さを示す表現として説明される。たとえば、「私はサラダを食べた」、という文と、「先生はサラダを召し上がった」という文は、ともに主語の人物（「私」／「先生」）が「食べる」という動作を行うことは変わらないが、「召し上がった」の方は先生を目上の人物として位置づける表現となっている。このような先生を目上の人物と位置づける意味を待遇的意味と呼び、その意味が含まれている「召し上がる」は敬語と見なされる。「献上する」という語は、目下の者から目上の者へ物を受け渡すことを示すが、待遇的意味の有無によって対立する表現が存在しないので、敬語とは見なされない。この場合、目下から目上へという受け渡しの方向性は基本的意味に組み込まれていると考える。

　日本語の敬語には、「召し上がる」のようにある意味に対応する敬語動詞を用いるもの（特定形）や、通常の動詞・名詞に接続して敬語形をつくるもの（「お―になる」「お―」など、一般形）がある。類語として「待遇表現」という言い方がなされることもあるが、「待遇表現」には上記の敬語のみでなく、卑罵語のように話題の人物や聞き手を下位と位置づけおとしめる、下向きの表現も含めることが多い。

【敬語の分類】敬語にはいくつかの分類方法がある。一般に最も浸透しているのは尊敬語・謙譲語・丁寧語の三種類に分類する方法である。尊敬語は主語を上位に位置づけるもの、謙譲語は補語を上位に位置づけるもの、丁寧語は話題の内容にかかわらず、話し手がフォーマルなスタイルで話していることを示し、そ

れによって実質的に話し手から聞き手への敬意を示すものである。

2007年に文化庁国語審議会から「敬語の指針」が示され、敬語の五分類が発表された。五分類は敬語を尊敬語・謙譲語Ⅰ・謙譲語Ⅱ・丁寧語・美化語の5つに分類する。三分類と五分類の違いとしては、三分類の謙譲語を、補語に上位者をとる謙譲語Ⅰと、補語に必ずしも上位者をとらず、話し手のへりくだり・聞き手に対する敬意を示す形式である謙譲語Ⅱに分類している点が挙げられる。謙譲語Ⅰには「申し上げる」「差し上げる」「お〜する」といった形式、謙譲語Ⅱには「参る」「申す」「いたす」などがある。謙譲語Ⅱには、「まもなく電車がまいります」のように動作の相手に上位者をとらず、三人称者が主語となる、丁重語用法がある。また、五分類では、「お」「ご」などの美化語も丁寧語と区別して示されることになった（→巻末付録）。

なお、敬語を素材敬語（話題の人物への敬語）と対者敬語（聞き手への敬語）に分類することもあり、素材敬語は五分類の尊敬語・謙譲語Ⅰ、対者敬語は謙譲語Ⅱ・丁寧語・美化語が該当する。

なお、先行研究においては、「絶対敬語」と「関係敬語」を区別し、尊敬語を絶対敬語（「おっしゃる」など）と関係敬称（「くださる」など）、謙譲語を絶対謙称（「存ずる」など）と関係謙称（「いただく」など）に分類しているものもある。この区分は動作の性質が動作の相手がいる動作か、いない動作かによって分類するものである。絶対謙称は謙譲語Ⅱ、関係謙称は謙譲語Ⅰに相当する。

【敬語の歴史】古代日本語（奈良時代）には素材敬語のみがあり、対者敬語は存在しなかった。平安時代に謙譲語Ⅱの「はべり」が成立した。また鎌倉時代に丁寧語の「そうろう」が見られる。

また、敬語の歴史においては、繰り返される変化がいくつかある。まず、素材敬語の対者敬語化である。現代語に見られる「ます」

は「参らす」が由来で、平安時代には「差し上げる」という謙譲語Ⅰの用法で使われていた。現代語で「ございます」の形で用いられる「ござる」は中世後期にすでに対者敬語として用いられているが、「ござる」は尊敬語「御座ある」から成立した。このように対者敬語は素材敬語を語彙的資源としている。

また、敬語は使われているうちに、敬語として上位に位置づける意味を失い、敬意を持たない通常語になったり、ぞんざいな表現として用いられたりすることがある。このことを敬意逓減と言う。日本語の二人称代名詞はその影響を広く受けている。二人称代名詞「きさま」は、その語源は「貴様」であり、中世では高い敬意のある表現であった。しかし、19世紀はじめには、対等な相手に用いられる語となり、さらに近代以降はののしることばとして使われるようになる。これらの形式にかわって「おまえ」「あなた」など敬意のある新しい二人称代名詞が形成されるが、「おまえ」「あなた」はともに貴人の周辺の場所を表す形式が二人称代名詞化したものである。このように、もともと敬語の意味を表さなかった迂言的な形式が敬語となるのも、敬語の意味変化ではよく見られることである。

【敬語の運用】現代では、話題の人物より聞き手を上位に位置づけるべき場合には、聞き手を優先して話題の人物に敬語を用いない相対敬語の運用が行われる。たとえば家族以外の人に話すときに家族に対して、社外の人物と話すときに社内の人物に対して、素材敬語を用いることは避けられる。一方、古代語の敬語の運用は、一定の対象について、どんな人称の場合も、またどんな言語的場面においても、常に一定の敬語で表現される絶対敬語であったとする論がある。この定義通りの徹底した絶対敬語の運用は、少なくとも文献上は確認できないが（福島 2013）、現代語より固定的な身分関係・上下関係に基づいて敬語が用いられていたことは確かであり、たとえば、自分を高めるように敬語を用いる自敬表

現や、身内を高める身内敬語の運用が存在する。

　また現代では、素材敬語も、対者敬語を用いる時に用いて、素材敬語単独では用いにくいという素材敬語の対者敬語化という現象も報告されている。相対敬語の運用も含めて、現代語の敬語の運用においては、歴史的に聞き手を配慮するという運用の優先度が強まっていると言える。

【敬語の機能】敬語が何を表すものなのか、ということにも諸説ある。山田孝雄は、敬語は敬意の表現であるとし（山田 1924）、その後の多くの文法家もそのように敬語を敬意の表現と位置づけている。しかし、時枝誠記は敬語の機能を話し手と聞き手の関係規定という点に置く（時枝 1941）。現代の研究でも敬語は対人距離を示すものであるという論がある（滝浦 2005）。一方で、敬語の基本義を上下に置こうとする論もある（菊地 1994）。敬語の語用論的な機能として、聞き手・話題の人物と話し手の上下関係を示すことがあることは確かだが、その基本的意味・派生的意味の関係は必ずしも明らかでなく、今後の研究の進展が期待される。

　また、敬語の果たす対人配慮の機能は必ずしも「敬語」によって示されるものだけでない。近年盛んな対人配慮表現の研究や、ポライトネス研究と関連して、対人配慮の様相をいっそう明らかにしていくことが求められる。

　また、現代語の丁寧語は、丁寧語を用いる文章・談話においては、ほぼすべての文末に義務的に用いることが多く、敬体の文章を形成するという機能を持つ。敬体と常体の切り替えが文体の切り替えとなる。

［文献］山田孝雄『敬語法の研究』（東京宝文館 1924）、時枝誠記『国語学原論—言語過程説の成立とその展開』（岩波書店 1941）、南不二男『敬語』（岩波書店 1987）、菊地康人『敬語』（角川書店 1994）、滝浦真人『日本の敬語論—ポライトネス理論からの再検討』（大修館書店 2005）、福島直恭『幻想の敬語論—進歩史観的敬語史に関する批判的研究』（笠間書院 2013）　　　　［森勇太］

形式名詞
けいしきめいし
formal noun

文法

典型的な名詞ではないが、一部に名詞の性質がみられる文法要素。もの、こと、はず、よう、ところ、わけ、つもりなど。

典型的な名詞は、①意味において、指示対象との結び付きがある。たとえば、「犬」という名詞は、意味的に、食肉目イヌ科の動物を指す。また名詞は、②文中において、単独あるいは修飾語を伴って、主語や目的語や述語になる。たとえば名詞「犬」は、単独あるいは修飾語を伴い、主語や述語になる(1)。

(1) a. 犬がいる。／[かわいい]犬がいる。

　　 b. あれは犬だ。／あれは[かわいい]犬だ。

　一方、形式名詞は、これら名詞の性質を一部持ち、一部を欠く。「こと」は、修飾語を伴えば、主語や目的語や述語になるが、単独ではなれない(2)。また、意味面では、実質的な意味を指すというよりは、話し手の態度（モダリティ）を表す。たとえば(3)は、「ことがら」というより、話し手の勧告態度を表す。形式名詞の成立には、文法化が関わる。

(2) ×ことがある。／○[良い]ことがある。

(3) 本当に痩せたいなら、運動することだ。

　形式名詞が述語に立つと、特殊な構文を生じる。名詞述語文(4)aでは、主語と述語が等包摂関係になるが、形式名詞述語文ではそうならない(4)b。

(4) a. 花子は大学に通う学生だ(花子∈学生)

　　 b. 花子は大学に通うはずだ(花子∉はず)

　(4)bは、「通う」までが動詞述語文、その後は名詞述語文の形をしている。この前後異質な様相から「人魚構文(mermaid construction)」と称され（角田 2011）、これは、アジアとアフリカの一部にしかない希少な構文である。

［文献］角田太作「人魚構文：日本語学から一般言語学への貢献」『国立国語研究所論集1』(2011)、国立国語研究所／吉川武時編『形式名詞がこれでわかる』（ひつじ書房 2003）　　　　　　　　　　　　　［坂井美日］

形態素
けいたいそ

morpheme

文法

　意味を担う最小の単位のこと。形態素は抽象的な単位であり、それが実現されたもののことを形態と言う。その形態が複数ある場合、それらは異形態の関係にあると言う。

　たとえば、「ウミガメ」は語であるが、これは「ウミ」と「ガメ」という構成要素に分析可能である。この「ウミ」をさらに「ウ」「ミ」に分析してみても、それぞれが意味を表すことはない。したがって、「ウミ」という形態は、意味を担う最小の単位であるところの形態素{ウミ}（形態素は{ }で囲むのが慣習である）が実現したものであると言える。

　一方、「ガメ」のほうは、"亀"を意味する形態素{カメ}の実現であるが、日本語母語話者であれば、「ガメ」とは別に「カメ」という形態があることも知っている（たとえば「カメ類」）。このように、1つの形態素の実現する形態が複数ある場合、それらを異形態と呼ぶ。つまり、この例の場合、形態素{カメ}の異形態として「カメ」と「ガメ」がある。換言すると、「カメ」「ガメ」という2つの形態を抽象化したものが、形態素{カメ}である。

　形態分析に困難が伴う場合がある。「からみつく」「まきつく」などの例から明らかであるように{つく}（正確には{tuk}）は形態素として認められる。ここで「くっつく」という語について考えてみよう。「くっつく」という語は「からみつく」などと意味的類似性を持っているため、「くっつく」を「くっ」と「つく」に分析するのは妥当であろう。しかし、「くっ」を構成要素に持つ語はほかに「くっつける」などしかなく、「くっ」それ自体に意味を見出すのは困難である。しかし、この「くっ」は「からみ」や「まき」などと対立し、意味を区別する役割を担っているため、1つの形態素と考える。このような形態素はクランベリー形態素（英語のcranberryから）、

無意味形態素、意味不明形態素などと呼ばれる。

【自由形態素・拘束形態素】形態素は、単独で語として用いることが可能である自由形態素と、それが不可能である拘束形態素に分類される。たとえば、上記{カメ}は「ガメ」という拘束形式も持つが、「カメ」という自由形式も持つため、自由形態素に分類される。一方、「書く」という語を構成するkakという語根とuという接尾辞はいずれも、単独で語として用いることができず、拘束形態素である。

【形態音韻論】異形態の選択に関わる音韻的現象を研究の対象とするのが形態音韻論である。つまり、音韻論一般で処理できない、特定の形態的手続きに関わる音韻的規則を考えるのがこの研究領域である。たとえば、「ウミガメ」の「ガメ」は、形態素{カメ}の異形態である。では、「ミカ」という音連続が常に「ミガ」になるかというとそうではない。この「ガメ」は、{カメ}が複合語の二番目以降の構成要素にたった場合にのみ現れる異形態であり、連濁と呼ばれる形態音韻論的プロセスを経ている。

　これに対し、たとえば「斜め下」は同じく複合語であるが、この「シ」の母音が無声化する現象を考えてみよう。この現象は、何らかの形態的手続きの結果起こるのではない。「シ」の母音は無声音に続く場合ほぼ規則的に無声化する。したがって、この現象は形態音韻論的プロセスによるものではなく、音韻論的プロセスによるものであると考える。

　日本語の語の内部構造は複雑になりうるため、形態素の組み合わせを扱う形態論は日本語文法の重要な一部である。しかし、日本語の文法を扱う書物であっても形態素という語すら見られないものもあり、日本語の形態素や形態論に対する研究者間の認識の差は大きい。

［文献］宮岡伯人『「語」とはなにか・再考─日本語文法と「文字の陥穽」』（三省堂 2015）　　［原田走一郎］

形態変化
けいたいへんか
morphological change
文法・歴史

　通時的な形態の変化のこと。ここで述べる形態変化は通時的な変化であり、共時的な形態の交替などとは異なる。

　形態変化は体系的整合性を求めて生じることが多い。ある体系にもともとあったものを、他の体系に合う形で改変することを類推（アナロジー）と言う。たとえば、ラ抜きことばなどがその例である。この類推の一種として過剰修正という変化が挙げられる。この変化では、規範とされる体系に合う形で改変を加えたつもりが、本来改変されるべきでない範囲にまで改変を加え、結果として新たな形式が生じる。この例として、サ入れことばが挙げられる。特に「させていただく」という連続において顕著であることが知られているが、この変化においては、本来一段動詞にのみ後続する形式が五段動詞にまでその領域を拡大させている（例：書かさせていただく）。また、活用体系そのものの変化の例として、一段動詞と二段動詞の合流が挙げられる。これは、語幹の数を2つから1つに減らす、というある種の平準化であると言える。

　体系全体に影響を及ぼさない形態変化もある。その例として再分析と呼ばれる変化が挙げられる。これは、元来の構造とは異なる解釈を受けた結果、新たな構造を獲得する現象である。たとえば、「おぼつかない」という語は元来「きたない」などと同様に形容詞であるが、否定の接尾辞-(a)na-が後続した動詞と再分析された結果、「おぼつかず」や「おぼつく」といった形式が産出されることがある。さらに、語彙的な意味を担っていた形式が文法的な機能を担うようになる変化である文法化も形態変化の1つである。

〔文献〕金水敏・高山善行・衣畑智秀・岡崎友子『シリーズ日本語史3　文法史』（岩波書店 2011）〔原田走一郎〕

形態論
けいたいろん
morphology
文法

　語の構造を研究対象とする研究分野のこと。たとえば、「食べさせられた」という語は（これが語だとすると）、{食べ}{させ}{られ}{た}という4つの形態素からなるが、これらはこの順番で述べられなければならない。「たられ食べさせ」などとすると日本語として非文法的である。このように語の内部にはパターンがあり、それを研究するのが形態論である。語が1つの形態素からなる場合がほとんどと考えられる中国語などとは異なり、上の例のように、日本語は語の内部構造が複雑になりうる。そのため、形態論は日本語文法の中でも重要な位置を占める。

　ただ、日本語の語をどのように定義するかは研究者間で一致を見ない。そのため、形態論で扱う範囲もおのずと異なってくる。たとえば、いわゆる名詞と格助詞の連続（たとえば「亀が」「亀を」）を名詞の内部構造と見る立場では、これも形態論の一部であるし、そうでなければ、これは形態論としては扱わない。

　1つの形態素で構成される語を単純語と称する。これに対し、2つ以上の形態素からなる語を合成語と称する。合成語を形成する方法を形態法と言い、これが形態論の研究対象である。日本語において中心となる形態法は、接辞添加、複合、重複の3つである。接辞添加は、語根に接頭辞や接尾辞が添加されるものである（「お茶屋さんたち」。語根は「茶」）。複合は、複数の語根が組み合わされるものである（「イエネコ」）。重複は、語根の一部または全部を繰り返すものである（「山々」）。

〔文献〕宮岡伯人『「語」とはなにか・再考―日本語文法と「文字の陥穽」』（三省堂 2015）　　〔原田走一郎〕

形容詞
けいようし
adjective

【文法】

二大品詞である名詞・動詞に次ぐ第3の品詞。「赤い、高い、うれしい、痛い」などがその例。文の中で規定語（「赤い車」）や述語（「このリンゴは赤い」）として機能し、連用的な形で修飾される。品詞は単語の語彙＝文法的な分類であるため、語彙的な意味も深く関連しており、形容詞は主にものやことがらの性質や状態を表す。現代日本語研究では、学校文法で言う形容動詞も形容詞の下位分類として扱うことが多く、その場合は「形容詞・形容動詞」ではなく、「第一形容詞・第二形容詞」あるいは「イ形容詞・ナ形容詞」と呼ぶ。

【他品詞と形容詞】伝統的な国文法では、動詞と形容詞は「用言」としてまとめられるが、動詞は述語としてはたらくことを第一の機能とする品詞であり、形容詞は規定語（連体修飾語）としてはたらくことを特徴とする品詞である。形容詞にとって述語となることが二次的な機能であることは、文法的カテゴリーの分化を観察すると、動詞には見られるアスペクトやヴォイスの分化がなく、ムード的にも命令もないことからも明らかである。副詞との関連では、形容詞のいわゆる連用形が修飾語として機能している場合（「明るく輝く／うつくしく舞う」）を副詞への転成と捉える立場（鈴木1972など）もあるが、議論は分かれている。連体詞との関連では、「大きな」「小さな」「おかしな」などを「大きい」「小さい」「おかしい」の連体形の異形態とする立場や、形容動詞の連体形とする立場もある。

【形容詞の分類】形容詞の分類については、さまざまな分類が提案されているが、多くの分類では、形容詞を「感情（・感覚）形容詞」と「属性形容詞」の2つにまず大きく分ける。感情形容詞は「うれしい、かなしい、たのしい」などであり、意味的に感情を表すという特徴のほかに、人称制限があり、話しことばでは一人称のみを主語にとることができる（「私は悲しい／*太郎は悲しい」）。属性形容詞は、ものやことがらの性質を表すという意味特徴があり、人称制限はない。細かい分類では、感覚形容詞（痛い、まぶしい、かゆい、暑い、寒い、など）を感情形容詞とは別に（あるいは下位分類として）認める立場や、評価形容詞（いい、悪い、すごい、ひどい、など）を別項目とする立場もある。言語学研究会とその流れを汲む立場では、これらの分類とは異なり、一時的な状態を表す「状態形容詞」（うれしい、忙しい、痛い、など）と恒常的な特性を表す「特性（質）形容詞」（赤い、丸い、広い、など）の2つに大きく分ける。

【話しことばと形容詞】先に確認したように、形容詞の特徴的な機能は規定語として名詞を修飾することにある。この特徴は特に書きことばで典型的に観察される。これに対して、話しことばでは述語として機能する頻度が高くなることがさまざまな言語で報告されている。これと関連して、話しことばが中心となる日本語の諸方言では、形容詞の形態論は標準語よりも豊かな体系を持っている（活用形が多く見られる）ことが観察される。

【程度表現と形容詞】一般言語学では、形容詞の特徴として比較級や最上級のかたちを持つことが挙げられるが、日本語の形容詞にはこのようなかたちはない（このような言語はほかにもある）。しかし、さまざまな言語を通して程度性を持つことは形容詞の意味的な特徴であり、文法的には程度副詞の修飾を受ける（「とてもうれしい」）ことが特徴である。

[文献] 鈴木重幸『日本語文法・形態論』（麦書房1972）、西尾寅弥「形容詞の意味・用法の記述的研究」『国立国語研究所報告』44（秀英出版1972）、飛田良文・浅田秀子『現代形容詞用法辞典』（東京堂出版1991）、工藤真由美編『日本語形容詞の文法』（ひつじ書房2007）、八亀裕美『日本語形容詞の記述的研究』（明治書院2008）、工藤真由美・八亀裕美『複数の日本語』（講談社2008）

[八亀裕美]

形容動詞
けいようどうし
-na adjective (second adjective)

文法

　伝統的な国文法における品詞の1つ。「静か
な／静かだ」「元気な／元気だ」「ソフトな／
ソフトだ」のように、さまざまな語種の語が
所属している。独立した品詞かどうかについ
ては、長年議論が分かれている。形容詞の下
位分類と見る場合も、「第二形容詞」「ナ形容
詞」など複数の呼び方が提案されている。ま
た、独立した品詞と見る立場でも「形容動詞」
「形状詞」「名容詞」などその名付けはさまざ
まである。また、形容動詞を名詞の一部であ
ると捉える立場もある。このような違いが生
じる一番の原因は、品詞が、意味的なタイプ
分けなのか、文法的なタイプ分けなのか、意
味＝文法的なタイプ分けなのかという立場の
違いが認められるところにある。
　また、これらは一語ではなく二語である
（「静か＋だ」「元気＋だ」）という立場を取る
研究者もいる。その場合は、（準）名詞＋指定
の助動詞と分析することが多い。用語の問題
で言うと、「形容動詞」という名付けは「動詞
に近い性質を持つ形容詞」という印象が強い
が、実際は「名詞に近い性質を持つ形容詞」
であり、あまり適切ではない。

【形容詞と形容動詞】現代日本語では、形容詞
はすでに閉じたクラス（語の種類）になってい
て、新しい形容詞をつくることが難しいが、
形容動詞は開かれたクラスであって、新しい
単語を生み出している（サスティナブルな、
ニュースな、など）。また、「あたたかい／あ
たたかな」「やわらかい／やわらかな」などの
ように、どちらにもまたがるものがある。「同
じ」の活用も、形容詞的な部分と形容動詞的
な部分があり、混合的である。

【形容動詞と名詞】形容動詞と名詞との間は連
続的である。いわゆる形容動詞の語幹は名詞
として用いることができることが多い（「平和
な国／平和が大事だ／平和を守りたい」）。ま

た、名詞を修飾する際に「〜の」と「〜な」
の両方が用いられる語も相当数ある（「特別
な思い／特別の思い」「最善の方法／最善な
方法」）。名詞の中でも、程度副詞で修飾でき
る「美人」「倹約家」などは「美人な」「倹約
家な」というかたちに違和感を持たない話者
も増えてきている。

【第三形容詞】村木（2002）などは、「真紅の、
抜群の、互角の、丸腰の、まやかしの、がら
がらの」などの単語について、いわゆる語幹
が格の体系を持っておらず（「*真紅が／*互角
を／*がらがらが」）、また修飾を受けるときも
連体的ではなく連用的な修飾を受けることに
注目し、「第三形容詞」「ノ形容詞」として、
形容詞の下位区分に位置づけている。

【古典語からの変化】古典語では、形容動詞
にはナリ活用（静かなり、豊かなり、など）と
タリ活用（堂々たり、蕭々たり、など）の2
種類が認められている。タリ活用は漢語系の
語彙が所属している。このうち、現在の形容
動詞に繋がるのはナリ活用であり、古典語で
タリ活用だった語群は、「堂々と／蕭々と」と
いう副詞と、「堂々たる／粛々たる」という連
体詞の用法にのみ固定されており、現代語に
おいては形容動詞の活用のタイプとして認め
ることは難しい。

【一般言語学と形容動詞】形容動詞が形容詞の下
位分類であるという前提に立って、世界の諸
言語を見渡してみると、形容詞に2つのタイ
プを持っている言語は日本語だけではないこ
とが分かる。また、二大品詞である動詞から
名詞までを連続的に捉える立場から見ると、
日本語の2つの形容詞を、動詞寄りの第一形
容詞（いわゆる形容詞）と名詞寄りの第二形
容詞（いわゆる形容動詞）と連続相として位
置づけることも可能である。

［文献］吉沢義則「所謂形容動詞に就いて」『国語国文』
2-1 (1932)、鈴木重幸『日本語文法・形態論』（麦書房
1972)、村木新次郎「第三形容詞とその形態論」『国語論究
10　現代日本語の文法研究』（明治書院 2002)、工藤真由
美・八亀裕美『複数の日本語』（講談社 2008)［八亀裕美]

計量言語学
けいりょうげんごがく
quantitative linguistics

分野名

　計量的（統計的）な考え方を用いて言語の構造や運用実態を解明する言語研究の一分野。主な研究領域として、言語単位（音素・形態素・単語・文字等）の使用率や用法、作品の文体的特徴（作家推定等）、方言の共通語化や方言区画、敬語使用や言語生活の量的記述等があるが、とりわけ発展が著しい分野に、膨大な数の単語（語）を体系的な集まり（語彙）として捉え、計量的手法によってその構造的特徴を分析する「計量語彙論」がある。語の頻度分布、語彙構成比（語種・品詞）、基本度関数、語彙の類似度等の方法論が開発されている。

【語彙調査】 計量語彙論では、実際の文章や談話を資料としてどのような単語がどれほど使われているかを明らかにするために語彙調査を行う。そこでは、調査対象とした文章・談話を「単位語」に切り分け（単位切り）、それらを文法的な形や表記の異なりを捨象して「見出し語」にまとめる（同語異語判別）。単位語の総数を「延べ語数」と言い、見出し語の総数を「異なり語数」または「語彙量」と言う。1つの見出し語の持つ単位語の数がその見出し語の「使用頻度」であり、ある見出し語の使用頻度を延べ語数で割ったもの（全体に対する割合）がその見出し語の「使用率」である。見出し語を使用率または使用頻度の順に配列したものを「語彙表」と言う。

【日本の計量言語学】 戦後の国立国語研究所による言語生活研究や語彙調査を出発点とし、1956年創立の計量国語学会を中心として、その領域を幅広い分野に拡大してきた。近年は、大規模なコーパス（電子化された言語資料）の普及によりさらに深化を遂げている。

［文献］伊藤雅光『計量言語学入門』（大修館書店 2002）

［金愛蘭］

結束性
けっそくせい
cohesion

談話・語用論

　二文以上の文連続が、文法的な依存関係により、全体で1つのまとまり（テキスト）と解釈されるとき、その文連続には結束性があると言う（Halliday&Hasan 1976）。結束性には語彙的結束性もある。

　たとえば、「その本は面白かった。」という文は、指さしなどで現場にある本が特定できる場合（現場指示→ダイクシス）か、文脈内に先行詞が存在する場合に限り解釈可能になる。後者の場合、「駅前の本屋で本を買って読んだ。その本は面白かった。」という文連続はテキストを構成し、そこには結束性がある。一方、現場指示は結束性をつくり出さない。

　文法的な依存関係をつくる要素には、指示表現、一項名詞、項の省略がある（庵 2019）。

　指示表現には、コ系統、ソ系統の指示詞の文脈指示用法と名詞が繰り返された場合があり（φは有形要素が存在しないことを表す）、「先日銀座で寿司を食べた。{この／その／φ}寿司はうまかった。」のように結束性をつくる。

　一項名詞は、「弟、表紙、結果」のように、「〜の」を必須的に要求する名詞で、「夏休みに調査を行った。φ結果は大学の紀要で発表する予定だ。」のような形で結束性をつくる。

　項が省略された場合、特にそれが一、二人称代名詞以外の場合は、省略された要素はその指示対象の特定を（通常、前方の）文脈に依存し、「田中さんは英語が得意だ。今はφ商社で働いている。（φ＝田中さん）」のような形で結束性をつくる。

　文連続に常に結束性が存在するわけではない。たとえば、「私は紅茶が好きだ。φ飲物は疲れを癒やしてくれる。」はテキストをつくらない。

［文献］Halliday, M.A.K. & R.Hasan. *Cohesion in English*. Longman, 1976., 庵功雄『日本語指示表現の文脈指示用法の研究』（ひつじ書房 2019）

［庵功雄］

言語
げんご
language

人間社会集団内で意志の相互伝達や抽象的思考を可能にする記号体系のこと。音声言語と手話言語があり、音声の媒体として文字がある。音声言語は発話が時間に沿って継起するという線条性（linearity）を持つが、手話言語は空間的な同時性を持つ言語として区別される。手話言語母語話者（native signer）の存在する手話は自然言語であり、二重分節性（後述）を持ち、独自の文法体系を形成する。一般に、共存する音声言語との言語接触や類像性（iconicity）の高さも特徴的である。

【ソシュールの二元論】近代言語学の祖と言われるソシュール（Ferdinand de Saussure）は、構造主義的二項対立の方法によって言語の性質を以下のように論じる。(1) ラングとパロール：日本語では多義である「言語」について、共同体の用いる言語体系をラング、個人の言語運用をパロールとし、両者を包括する概念として言語活動一般をランガージュと呼ぶ。ドイツ語で「言語」を表すSpracheを無冠詞で用いて抽象的なランガージュを意味し、不定冠詞では個別の言語を指すラングに相当する。これはイタリア語で linguaggio と lingua、スペイン語で lenguaje と lengua と区別しているのと同様である。ソシュールは構造言語学的立場から科学の対象となるのはラングという体系であるとしているが、後に発展した語用論や談話分析などの分野では、発話行為であるパロールを対象としていると言える。(2) 共時態と通時態：ある特定の時代におけるラングの状態を共時態、ラングの時間的変化を通時態と呼ぶ。言語学は共時態を優先させるべきであるとし、当時の印欧語学の方法論と区別される。一方、80年代頃から共時の言語現象を通時的変化や共時的変種によって説明する文法化理論が確立した。(3) 能記と所記：言語記号signeは、フランス語で動詞signifier「示す」の現在分詞と過去分詞で示されるように、意味する表現手段（signifiant 能記）と意味される内容（signifié 所記）で構成される。音声言語における音声とそれが指す概念の関係である。両者のつながりに必然が無いことを言語の恣意性と言う。恣意的であるから個別言語によって表現が異なり、変化も起こる。これに対し、自然音を模して言語音となったオノマトペ、語彙や文法面での類像性は、言語が現実の認知に即した特徴を持つ傾向を示している。(4) 統合関係と範列関係：Syntagmatic と paradigmatic な関係の和訳で、前者は言語化された要素の統合的な構造、後者は言語化されていない選択肢の体系のこと。「昨日来た」における「来」と「た」は統合関係にあり、「昨日」と「明日」は範列関係にある。ソシュールが導入した概念は、たとえばラングとパロールは音韻論と音声学の関係、ラングとランガージュは、記述言語学と理論言語学、言語類型論と言語普遍論の関係など、言語学の諸分野における研究対象や方法論の違いを説明する概念にもなった。

【二重分節】人間言語が意味を持つ最小単位と意味を区別する最小単位の二重の記号素に分節されること。文は形態素に、形態素はさらに音素に分節される。マルティネ（André Martinet）の用語。動物の鳴き声が全体で1つの単位であるのと異なり、限られた記号素の組み合わせにより無制限に文を創造することができる人間言語の生産性や経済性を保証している。

言語の起源については古来さまざまな仮説があり、自然と恣意、表現手段の慣習的な記号化に関してこれまで哲学、歴史、生物学上の問題としても扱われてきた。現在では脳科学や計量学など、さらに学際的な言語研究の段階に至っているが、上述した言語の性質に基づき具体的言語資料を用いて科学的に分析することが、言語の本質を解明する基本である。

[文献] 風間喜代三ほか『言語学 第2版』（東京大学出版会 2004）、斎藤純男『言語学入門』（三省堂 2010）[仁科陽江]

言語習得
げんごしゅうとく
language acquisition

【第一言語習得】人が生まれてから育った環境において自然に身に付ける最初の言語を第一言語（first language）と呼び、その言語を習得することを第一言語習得（first language acquisition）と言う。1歳前後から場面に適した一語の発話（一語文）が見られ、その時期に用いる語を幼児語と言う。幼児語は成人の使用語（成人語）とは系統が異なる語であり、幼児が発音しやすい音を持つ、同じ音の並びを繰り返すなど、幼児にとって理解と発話がしやすい語構成となっている。マンマ（食べ物）、ワンワン（犬）などが例として挙げられる。その後1歳半頃から成人語に移行し始める。

【第二言語習得】第一言語のほかに習得した言語はすべて第二言語と呼ばれることが多く、その言語を身に付けることを第二言語習得（second language acquisition）と言う。第二言語習得研究の分野では、第二言語習得とは、言語の形式と意味・機能とを結び付けるプロセスだとされる。1970年代以降、母語の影響や誤用の分析だけでは分からなかった、学習者の言語習得全体のメカニズムの解明が研究の中心課題となっている。学習者の頭の中には、第一言語と第二言語の間に位置する独自のシステムである「中間言語（interlanguage）」の存在が想定されている。中間言語は可変的であり、学習者は自身の中間言語と学んでいる言語とを比較して仮説を立て、仮説が正しいかどうかを検証した結果、間違っている場合はシステムの再構築を行う。こうして中間言語は、徐々に目標言語の体系に近づいていく。

［文献］白井恭弘『外国語学習の科学—第二言語習得論とは何か』（岩波書店 2008）　　　　　［福田倫子］

言語障害
げんごしょうがい
speech-language disorder

　ことばを使用したコミュニケーションが困難になる原因は主に、聞こえの障害、発声の障害、言語機能の障害の3つに分けられる。それぞれの障害には先天性のものと後天性のものの両方が含まれる。聞こえの障害は、先天性のほかに疾病や加齢が原因となる場合がある。発声の障害は口腔器官の筋肉の麻痺が原因とされ、音の欠落や歪み、吃音のような流暢性に関わる症状などが見られる。言語中枢に障害があるわけではないため言語の概念や言語理解には問題はなく、また口腔内や喉をどのように動かして音声を作ればよいかも分かっているのだが、筋肉が思うように動かせないことにより言語音の産出が困難となる。言語機能の障害は言語中枢の障害が原因であり、情報や思考内容を表現するシンボルである言語を操作する機能が失われている状態だと言える。言語発達遅滞や学習障害、失語症（aphasia）などが含まれ、ことばの理解や産出が困難となる。学習障害の1つにディスレクシア（dyslexia：読字障害）がある。ディスレクシアは知能・言語能力・視力に問題がないにもかかわらず、文字や文の読み書きができなかったり、非常に時間がかかったりする障害である。文字（視覚情報）と音（音韻情報）と意味との繋がりの間に何らかの干渉があるため、文字を音韻に変換したり、単語のまとまりを認識して意味と結び付けたりするのが難しいと考えられている。"laugh"のように、文字（綴り）と発音が一致しない単語が多く存在する英語圏ではこの障害の認知度が高まってきたが、日本においては認知や理解が進んでいるとは言い難い。しかし、日本語母語の小学生の0.7〜2.2％に読み書き障害があることが推測されるという研究結果もあり（稲垣 2010）、支援の方法の検討や周囲の理解の促進が必要とされている。

【失語症】失語症は、後天性の言語機能障害である。脳出血・脳梗塞などの脳の病気や事故などによる頭部の外傷が原因で脳の言語を司る領域を損傷した場合に生じ、聞く、話す、読む、書くのすべてが困難になる。これらすべてではなく選択的に読みに強い困難が生じる障害に失読症（alexia）がある。日本語には、ひらがな、カタカナ、漢字のように文字の種類が複数あり、文字の種類によって現れる症状が異なると考えられていたが、近年は読み方の一貫性によるという考え方もある。読み方が1つしかない漢字で構成される語（例：銀貨）、読みは複数あっても典型的な読み方が正解となる語（例：経由）、典型的な読み方以外の読み方が正解となる語（例：寿命）の順に読みの成績が低下するという研究結果もある（藤田・立石2015）。

【言語聴覚士】言語障害は、完治することはないがリハビリテーションで改善が見られることがあり、そのサポートを行うのが言語聴覚士である。1997年に言語聴覚士法が制定され、言語聴覚士は国家資格が必要な専門職となった。サポートの対象は乳幼児から高齢者までと幅広い。言語機能の障害および聞こえの障害、飲み込み機能（摂食嚥下）の障害にも対応する。失語症患者に対しては言語や認知の機能回復訓練だけでなく、家庭復帰や職場復帰など社会参加への支援、心理的問題への対応、さらには家族への支援など多岐にわたる。2017年時点で失語症患者数は50万人超、その一方で言語聴覚士数は約3万人（2018年）であり、今後さらに高齢化が進む日本社会は言語聴覚士が圧倒的に不足することが予想される。

［文献］稲垣真澄編『神経学的基盤に基づく発達障害の診断・治療ガイドライン策定に関する総合的研究：総括研究報告書（平成19年度〜21年度）』(2010)、藤田郁代・立石雅子編『標準言語聴覚障害学　失語症学　第2版』(医学書院2015)　　　　　　　　　　　　　［福田倫子］

言語生活・言語行動
げんごせいかつ・げんごこうどう
language life / language behavior

社会

われわれの生活は、ことばなしには成り立たない。人と会話することだけでなく、駅のアナウンスを聞く、看板に書かれた文字を読む、メモをとるといった行動もすべてことばを介したものであり、社会生活に欠かせない行動である。このようなことばを伴う行動を言語行動と言う。また、そのような生活は言語生活と呼ぶことができる。日本語学において言語生活という用語は厳密に定義されたものではないが、人間の社会生活と言語使用を関連させて捉える際に使用される用語である。

言語行動は、その媒体（メディア）が音声か文字か、その行動が産出か理解かの2つの観点により「話す」「聞く」「書く」「読む」の4つに分類される。言語行動が言語生活の中で行われるものであるという前提に立つと、社会の変化に伴って、言語行動のあり方もまた変化していくことになる。たとえば、上記のとおり、言語行動は媒体の違いによって、音声を媒体とした「話しことば」と文字を媒体とした「書きことば」に分類され、その違いが指摘されている。しかし近年では、電子メールやメッセージアプリ、SNSのような電子媒体によることばが生活の中で使用されるようになった。これらのことばは文字媒体でありながら話しことばの特徴や独自の特徴も持っているため、「打ちことば」として区別されている。

日本語学においては、古くから言語生活研究が行われており、24時間調査など、国立国語研究所が主導してきた分野だが、やがて社会言語学として位置づけられるようになり、言語生活という用語はあまり使用されなくなった。

［文献］真田信治編『社会言語学の展望』(くろしお出版2006)、田中ゆかり『「方言コスプレ」の時代—ニセ関西弁から龍馬語まで』(岩波書店2011)　　［野間純平］

言語接触
げんごせっしょく
language contact

社会

　言語の使い手が、異なる言語と出会うこと。方言の場合も含まれ、その場合は方言接触と呼ばれることもある。

　言語接触が起こると、双方の言語が影響を与え合い、再編成が起こる。どのような状況においてどのような再編成が起こるのか、そこにはどのような法則があるのかを明らかにするのが言語接触の研究の主たる目的である。再編成のあり方は次の5つに類型化される。すなわち、(1) 取り替え（それまでの言語を捨てて新たに接触した言語を取り入れる）、(2) 棲み分け（機能や場面を分けて双方の言語を併用する）、(3) 混交（双方の言語が混ざったものを使用する）、(4) 第三のことば（標準語や公用語）の採用、(5) 維持（新たな言語を取り入れない）の5つである。

　なかでも注目されるのが、(3) の混交である。接触した双方の言語が影響しあって、もとの言語とは異なる新たな言語が生まれる。このようにしてできた言語を接触言語と呼び、ピジンやクレオールも含まれる。日本国内では、伝統的な方言に標準語が接触したことにより、双方が混交した中間方言が生まれるという現象が各地で起こっている。もちろん、上の類型における (1) 取り替え（標準語化）や (2) 棲み分け（方言と標準語の切り換え）といった再編成も起こっており、状況によってその結果はさまざまである。また、台湾や南洋諸島、ハワイやブラジルなどの地域では、現地の言語との接触によって影響を受けた日本語が話されている。これは、現地での日本語教育や移住によって日本語が現地の言語と接触した結果できたものである。

［文献］徳川宗賢「単語の死と生・方言接触の場合」『国語学』115 (1978)、真田信治『脱・標準語の時代』（小学館 2000）、渋谷勝己・簡月真『旅するニホンゴ―異言語との出会いが変えたもの』（岩波書店 2013）［野間純平］

言語相対論
げんごそうたいろん
linguistic relativity

理論

　異なる言語を用いる人間は思考や認識の様式も異なるという仮説。サピアの思想に影響を受けて弟子のウォーフが展開した主張が有名で、両者の名を冠して「サピア・ウォーフの仮説 the Sapir-Whorf hypothesis」と呼ばれることもあるが、共同してなされた主張ではない。ウォーフは「言語相対性原理は、簡単に言えば大きく異なる文法の使用者は異なるタイプの観察と、外的には類似している観察行為の異なる評価へとその文法によって方向付けられ、よって、観察者としては等価でなく、幾分異なる世界観に到達せざるを得ないということを意味するものである」と述べている (Carroll ed.1956)。アイヌ語から例を挙げると（佐藤 2008）、アイヌ語には再帰接頭辞に *yay-* と *si-* の二種があり、*yay-* は主語が直接自身に行為を返す場合、*si-* は他者を介して間接に自身に行為を返す場合に用いられる。*yay-rayke*「自分を・殺す（自殺する）」、*si-nuye*「自分を・入れ墨する」（他人にやってもらわないとできない行為だから）。興味深いのは、*si-ranpewtekka*「自分を・無知にする」（知らないふりをする）という例である。ここでなぜ *si-* が用いられているかというと「ふりをする」行為は観察者がいてはじめて成立する行為だからである。しかし、南米の言語であるグアラニー語 (Guarani) も、このような場合、再帰表現を用いるが、アイヌ語とは逆に、むしろ主語の直接的関与を強調する形式としてである（ドミトリー・ゲラシモフ）。この事例は、ウォーフの主張する言語と「現実」の不可分な関係を物語るものである。

［文献］Carroll, John B.(ed.) *Language, thought, and reality: Selected writings of Benjamin Lee Whorf.* Cambridge, Masachusetts: The M.I.T. Press,1956., B.L. ウォーフ『言語・思考・現実』（講談社 1993）、佐藤知己『アイヌ語文法の基礎』（大学書林 2008）　［佐藤知己］

言語地理学
げんごちりがく
linguistic geography

分野名

　ことばの地域差を明らかにし、それに対して地理的・空間的にアプローチする分野。方言地理学・地理言語学とも呼ばれる。調査に基づいて作成された言語地図に見られる「分布」を観察し、さまざまな観点から解釈する。

　言語地理学の主たる研究トピックの1つに、方言周圏論に基づく言語史の推定がある。現在観察されることばの地域差は、かつて起こった言語変化の結果であると解釈し、さまざまな手がかりを基に、ことばの歴史を推定する。すなわち、ことばの地理的な分布を、時間的な流れとして解釈するのである。

　ほかにも、音韻やアクセント、文法といったさまざまな言語的特徴を基に全国の方言を区画する方言区画論、時間経過による分布の変化や、それに伴う地域差の形成過程を明らかにする方言形成論などが言語地理学の主たるトピックとして挙げられる。言語地理学においては、ことばの地域差をことばの面だけでなく、気候、地域文化、交通網、社会制度など、ことばに関わるさまざまな観点から考察する点に特徴がある。そのため、地理学・社会学・民俗学といった隣接分野との関係が強く、学際的な性格を持つ分野と言える。

　言語地理学では言語地図を用いてことばの地域差を視覚的に図示する。さらに、ことばの地理的な分布だけでなく、年齢差も同時に図示したグロットグラムという図も存在する。これは、表の一方の軸に地点を、もう一方の軸に話者の年齢を配置した模式的な言語地図で、ことばの地域差と年齢差を同時に観察することができる。これにより、現在進行中の言語変化や、ことばの広がりを捉えることができる。

［文献］大西拓一郎『ことばの地理学—方言はなぜそこにあるのか』（大修館書店 2016）　　　　［野間純平］

言語類型論
げんごるいけいろん
linguistic typology

分野名

　世界の言語を広く観察することにより、その多様性の背後にある言語普遍性を一般化し、言語現象を機能的に説明することを目指す言語学の一分野。言語を歴史的に比較してその系統を明らかにする比較言語学（comparative linguistics）とは方法論が異なり、言語類型論では言語構造上の特徴による分類を行う。前者を歴史比較言語学、後者を一般比較言語学とも区分する。系統的にも地理的にも関連のない言語が類型論的に酷似していることもある。

　形態類型論は、世界の言語を膠着語、屈折語、孤立語に抱合語・複統合語を加えて四分類する。屈折語は1つの形態素が複数の文法範疇を表すのに対し、膠着語では形態素と文法範疇の関係が1対1である。語順類型論は、述語の位置によりVSO、SVO、SOVという基本語順を分類し、たとえばSOVの言語は名詞句の修飾成分が名詞に先行し後置詞を持つなど、他の文成分の語順上の特徴と相関を示す。文法項の表し方により対格言語、能格言語、活格言語などに分類する格構造、主語と主題の卓越性、移動表現の特徴による動詞・衛星枠づけなどの文法諸分野の分類に加え、近年ではさまざまな類型論的分類が増えつつある。

　日本語を類型論的に特徴づけると、膠着言語でありSOVの語順を持つ対格言語で、世界の言語の中では多数派の類型を持つ。主題卓越性が高く、動詞枠づけ言語で、自動詞表現を好む「なる」言語であるとも言われる。日本と中国は隣接国で歴史的にも関係が深く、漢字や漢語を共有するため、類似性が強調されがちだが、両言語の言語類型論的構造は全く異なる。中国語はSVOの語順を持つ孤立語であり、声調など、音韻類型論的にも異なる。

［文献］B. Comrie. *Language Universals and Linguistic Typology*. 2nd ed. The Univ. of Chicago Press. 1989.
［仁科陽江］

謙譲語
けんじょうご
humble form, object honorifics

【敬語】

　話題の人物で、主語以外の人物に敬意を示す表現である。

　2007年の文化庁国語審議会による「敬語の指針」では、謙譲語は2種類に区別されている。謙譲語Ⅰは補語の人物を上位に位置づける形式のことを言い、「言う」に対する「申し上げる」、「行く」に対する「うかがう」などが該当する。また、動詞・動名詞に接続して謙譲語Ⅰを作る形式として、「おーする」がある。謙譲語Ⅱは、補語の人物が必ずしも存在しない動作について用いるもので、聞き手に対する敬意を示すものであり、話し手を低めて表現すると説明されることもある（「丁重語」とも言う）。たとえば、「言う」に対する「申す」、「知る」に対する「存ずる」などが挙げられる。「言う」に対する謙譲語としては、謙譲語Ⅰの「申し上げる」、謙譲語Ⅱの「申す」がある。謙譲語Ⅰは「（私が）先ほど先生に申し上げたのですが…」と動作の相手に必ず上位者をとり、「*母に申し上げましたように…」と身内など高めるべきでない人物をとることはできない。しかし、謙譲語Ⅱは、「先ほど母に申したのですが…」と、動作の相手に高めるべきでない人物をとることもできる。このことから、謙譲語Ⅰは話題の敬語であるが、謙譲語Ⅱは聞き手への敬意であると考えられる。

　歴史的に、奈良時代に見られる謙譲語は謙譲語Ⅰであるが、平安時代より謙譲語Ⅱの形式も現れる。平安時代の「はべり」や下二段活用をする「たまふ」は謙譲語Ⅱにあたる。文法的にも現代語の謙譲語Ⅰは主語よりも補語のほうが上位のときに用いられるが、平安時代にはそのような制限はないといった相違が見られる。

［文献］菊地康人『敬語』（角川書店 1994）　　［森勇太］

語
ご
word

【文法】

　1つもしくは2つ以上の形態素からなる構造体で、音韻的・形態統語的な自立性および内的緊密性を持って現れる最小の単位である。たとえば「猫」「雨」などのように、単独で発話可能で内部に切れ目がなく意味の完結性のあるものは、典型的な語（単語）と言える。

【語形成・語構成】語はしばしば複数の形態素が結合したものとして表れる。たとえば、「雨／音」「黒／さ」「真っ／黒」では、それぞれ一語でありながら要素間に切れ目を認めることができる。1つの形態素からなる語を単純語、2つ以上の形態素からなる語を合成語と言う。語は1つ以上の語根を持ち、語根と語根を組み合わせる複合（上述「雨／音」）と、語根に接辞を付与させてできる派生（上述「黒／さ」「真っ／黒」）が、日本語において新しい語彙をつくる主要な方法である。このほか、合成語は、語幹（語根（＋接辞））と屈折接辞で構成されることもある。屈折とは、同一語彙素における文法的意味の変化を伴う語形変化（接辞付与）のうち、選択が必須でそこで語が完成する（語類・品詞を特徴づける）ものであり、日本語においては「食べる、食べた」のような動詞の時制接辞などが屈折接辞として挙げられる。

【語境界認定の問題】先行する形態素に別の形態素を次々に膠着させていく膠着語としての性質を持つ日本語においては、語の切れ目の判断が単純でなく、研究者間の語の定義の違いによって見解が一致していない場合も見られる。たとえば「彼はご飯を食べさせられなかったようだ」という文の語境を考えてみよう。日本語の研究においては、名詞に続く格や主題を表す要素（「〜は」「〜を」）が先行する名詞の一部なのかそうでないのか、複合体／結束句などとも呼ばれる多くの形態素が現れる述部の構造体（「食べさせられなかった

ようだ」)の要素がすべて動詞の一部なのかそうでないのかについて、複数の見方が提示されてきた。たとえば上記「させ」「られ」「なかっ」「た」「ようだ」は、学校文法では助詞または助動詞と言われ、これらすべて「付属語」とされる。この意味での「語」には要素単独での自立性が考慮されておらず、今日的には単に形態素に類するものであると言える。これに対し、これらすべてを先行する動詞語根「食べ」の形成する語の一部とする見方もあるが、ここでの定義に従えば「ようだ」については動詞の外の語であり、それ以外は接辞として先行する語の一部となる。

通言語的に決定的で万能な語認定の基準があるわけではないが、ある要素の語らしさは音韻的・形態統語的な複数の基準によって特徴づけられる。音韻的自立性の基準としては、たとえば単独でアクセントを持てるかどうかなどが挙げられる。形態統語的な自立性の基準としては、出現順の固定された（隣接環境が固定された）接辞と比較してさまざまな要素に隣接し得るかなどが挙げられ、内的緊密性としては、内部に別の要素（語）が入り込めるかどうかなどが挙げられる。語らしさの各基準は相関しつつも独立しており、特に音韻的基準による語（音韻語）と形態統語的基準による語（文法語）は一致しない場合も多い。また、語のうちやや自立性の低いものは接語と呼ばれ、典型的には文法語であるが音韻語ではない（音韻的自立性を欠く）ものを指す。

[文献] 服部四郎『言語学の方法』（岩波書店 1960）、影山太郎『文法と語形成』（ひつじ書房 1993）、鈴木重幸『形態論・序説』（むぎ書房 1996）、宮岡迫人『「語」とはなにか』（三省堂 2002）、Dixon, R. M. W. and A. Y. Aikhenvald *Word: A Cross-linguistic Typology*, Cambridge University Press. 2002., Haspelmath, M., The indeterminacy of word segmentation and the nature of morphology and syntax, *Folia Linguistica* 45-1:31-80, de Gruyter 2011.　　　　　　　　　　　　[林由華]

語彙
ごい
lexicon, vocabulary

【語彙】

一定の基準に合致した単語の集まり。一定の基準とは、たとえば、特定の意味を表す、同じ品詞に属する、特定の時代・地域・個人に使用されるなど、総体としての共通性のことを言う。例を挙げると、色彩語彙（意味）、動詞語彙（品詞）、平安時代の語彙（時代）、関西方言の語彙（地域）、宮沢賢治の語彙（個人）などとなる。

語彙を構成する語の数は語彙量と呼ぶ。語彙数となると、「語彙を構成する語」の数ではなく「語彙」の数を意味することになる。語彙量は、延べ語数（使用された単語の総計）や、異なり語数（使用された単語の種類の総計、同一単語の繰り返しは数えない）によって計る。童謡「春が来た」の冒頭「春／が／来／た／春／が／来／た／どこ／に／来／た」（／は単語の区切り）であれば、延べ語数は12、異なり語数は6となる。異なり語数が延べ語数に近づくほど、同じ単語の繰り返しが少ないということになるため、その単語の集まりはバリエーション豊かだと推定できる。

一般社会での「語彙」「ボキャブラリー」は使用語彙・理解語彙を表すことが多い。特に語彙教育において両者は区別され、前者はある個人が話したり書いたりして実際に表現する際に使える語彙、後者はある個人が聞いたり読んだりして意味の分かる語彙と定義される。使用は理解の上に成り立つが、理解できても使用できるとは限らないため、前者は後者に含まれる関係にある。

【語彙教育と語彙調査】戦前、国語教育・日本語教育における語彙教育の必要性から日本語の語彙調査が始まり、数々の基本語彙・基礎語彙が提案されてきた。

基本語彙とは、ある言語共同体の誰もが使っており、日常の言語生活に必要な語彙を指す。計量的な語彙調査に基づき、使用頻度が

高く、使用場面の広い語が客観的に選定される。実際には、「教育基本語彙」のように、想定する言語共同体や実用上の目的により基本語彙の範囲は限定されることが多い。また、調査の対象となる個々の資料の重要度を考慮し、専門家の判断で調査結果を調整する場合があり、基本語彙の中には後述する基礎語彙の性格を帯びたものも多くある。

基礎語彙とは、日常の言語生活において一応の表現が可能になることを前提とした、言語学習の対象となる最小限の語彙を指す。言語教育の専門家により主観的に選定される。基本語彙は範囲・目的により内容が限定的になるが、基礎語彙は日常に根付いた語彙であることが前提となる。C.K.Ogdenらが1930年に発表したBasic English（850語）にならい、土居光知が1933年に発表した『基礎日本語』（1100語）が有名である。

基本語彙・基礎語彙の概念は研究者により異なり、その整理・細分化も検討されてきており、林（1971）では基礎語彙・基本語彙・基準語彙・基調語彙・基幹語彙の5つを立てる。戦後は国立国語研究所が中心となり、言語学的観点から新聞・雑誌等の大規模調査も進められ、書きことばにおける基本語彙の研究が続けられてきた。近年、語彙教育を目的とする語彙リストの作成においては、コーパスを活用した新しい方法の模索も始まっている（田中 2015）。

【語種による語彙の分類】単語は出自により4つの語種に分類される。国立国語研究所『BCCWJ』の「中納言」データ語彙表（異なり語数・短単位・コア）を利用し語種比率を集計すると、和語34.4%、漢語46.5%、外来語15.4%、混種語3.7%となる。外来語の比率は和語の2分の1にも満たないが、特定の専門分野での外来語の進出は確かに著しいと言えるだろう（→巻末付録）。

【意味による語彙の分類】語句を意味により分類・配列した辞典を一般に「シソーラス」と呼ぶ。分類・配列の基準となる意味は、語句同士の間で成立する類義関係・対義関係・包摂関係などを指し、類義語や対義語、上位語・下位語といったものがグルーピングされ、部分語彙を概観することができるようになっている。日本語のシソーラスとしては、国立国語研究所の『分類語彙表』（改訂増補版 2004）がその代表として挙げられる。たとえば分類番号2.1240（用の類-関係-存在-保存）には、和語「保つ」、漢語＋和語「保存する」、外来語＋和語「キープする」などの類義語が並ぶ。日本語に類義語が多い理由の1つに、こうした複数の語種の共存が挙げられる。

【類義語の定義】同じ意味分野を表すという点では、上位語・下位語だけでなく対義語も広義の類義語に含める立場がある。形容詞の「高い」「低い」は次元の程度を表すという点で類義語と見なすことができると考えるのである。類義語の範囲は研究者によりさまざまであるが、たとえば田中（2002）では「単語の類義的なまとまり」を次の4つに分類する。A. 互いの意味がほぼ重なり合う（「必ず／きっと」「本／書物／書籍」）、B. 互いの語の意味の一部が重なり合う（「うち／いえ」「寝る／眠る」）、C. 包み込まれる関係（「鳴く（吠える／嘶く／囀る）」「夜（晩）」）、D. 意味の区別は一応あるが、互いに意味が極めて近い（「貧しい／乏しい」「池／沼／湖」）。

また、日常的に類義語とほぼ同じ用語として使われる「同義語」は、言語の経済性から言って存在しないとされる。同じ対象を指示し、互いに言い換えが可能に思われる単語であっても、（1）中心的な意味自体に多少の相違があったり、（2）周辺的な意味において棲み分けがあったりするためである。（1）は、「コップ／グラス」（前者は材質を問わず、後者はガラス製に限定される）、「匂う／香る」（前者は芳香・悪臭、後者は芳香のみを表す）などの例がある。（2）には、まず文体差が挙げられ、「あした／みょうにち」（日常語／文章語）、「うまい／おいしい」（下品語／上品語）など枚挙にいとまがない。ほかにも、情

的な差による「こども／がき」（普通語／軽蔑語）、待遇差による「いる／いらっしゃる」（普通語／敬語）など、周辺的な意味において棲み分けを図り、同じ意味分野を表す語群が類義語として共存し得ている。ただ、「おにぎり・おむすび」「音節・シラブル」のように、数は少ないが同義語は存在するという説もある。

【語彙化】 ある語が、その構成要素からは予測できない新しい意味・形式を獲得し、全体として記憶すべき語彙項目（母語話者が記憶している個々の表現）として定着することを語彙化と呼ぶ。「物臭い」の嗅覚の意味が希薄になり倦怠を表すようになった「ものぐさ」や、八つ時から（午後のその時刻に食べる）間食を表すようになった「おやつ」などは、内容語（内容・素材的な意味を表すもの）が新たな意味を獲得した語彙化の例である。また、「〜か知らぬ」の「知らぬ」の意味が希薄になり疑問を表すようになった「かしらん＞かしら」や、助詞「て」に物理的な移動を表す「しまう」が接続し、動作の完了とそれに対する話者の否定的態度を表すようになった「〜てしまう＞ちゃう」などは、内容語が機能語（機能・関係的な意味を表すもの）として新たな意味を獲得した語彙化の例である。

　こうした語句の歴史的な背景を把握する場合に、通時的な変化や共時的な様相を記述した「語史・語誌」の研究が欠かせない。この2つを区別しない立場もあるが、通時的変化を記述したもの／共時的様相を記述したもの、あるいは、通時的変化を史観に基づき解釈したもの／通時・共時的を問わず客観的な記述に努めたもの、と区別する立場もある。

［文献］林四郎「語彙調査と基本語彙」『電子計算機による国語研究3』（秀英出版 1971）、国立国語研究所『日本語基本語彙—文献改題と研究』（明治書院 2000）、田中章夫『近代日本語の語彙と語法』（東京堂出版 2002）、田中牧郎「国語教育の基盤としてのスタンダード—語彙の視点から」田中牧郎編『講座日本語コーパス4　コーパスと国語教育』（朝倉書店 2015）　　　　［池上尚］

口蓋音
こうがいおん
palatal sound

【音声・音韻】

　舌と口蓋とを接触あるいは接近させ、気流を妨げることによってつくられる音声。通常、前舌面と硬口蓋とで調音される硬口蓋音（のみ）を指すが、後舌面と軟口蓋による軟口蓋音（velar sound）を含めて口蓋音とする場合もある。

　日本語の口蓋音として、(1) ヤ行子音/j/、(2) 拗音の子音部分/Cj/、(3) イ段子音が代表的な例である。特に(3)イ段子音は、他の母音との組み合わせによるものと音声的に異なる子音として生起し、特に口蓋化（子音）と呼ばれる（なお、(1)および(2)に対しても、口蓋化子音と呼ぶ場合もある）。

　日本語イ段子音の口蓋化には2つのレベルがある。1つは、サ/s/、タ/t/、ナ/n/、ハ/h/行等のイ段子音で、それぞれ、[ʃi], [tʃi], [ɲi], [çi]のように調音点を硬口蓋（付近）に移動させ、他の段と異なる音声で生起する（別種の音声記号で表記される）タイプである。もう1つは、上記以外のカ/k/、マ/m/、ラ/r/行等のイ段子音の場合で、記号の変更はないものの、他母音との組み合わせと比べて硬口蓋寄りとなるものである。このため口蓋化の補助記号 [ʲ] を付し、それぞれ [kʲi], [mʲi], [rʲi] のように表記される。いずれも、硬口蓋性である前舌高母音/i/が、先行子音の調音点を硬口蓋の方に寄せた結果生じたものである。

　これらの例のような、前舌高母音/i/による子音の口蓋化は、日本語のみならず、多くの言語においても観察される。

［文献］高山知明「拗音に見る非対称性」『音声研究』9-1（2005）、Labrune, Laurance. *The Phonology of Japanese*. Oxford University Press, 2012., Tsujimura, Natsuko. *An Introduction to Japanese Linguistics*（3rd edition）. Wiley Blackwell, 2013.　　　　［田中真一］

口語・文語
こうご・ぶんご
colloquial style / literary style

 一般

字義どおりには口語は話しことば、音声言語であり、文語は書きことば、文字言語である。その他に口語は当代の話しことばとそれに基づく書きことば、文語は平安時代の言語に基づく書きことばの意味でも用いられる。また、口語は現代語、文語は古典語の意味でも用いられる。

【話しことばと書きことばの差】 書きことばは当初は、その時代の話しことばに基づいて書かれる。平安時代の和文は当代の話しことばに基づいて書かれていたと考えられる。しかし、その場で産出され消えていく話しことばが変化しやすいのに対し、産出後も残る書きことばは固定化しやすく変化しにくい。そのため、時代が下るにつれ、話しことばと書きことばには差が生じてくる。

鎌倉時代頃から話しことばと書きことばの差が大きくなって言文不一致になり、以後和漢混合のさまざまな文語体が現われて江戸末期にいたった。明治維新後の日本の近代化にあたり、口語体を確立する必要があり、言文一致運動が起こった（山本 1977）。

【文語体】 書きことばの文体の一種。前代の文章様式に基づいて書かれる文体。口語体の対。

平安時代の和文は口語体に近いものであったが、その後の書きことばは平安時代の語法を基礎にしながら漢文の要素や時代的な変化も取り入れて成立した「文語体」が中心になった。

鎌倉末期の『徒然草』は一種の擬古文であり、中古式和文であるが中古の用法と差異がある語も見られた（根来 1976）。言文一致運動が行われる前の言文二途の終焉部である近世期には、〈擬古〉という営みは、相当に広い範囲にわたるものになっていた（鈴木 2003）。

明治初期の文章は、江戸後期の文章をそのまま受け継ぎ、漢文・漢文直訳体・和文体・候

文体・欧文直訳体があった。これらは、いずれも文語文で、話しことばとは遠く離れていた。明治後期には、漢文直訳体・和文体・欧文直訳体が融合して「普通文」と呼ばれる文語文が成立し、記事や論説に用いられた（飛田 1992）。

1946年にそれまで文語体だった詔書・公用文・新憲法が相ついで口語体を採用してすべての文章が口語体となり（山本 1977）、文語体の文章はほとんど見られなくなった。

【口語体】 書きことばの文体の一種。当代の話しことばに基づいて書かれる文体。文語体の対。

近世以前の書きことばは文語体が中心であったが、明治期に言文一致運動が起こり、口語体が模索された。

1884年刊『怪談牡丹燈籠（かいだんぼたんどうろう）』をはじめとする速記出版物は、話しことばがそのまま小説の地の文と会話とになることを立証した。明治20年に、二葉亭四迷や山田美妙らの言文一致体小説が発表されると世間の注目を浴びた（飛田 1992）。

文学においては、特に地の文の文末表現が模索され、「だ調」、「です調」、「であります調」、「である調」などが試みられた。

言文一致なる文体が一般化したのは、小説が明治30年代、新聞は大正10年頃である。明治期は文語文が主流をなしていたが、大正10年頃公用文を除くほぼすべての分野で言文一致体が一般化した（飛田 1992）。

明治以来の口語文は、語彙・文法など大部分が口語と一致するが、日常の談話には用いない文章語や「である」体が用いられ、厳密には「話しことば」と同一ではない（山本 1965）。

［文献］山本正秀『近代文体発生の史的研究』（岩波書店 1965）、根来司『中世文語の研究』（笠間書院 1976）、山本正秀「言文一致体」『岩波講座日本語10　文体』（岩波書店 1977）、飛田良文『東京語成立史の研究』（東京堂出版 1992）、鈴木丹士郎『近世文語の研究』（東京堂出版 2003）

［苅宿紀子］

構文
こうぶん
syntax, construction
文法

　一文はさまざまな文法的要素が結び付きあって成立する。どのような文法的要素がどのように結び付くかという構造的な特性を重視して、たとえば受動構文・使役構文・受益構文のように、特徴的な構造を持つ文タイプを構文の名で呼ぶことがある。渡辺（1971）や北原（1981）の構文論は、文の文法的要素を「職能」「成分」と呼び、それらの結び付き方を明らかにする文構造研究（統語論研究）である。そこで言う「構文」とは「統語（syntax）」の意味、あるいは「構成要素が一定の文法規則で結び付きあい成り立った文」という意味である。

　他方、一文は部分から構成される1つのまとまりであり、まとまり全体として独自の特性を持つという点を重視し、構文（construction）と呼ぶことがある。慣習により文の形式に固定的に結び付いた「構文の意味」は構成要素の総和からは得られない全体的な意味となる場合もあり、文法的特性や形式が変化することもある。「司書が本を貸してくれた」には要素「くれる」の表す〈ものの授受〉の意味とそれに伴う〈受益〉の意味があるが、「ようやく暖かくなってくれた」には〈ものの授受〉の意味は無く、〈受益〉の特化した話し手の事態に対する〈恩恵的評価〉の意味となっている。前者は疑問文をつくれるが（司書が本を貸してくれたか？）後者はつくれない（×ようやく暖かくなってくれたか？）という文法的特性の違いもある。「早く言ってもらわないと」といった主節の現れない変化形式が固定的に相手に対する行為要求の意味と結び付いているなど、構文化現象はさまざまに見出される。

[文献] 渡辺実『国語構文論』（塙書房 1971）、北原保雄『日本語助動詞の研究』（大修館書店 1981）、益岡隆志『日本語構文意味論』（くろしお出版 2013）　　［天野みどり］

コーパス
corpus

　広義には青空文庫や新聞記事データ集のような単なる電子テキストの集積を指す。現状では、狭義の「ある目的（特に言語研究）のために集められたテキストやデータ」を指す場合が多い。ただし、ただことばを集めさえすればよいというわけではなく、①人工言語ではない実際に産出された自然言語、②対象資料全体に対して代表性を持つもの、③機械可読な形式であることが必要とされる。

[種類]いくつかの観点から次のように分類できる。(1) 言語資料の収集理念：言語という母集団からさまざまなテクストジャンルを標本として抽出する「サンプルコーパス」と現実の言語変化に即応して常に新しいデータを補ってゆく「モニターコーパス」とがある。(2) 対象とする言語資料：汎用的な利用ができるよう一定の言語全般を対象とする「一般（または汎用）コーパス」と特定分野の言語を対象とする「特殊コーパス」とがある。(3) 付加する言語情報のレベル：そのままの状態で使う「プレーンコーパス」と、機械可読性というコーパスの特徴を生かして個々の語や文に対してそれらのメタ情報（品詞・文型・意味分類など）をタグとして付加している「タグ付きコーパス」とがある。(4) 資料の年代：特定の時代の言語を対象とする「共時コーパス」と歴史的な変化を捉えることのできる「通時コーパス」とがある。(5) 対象言語の数：扱う言語によって「単言語コーパス」と「多言語コーパス」とに分けることができるが、後者には同一表現を対照させた「パラレルコーパス」が含まれる。

【コーパス言語学】コーパスの特性を生かした言語研究の領域をコーパス言語学（corpus linguistics）と言う。コーパス言語学は、英語母語話者の内省・言語能力を重視するノーム・チョムスキーの生成文法に対するアンチテーゼとして生まれた。コーパスを用いた言語研

究に関する考え方には、特定の理論もしくは命題から出発しそれを具体的に説明するためまたは実例で検証するためにコーパスデータを使う「corpus-based（演繹的なアプローチ）」と、コーパスから得られたデータを分析してその中から研究対象を見つけ出す「corpus-driven（データ駆動型・帰納的なアプローチ）」とがある。コーパス言語学は最初の電子コーパスであるアメリカのBrown Corpus（1964完成）から始まり、その後イギリスを中心に英語コーパスが発展を遂げたが、日本では1980年代の初期段階を経て本格的に研究が行われたのは2000年代に入ってからである。

【主な日本語のコーパス】国立国語研究所による『日本語話し言葉コーパス（CSJ、2004年公開、750万語）』『太陽コーパス（2005年公開、1450万字）』『現代日本語書き言葉均衡コーパス（BCCWJ、2011年公開、1億491万語・短単位Ver1.1）』『国語研日本語ウェブコーパス（2016年公開、250億語）』『日本語歴史コーパス（CHJ、順次公開中）』『日本語日常会話コーパス（CEJC、2018年12月一部公開、2021年度末に一般公開予定）』等が挙げられる。なかでもBCCWJは、著作権処理のなされた無料の大規模コーパスとして言語研究だけでなく日本語教育現場や学習ツール等に幅広く利用されている。なお、日本語教育の分野では、母語話者同士による『名大会話コーパス』をはじめ、日本語学習者による『KYコーパス』『多言語母語の日本語学習者横断コーパス（I-JAS）』等がよく利用されている。

[文献]『日本語学・特集コーパス言語学』（明治書院 2003年4月臨時増刊号）、齋藤俊雄ほか『英語コーパス言語学―基礎と実践 改訂新版』（研究社 2005）、石川慎一郎『英語コーパスと言語教育』（大修館書店 2008）、前川喜久雄監修『講座日本語コーパス1-8』（朝倉書店 2013〜19）　　　　　　　　　　　　　　　[金愛蘭]

語幹・語基・語根
ごかん・ごき・ごこん

stem / base / root

文法

　これらの語の定義は、研究者間で一致していない。したがって、それぞれの研究にあたる際に、どのように定義されたものか確認する必要がある。

　たとえば、語根は通時的な概念ないし共時的な概念で用いられる場合がそれぞれあり、それらは根本的に異なるものであるため、注意が必要である。通時的な概念としての語根は、複数の語の共通の語源となる形式であり、比較言語学的手続きを経て抽出されるものである。他方、共時的な概念としての語根は語を構成する一部であり、語彙的な内容を表すそれ以上分析することができない形態素とされる。つまり、「食べさせられた」の「食べ」の部分がその実現であると言える。

　また、語基や語幹が上で述べた共時的な概念としての語根と全く同じ意味で用いられることも多い。ここでは、ある2種類のこれらの術語の使われ方を紹介するにとどめる。このような使い方には多様なものがあるが、2種類だけ挙げると、ある立場（A）では、語根は上記の共時的な概念、語基は何らかの形態的操作が行われる部分、語幹は屈折が行われる語基、を指す。一方、別の立場（B）では、語根は上記の通時的な概念、語幹が語彙的な内容を表す要素（つまり立場（A）の語根に相当）、語基が子音語幹が母音によって拡張された部分、とされる。「書かせた」を例に図示すると以下のようになる。

立場（A）	kak	ase		ta
	語根			
	語基	語基		
		語幹		
立場（B）	kak	a	se	ta
	語幹			
		語基		

[文献] 寺村秀夫『日本語のシンタクスと意味II』（くろしお出版 1984）　　　　　　　　　　　　[原田走一郎]

国語施策
こくごしさく
national language policy
社会

　日本語の共通語に関する政策の立案と実施をいう。主として、仮名遣い、送り仮名のつけ方、漢字使用等の国語国字問題に関わる目安・よりどころの策定とその普及である。

【国語に関する審議会】国語施策は国に設置された審議会を中心に進められてきた。現在は文部科学大臣の諮問機関である「文化審議会国語分科会」(2002〜)がこれを担う。明治から大正期の「国語調査委員会」(1902〜)、大正から昭和期の「臨時国語調査会」(1921〜)、そして、昭和から平成期の「国語審議会」(1934〜)の流れをくみ、「国語の改善及びその普及に関する事項を調査審議すること」(文部科学省設置法)を所掌する。

【表記に関する目安・よりどころ】戦後の国語施策は、主に表記に関する目安・よりどころを示してきた。現行のものとして、「ローマ字のつづり方」(1954)、「送り仮名の付け方」(1973)、「現代仮名遣い」(1986)、「外来語の表記」(1991)、「常用漢字表」(2010)がある。これらは、学校教育の国語科における教育課程の基盤ともなっている。

【戦後の国語施策の流れ】戦後1946年から実施された「当用漢字表」や「現代かなづかい」など一連の文字・表記の改革は、教育上の負担軽減や社会生活上の能率の向上を実現した。これは明治期から文部省が目指していたところであった。一方で、その制限的な性格から表現の選択肢をせばめ、漢字使用の実態にも合わないという指摘もあった。国語審議会は、昭和40年代から改めて審議を行い、表記上の「目安」(常用漢字表)、「よりどころ」(送り仮名・仮名遣い)という緩やかなものとして位置付け、現在に至っている。

［文献］武部良明『日本語の表記』(角川書店 1979)、文化庁編『国語施策百年史』(ぎょうせい 2005)

［武田康宏］

語源
ごげん
etymology
歴史

　ある語・連語の形・意味の起源、またその由来。「猫は鳴き声"ね"に親愛の気持ちを表す"こ"がついたもの」といった根拠のうすいものもある。「人の見分けがつきにくくなる夕暮れ時に"誰そ彼"と問うたことから、この時間を黄昏と言う」のように、語構成に基づき推定されることが多い。

　語源を研究する言語学の1分野を語源学・語源論 (etymology) と言い、印欧語族に属する言語は、同属諸言語と比較することでその祖形に遡り語源を特定する。一方、日本語は同系統と証明される言語がいまだ発見されておらず文献以前に遡ることができないため、古代からある基本的な語ほど起源不明のものが多い。たとえば、醤油は青味を帯びた深紫色であったことから女房詞で「むらさき」と命名されたが、「むらさき」は本来、染色材料である草の名を指す。さらに遡り、この草は群れて花を咲かすために「群ら咲き」と呼ばれたらしいが、なぜ1つに集まることを「群る」と言い、蕾の開くことを「咲く」と言うのか、語構成要素になるとその起源は明確でない。

　語源の推定は、歴史的に見て形・意味の両面から支持される必要があり、文献にその根拠が認められることが理想である。そうした実証的な検討を経ず、民衆が音の類似から恣意的に解釈した語源を「民衆語源・民間語源・語源俗解」などと呼ぶ。中には、「一所懸命＞一生懸命」「蘭語 pons (橙の絞り汁)＞ポン酢」のように、民衆語源が語の新たな形・意味を定着させることもある。『日本国語大辞典』(初版・第二版)の「語源説」欄、それらを整理し増補を加えた『日本語源大辞典』(小学館 2005)には、民衆語源も含め、これまで唱えられた語源説が記載されている。

［文献］阪倉篤義『増補　日本語の語源』(平凡社 2011)

［池上尚］

語構成

ごこうせい

word formation

語彙

　語は、さまざまな観点から分類することができる。品詞という観点からは、名詞（例：カレーライス）、動詞（例：食べる）、形容詞（例：辛い）のように、語種という観点からは、和語（例：薬屋）、漢語（例：薬局）、外来語（例：ドラッグストア）のように分類することができる。語は、また語の組み立て方（語構成）という観点からも分類することができる。

【単純語・合成語】語は、語構成という観点からは、まず単純語（例：道）と合成語（例：山道、小道）に分けることができる。「道」のような単純語は、語の内部に切れ目を入れることができない。少なくとも現代日本語の話し手には、「み」と「ち」が組み合わさって「道」という語ができているという感覚はなく、「道」でひとまとまりである。一方、合成語の「山道」、「小道」は、「山／道」、「小／道」のように、語の内部に切れ目を入れることができる。「山」と「道」が組み合わさって「山道」が、「小」と「道」が組み合わさって「小道」ができているという感覚がある。

【複合語・派生語】合成語は、さらに複合語（例：山道）と派生語（例：小道）に分けることができる。「山道」を構成する「山」、「道」は、「山に登る」、「道を作る」が示すように、単独で使うことができる。「山」、「道」のような単独で使うことができるもの（語基）を結び付けることを複合と言い、複合によってできた語を複合語と呼ぶ（「山々」、「家々」のように、同じものを繰り返したものは畳語と呼ばれるが、畳語も複合語の一種と考えられる）。複合語では「山川」など並列的なものもあるが、「コロッケカレー＝カレー」のように後ろに主要部（中心的な部分）が来ることがふつうである。「小道」を構成する「道」は単独で使えるが、「小」は単独で使うことができな

い。クリスマスケーキが取り分けられたときに、「私のケーキ、小さい」とは言えるが、「*私のケーキ、小（こ）」とは言えない。「道」のような単独で使うことができるもの（語基）に、「小」のような単独で使うことができないもの（接辞）をくっつけることを派生と言い、派生によってできた語を派生語と呼ぶ。ここまでを整理すると、次のようになる。

```
語 ── 単純語（例：道）
   └─ 合成語 ── 複合語（例：山道）
            └─ 派生語（例：小道）
```

接辞には、前からくっつくもの（接頭辞）と後ろからくっつくもの（接尾辞）がある。「不満足」、「猛勉強」、「再挑戦」の「不」、「猛」、「再」は、前から「満足」、「勉強」、「挑戦」にくっつく接頭辞であり、「現代的」、「映画化」、「安全性」の「的」、「化」、「性」は、後ろから「現代」、「映画」、「安全」にくっつく接尾辞である。

【略語】複合は、原理的には何度も繰り返すことができる。「禁酒運動撲滅対策委員会設立阻止同盟反対協議会」（金田一 1988）は、一度聞いた（読んだ）だけでは、飲酒に賛成しているのか反対しているのかよく分からない。複合で長くなった語は、いちいち言う（書く）のが面倒なので、省略されるものである。「アジアン・カンフー・ジェネレーション」というロックバンドは、省略されて「アジカン」と呼ばれることがある。「亜細亜大学」は、「アジカン」のように2モーラずつ取り出して省略すると、「*亜細大」になってしまう。スポーツ新聞などでは、「亜細亜大学」は「亜大」と省略されている。「アジカン」、「亜大」という略語は、日本語で省略という現象を考えていくときには、どのような文字で表記されているか（この場合は、カタカナ表記か漢字表記か）も考慮に入れなければならないことを教えてくれる。

[文献] 金田一春彦『日本語 新版（上）』（岩波書店 1988）、影山太郎『文法と語形成』（ひつじ書房 1993）、斎藤倫明・石井正彦編『語構成』（ひつじ書房 1997）　[小林英樹]

五十音図
ごじゅうおんず
the gojūon table; system of ordering kana

歴史・音声・音韻

日本語の音の区別を、母音と子音の組み合わせによって縦5列、横10列に配列した仮名で表された音韻表を五十音図と言う。縦は同じ子音を並べたもので「行」、横は同じ母音を並べたもので「段」または「列」と言う。ただし、現代では、行には音韻的には同じ子音であるが、音が変化したために音声的に異なるものを含むタ・ハ行などがあり、さらに濁音、半濁音、拗音、撥音、促音、長音などが欠けており、現代語の音韻すべてを網羅している訳でもない。しかし、「いろは」に代わるものとして、ひらがな・カタカナの文字習得や、辞書や索引類の配列に50音順として用いられ、動詞の活用の説明などにも利用される。現代の五十音図をひらがなで示すと次のとおりで、これに「ん」を加えたもので現在使用のひらがなを網羅し、ワ行の「ゐ・ゑ」を足したものが歴史的仮名遣いで使用されるひらがなである。

わ	や	ま	は	な	た	さ	か	あ
		み	ひ	に	ち	し	き	い
	ゆ	む	ふ	ぬ	つ	す	く	う
		め	へ	ね	て	せ	け	え
を	よ	も	ほ	の	と	そ	こ	お

【**歴史**】五十音図は、古くは「五音」と呼ばれた。最古の音図は、10世紀末頃の醍醐寺『孔雀経音義』巻末に付されたもので、ア行ナ行を欠く40音、「キコカケク」段順である。続く『金光明最勝王経音義』(1079)の奥書裏に別筆で書かれたものは「アエオウイ」順と五音又様「アイウエオ」順である。「アエオウイ」順は藤原教長『古今集注』、顕昭『古今集註』にも引用され、平安時代にある程度普及していたと見られる。
五十音図は、悉曇学と漢字音韻学の二方面から発生し、両方の機能が平安時代末に一緒になって定着し、外国語音を日本語の音韻体系内で理解しようとするものと言える。明覚は『反音作法』で、五十音図による反切法を発明したと言う（馬渕1993）。
中世にはア行に「ヲ」、ワ行に「オ」が置かれるようになる。江戸時代になってイ・キ、エ・エ、オ・ヲの違いは、仮名遣いではなく、音韻の違いであったことが気付かれ、五十音図は日本語の音韻図と考えられるようになる。本居宣長は『字音仮字用格』(1776)の「おを所属弁」で「オ」をア行の所属とし、中世の所属を改めた。
五十音図という呼称は、明治時代には一般化したが、「いつらのこゑ」「五十いん」などの呼び方もあった。
【**拡大50音図**】近年、日本語教育などでは、現在の日本語の音を網羅するために外来語音なども含んだ横書きの拡大50音図が示されることもある。

アイウエオ	ヤ	ユイェヨ
カ　クケコ	キャキキュ　キョ	
ガ　グゲゴ	ギャギギュ　ギョ	
クァクィ　クェクォ		
グァ		
サスィスセソ	シャシシュシェショ	
ザズィズゼゾ	ジャジジュジェジョ	
タティトゥテト		テュ
ツァツィツツェツォ	チャチチュチェチョ	
ダディドゥデド		デュ
ナ　ヌネノ	ニャニニュニェニョ	
ハ　ヘホ	ヒャヒヒュヒェヒョ	
ファフィフフェフォ	ワイウィ　ウェウォ	
バ　ブベボ	ビャビビュ　ビョ	
パ　プペポ	ピャピピュ　ピョ	
マ　ムメモ	ミャミミュ　ミョ	
ラ　ルレロ	リャリリュ　リョ	
ン―　　ー		

[文献] 山田孝雄『五十音図の歴史』(宝文館1938)、馬渕和夫『五十音図の話』(大修館書店1993) [坂本清恵]

語順

ごじゅん

word order

【文法】

　日本語の文の基本的な語順の型は、SOV（主語＋目的語＋述語）型であり、たとえば、英語や中国語のSVO型とは異なる。日本語は目的語＋主語の順で現れることもあり、語順に関し比較的自由な言語と言われることがあるが、正確には、以下のように語順に関し制約がある部分と、比較的自由である部分を持つと言わなければならない。

【語順制約】日本語では、成分を構成する要素に関しては次のような語順の制約がある。

(1) 文法的な意味を表す付属語は、実質的な意味を表す自立語のあとに現れる。

・田中（名詞）＋が（格助詞）

・話す（動詞）＋だろう（助動詞）

(2) 名詞を修飾する語や節は、その名詞の前に現れる。

・美しい（連体修飾語）＋花（被修飾名詞）

・［きれいに咲いた（連用修飾節）］＋花

(3) とりたて助詞は格助詞のあとに現れることが多い。

・私＋に（格助詞）＋さえ（とりたて助詞）

（「だけ・ばかり・なんか」は両方可能）

(4) 述語成分を構成する要素は「動詞＋ヴォイス（受身（ら）れる／使役（さ）せる等）＋アスペクト（ている等）＋否定（ない）＋テンス（る／た）＋事態に対する認識・判断のモダリティ（ようだ／だろう等）＋伝達に関するモダリティ（よ／ね）」の順に現れる。

・片づけ＋られ＋てい＋た＋ようだ＋よ

【比較的自由な語順に見られる傾向性】他方、成分と成分の順番は比較的自由である。以下はどちらも許容できる。

・田中が山本に花束を渡した。

・田中が花束を山本に渡した。

　しかし、自由とは言え、出現の傾向性が認められる。

(1) 述語成分は基本的に文の最後である。

・田中が笑った。（基本と感じられる）

・笑った、田中が。（倒置と感じられる）

(2) 主題「は」の成分は基本的に文頭である。

・花束は、田中が山本に渡した。

(3) 副詞成分は基本的に、モダリティ＋テンス＋アスペクト＋動作主の気持ちや様態を表す副詞＋動きの様態を表す副詞＋動きの結果や状態を表す副詞の順に現れる。

・多分＋昨日＋ずっと＋懸命に＋ブンブン＋ラケットを振り回していただろう。

・残念なことに＋うっかり＋（皿を）こなごなに＋割ってしまった。

(4) 従属節は基本的に主節の前である。

・［皆が反対したのに］＋結婚した。

　述語成分内部の語順と、複数の副詞成分の語順は鏡像的であることが分かる。

【格成分の順序の傾向性】格成分は〜ガ＋〜ヲ＋〜ニの順が多い。

(1) はたらきかけと変化の複合

・竹田が娘を教師にする。

(2) はたらきかけと移動の複合

・保育士が子どもたちをプールに入れる。

　しかし、どのような意味を表す格成分が組み合わさり全体でどのような意味を表す構文となるかによって異なる傾向性が見られる。

(1) 存在や可能の叙述は〜ニ＋〜ガが多い。

・学校の前に郵便局がある。

・田中に女性の叫び声が聞こえた。

(2) 対象物の設置や生産・出現の叙述は〜ガ＋〜ニ＋〜ヲや〜ニ＋〜ガが多い。

・母が窓枠に飾りをしつらえた。

・子どもたちが庭に穴を掘った。

(3) 授受の表現は〜ガ＋〜ニ＋〜ヲが多い。

・太郎が弟子に免許を与える。

　語用論・文章論・談話文法論的な側面からも語順に関し傾向性が見出される。

［文献］佐伯哲夫『現代日本語の語順』（笠間書院 1975）、佐伯哲夫『語順と文法』（関西大学出版部 1976）、寺村秀夫『日本語のシンタクスと意味 I』（くろしお出版 1982）、矢澤真人「格の階層と修飾の階層」『文藝言語研究 言語篇』21（1992）、野田尚史「語の順序・成分の順序・文の順序—順序の自由度と順序の動機」『日本語文法の新地平1』（くろしお出版 2006）　　［天野みどり］

呼称
こしょう
address term

　自分自身も含め、ある人のことを言及したり、呼びかけたりする際（呼びかけ語）に用いる語。これらは対人関係を表すものであり、待遇表現の重要な要素の1つである。西洋諸言語に比べ日本語では人称代名詞（「あなた」「きみ」など）の使用頻度はそれほど高くはなく、名前（実名・愛称「山里、山ちゃん」など）、職業・役職・役割（「先生」「課長」「お客さん」など）、親族名称（「お父さん」「お兄ちゃん」など）といった多彩なバリエーションの中から選ばれる。「山里課長」「亮平兄ちゃん」のように、組み合わせで用いられる場合もある。一般的に目上の人物には、固有名や人称代名詞を呼称として用いることができない。

【家族・親族間の呼称】親族（家族）内の呼称については、自分より同位・目下の相手に対しては名前・人称代名詞で呼びかけられるのに対し、目上の相手には「お母さん」「お姉ちゃん」のように親族名称を用いる必要がある。また、目下の相手には、親族名称で呼びかけることはできない（鈴木 1973）。なお、固有名詞（「次郎」など）は単独で呼びかけることができるが、「父」「兄」「おじ」などは「お～さん・ちゃん」などをつけ、敬称にしなければ呼びかけることはできない（田窪 2002）。

【歴史】歴史を通じ多彩であり、待遇表現とも関わり変化する。たとえば近世では、妻が夫に対し「こちの人」（「こち（此方）」は「こちら」の意味。親愛の情が表される）が用いられたが、近代に入ると急速に衰えた。

[文献] 鈴木孝夫『ことばと文化』（岩波書店 1973）、田窪行則「談話における名詞の使用」『日本語の文法4　複文と談話』（岩波書店 2002）　　　[岡崎友子]

ことば遊び
ことばあそび
wordplay

　ことばの音声や文字と意味内容との通常の結び付きをずらして、その意外性を楽しむ遊戯。音声による遊戯と文字による遊戯とがある。通常の意味内容との結び付きをずらすので、情報の伝達ではなく、遊ぶことが目的で、情報伝達や関係性の改善、知識習得が見られたとしても、それは副次的な効果である。

【種類と歴史】音声による遊戯には、音の類似性を活用したしゃれ、前に言われた語の最後の音から始まる語を連ねていくしりとり、頭から読んでも、終わりから読んでも同じ文となる回文、早口ことばなどがある。文字による遊戯には、折句、掛詞、アナグラムなどがある。ほかにも、ことばの意味のこじつけやだじゃれ、見立てなどを使ったなぞなぞもあり、貴族の間で行われていたが、江戸時代には大衆化していった。最初のなぞなぞと言われるのは「子子子子子子子子子子子子」を読めという嵯峨天皇の問い掛けである。数詞を折り込んで歌う数え歌や数字などを語に置き換える語呂合わせなどもある。

　日本では、『万葉集』の戯書や『古事記』の地名起源説話があり、ことば遊びの歴史は極めて古い。和歌の技巧である掛詞、縁語、折句や、あめつち、いろはのような無同字歌も、『伊勢物語』のパロディー『仁勢物語』や、百人一首を渦巻き状などに書いた『曲筆百人一首』などもことば遊びと言える。さらに、歌舞伎をはじめ、シェイクスピアや野田秀樹作品の口調のよい面白味のある台詞もことば遊びの1つと考えられる。

[文献] 鈴木棠三編『新版ことば遊び辞典』（東京堂出版 1981）、滝浦真人「ことば遊び」中島平三編『言語の辞典』（朝倉書店 2005）、阿刀田高『ことば遊びの楽しみ』（岩波書店 2006）、今野真二『ことばあそびの歴史』（河出書房新社 2016）　　　[鈴木仁也]

コピュラ
copula

【文法】

　繋辞（けいじ）とも呼ばれ、英語の「A is B.」のisのようにAとBを繋げる形式を指す。日本語では「田中は弁護士だ」のように、田中と弁護士とを繋げるのは述部の「だ・である」などの判定詞、「は・が」などの助詞とされるが、コピュラがどの形式かということよりも「Aは（が）Bだ（である）」という名詞述語文をコピュラ文と呼び、その意味を詳しくする研究が盛んである。上林（1988）は三上（1953）を精緻化しコピュラ文を三分類した。(1)「田中は学生だ」は「田中」が特定の人物を指し（これを「指示名詞句」と呼ぶ）、その人物について「学生」という性質を持つ（「学生」を「叙述名詞句」と呼ぶ）ことを表す、措定の意味の文とした。また、(2)「田中が学生だ」は、「学生」（＝「叙述名詞句」）という性質を持つものを探すと、それは「田中」（＝「指示名詞句」）だということを表す、指定の意味の文とした。(3)「学生は田中だ」は、主語と述語が(2)と逆になっているが、意味は(2)と同じ〈学生という性質を持つものを探すと、それは田中だ〉であり、倒置指定文とされる。さらに西山（2003）は名詞句の指示性・非指示性の意味を精密にした。西山は「あの男が花子の恋人」「花子の恋人はあの男だ」の「花子の恋人」を変項名詞句と呼ぶ。この概念はコピュラ文以外にも有効であり「花子の母は花子の恋人に関心を持っている」が「誰が花子の恋人かに関心を持っている」という潜伏疑問の意味になる場合、その「花子の恋人」は変項名詞句であるとする。

［文献］三上章『現代語法序説』(刀江書院1953／復刊くろしお出版1972)、上林洋二「措定文と指定文─ハとガの一面」『文藝言語研究 言語篇』14(筑波大学文藝・言語学系1988)、西山佑司『日本語名詞句の意味論と語用論─指示的名詞句と非指示的名詞句』(ひつじ書房2003)、丹羽哲也「コピュラ文の分類と名詞句の性格」『日本語文法』4-2(2004)　　　　　　　　　［天野みどり］

固有名詞
こゆうめいし
proper noun

【語彙】

　名詞の一種。同じ種類の事物すべてを一般的に表す普通名詞に対して、固有名詞はある1つの特定の事物だけにつけられた名前である。人名・地名・国名・団体名・商品名・書名・作品名・四股名・芸名・年号・列車や船の名前・建物名・道路名等が含まれる。

【固有名詞と普通名詞】固有名詞を普通名詞と区別する際の目安として、①固有名詞はただ1つのものか一団のものを指す、②普通名詞は多く自然についた名前であるが、固有名詞は意図的につけられた名前である、③普通名詞は定義を下すことができる、④普通名詞は外国語に訳せるが、固有名詞は訳せない、といったことが挙げられる。なお、固有名詞は事物の属性を表すことはなく（すなわち、内包的意味を持たない）単に個物に直結しているのに対して、普通名詞は事物の属性を表現し、それを通じて事物を指し示すという特徴を持つ。

　とは言え、両者の境界線は明確なものとは言えず、たとえば、「太陽」や「月」は唯一無二のものを指すという意味で固有名詞と言えるが、同類の他のものから区別するために意図的につけられたとは言えないという点で普通名詞的である。英語の固有名詞（普通は冠詞を伴わない、複数形を持たない、頭文字を大文字で表記）と違って、日本語は文法上の特徴を持たず、現代語では表記上の区別もないため、どちらとでも言える。

　固有名詞をつくる際に、新幹線の「のぞみ（号）」のように普通名詞をそのまま利用することがある。反対に、「彼は日本のアインシュタイン（＝天才科学者）だ」のように固有名詞を普通名詞的に使う場合や、もともとは固有名詞だったものが普通名詞として定着する場合がある。EscalatorはもともとはOtis Elevator Companyの商標登録であったが、当時階段式

昇降機を表す表現がなかったため固有名詞が
やがて普通名詞化したと言われている。この
ような例は、「宅急便」「ジェットコースター」
「ホッチキス」「ウォークマン」「テプラ」「デ
ジカメ」など、日本語にも数多く見られる。
【固有名詞と命名】ある事物に対して新たに名
前をつけることを「命名」と言うが、なかで
も固有名をつけることを「名づけ」と呼ぶ。
固有名詞の命名パターンは、日本語の命名パ
ターンに従う普通名詞（ある事物に共通する
属性を「類概念」（例：桜）で表すか、「種差
＋類概念」（例：山桜）で表す）とは異なり、
ある程度自由につくられ、命名者の思いや願
いが反映されることが多い。特に人名はその
傾向が顕著で、時代の好尚も反映する。明治
以降に好まれるようになった「-子」は衰勢に
あるが、子どもの名前に使える「人名用漢字」
であってもなかなか読めない「キラキラネー
ム」は近年増えてきている。

地名は、地名によって家名を名乗り、土地
所有等で人名が地名に付与されることから、
人名と深い関係にあるとされる。そして、産
地名を用いて「鳴門金時」「松坂牛」「丹波栗」
などのように名づける場合も少なくない。

業種や分野による命名法も見られる。社名
には、創業者の名前または出身地、創業地、
社章に関するものが、四股名には自然に関す
る語基（-山・-海・-風）や力士にゆかりのあ
る地名がよく用いられる。JRの列車名には和
語が、自動車の商品名には外来語がしばしば
使われるという語種選択の偏りも認められる。
[文献] 教科研東京国語部会・言語教育研究サークル『語
彙教育—その内容と方法』（麦書房 1964）、森岡健二・山
口仲美『命名の言語学—ネーミングの諸相』（東海大学出
版会 1985）、沖森卓也・木村義之・田中牧郎・陳力衛・
前田直子『図解日本の語彙』（三省堂 2011）　[金愛蘭]

誤用分析
ごようぶんせき
error analysis
一般

言語習得の途上で学習者によって産出され
る誤りの中には、疲れや注意不足で偶然に生
じるもの（mistake）と習慣的なもの（error）
があり、誤用分析研究や習得研究ではこのう
ち後者に焦点があたる。対照分析の時代に
は、すべての誤用は母語と目標言語との違い
が原因であり排除すべきものだと考えられて
いたが、実際に誤用を分析してみると目標言
語のルールの過剰一般化など母語に関係なく
共通するものも見られた。また、誤用を分析
することにより学習者の習得パターンや習得
状況、指導方法の改善策などが見えてくるこ
とから、誤用は排除されるべきものではなく
言語学習・言語教育・言語研究において重要
である、という画期的な主張がピット・コー
ダー（Pit. Corder）によってなされた。そし
て、「誤用分析」の手法を用いて誤用の分類
を行ったり、誤用が生じる理由を探ったりす
る研究が1960年代後半から70年代にかけ
て盛んに行われた。しかし、誤用だけを観察
することによる制約が徐々に見えてきたので
ある。対象となる言語形式は正用か誤用か、
誤用であれば偶然か習慣的かという判定が難
しく、習慣的なものだと判定されてもその理
由が複合的であり分類が困難な場合があるこ
と。誤用以外に学習者の言語を分析する観点
が提供されていないため、誤用以外の特徴に
目が向けられなかったこと。さらに大きな問
題として、自信のない項目は学習者が誤りを
恐れて使用を回避してしまい分析の対象にで
きないこと、などである。このような制約か
ら学習者言語の全体像を研究対象とし、学習
者言語の独自性に注目して解明しようとする
中間言語研究へと移行したのである。
[文献] 石川慎一郎『ベーシック応用言語学　L2の習得・
処理・学習・教授・評価』（ひつじ書房 2017）

[福田倫子]

語用論
ごようろん

pragmatics

分野名

【語用論の内容】 語用論の捉え方は、研究者によってさまざまであるが、狭義には文脈の中での発話解釈を問う研究分野と位置づけられる。広義には、言語の実際の使用場面に関わる諸分野を広く捉えようとするものであり、この捉え方では、社会言語学との共通部分も大きい。

　意味論が文脈とは無関係に言語表現自体の意味を扱ってきたのに対して、狭義の語用論研究は、発話の意味・形式を文脈の諸要素との関係で研究するところから進展してきた。たとえば、ある家庭で、父が子どもに「姿勢が悪いよ」と言い、子どもが姿勢を直したとする。「姿勢が悪いよ」という発話は、子どもの姿勢が悪いという状況を叙述したものであるが、親の発話意図は「姿勢を直しなさい」と、子どもの姿勢を直そうとする命令であり、現にその意図は実行されている。このように、発話の解釈に際しては発話場面における文脈を参照して、この場合の命令のような「言外の意味」を理解することが重要となる。

　広義の語用論は、この文脈を、話し手と聞き手の性別・世代・出身地や親疎関係などまで含めて、広く言語の使用場面を捉えようとして、扱う研究分野を広げてきた。

【語用論の研究史】 話し手と聞き手がどのように会話を進めるか、という点はジョン・オースティン（John Langshaw Austin）の発話行為理論（オースティン 1978）やポール・グライス（Herbert Paul Grice）の会話の含意（協調の原理）（Grice 1975）などの研究によって進められてきた。その後、それらの問題点を承けて、ダン・スペルベル（Dan Sperber）とディアドリ・ウィルソン（Deirdre Wilson）により関連性理論が展開され、話し手がその発話で明示的に伝えようとしていること（明意、explicature）と非明示的に伝えようとしていること（暗意、含意、推意とも implicature）をほとんどの場合無意識に行っていると位置づけた（スペルベル・ウィルソン 1999）。

【語用論の諸分野】 特に日本語学で扱われることの多い分野としては、以下のものがある。

(1) 発話行為・丁寧さ：発話行為では同じ意図を伝えるためにも多様な表現が用意されており、それによって聞き手と協調して発話意図を達成しようとしている。そのような表現の多様性や、各表現の用法が問題となる。

(2) ダイクシス：指示語や時間表現、やりもらい表現などが対象となる。「彼はそれを食べた」と言った時、「彼」や「それ」が具体的に誰・何を指すかは、文脈によって決る。「太郎」と「私」の間で授受が行われた時、「くれる」と言えば太郎から私への授与を示し、「あげる」と言えば、私から太郎への授与が示される。これら、今・ここ・私が決まることによって具体値が決まるダイクシスに関わる表現の意味用法を問う研究が見られる。また、テキストの中での結束性も問題となる。

(3) 談話分析：会話は話し手と聞き手が協調して進めるものであり、どのように協調しているかを、「あのー」や「えーと」のようなフィラー、「うん」「はい」のようなあいづち、非言語表現なども含めて具体的に観察するのが談話分析である。

(4) 言語変化：近年では、言語変化における語用論的推論の重要性が意識されてきており、語の意味変化、あるいは文法化といった言語変化の現象が語用論研究の中で扱われることも多い。

［文献］Grice, Herbert Paul "Logic and Conversation", in P. Cole and J. L. Morgan (eds.) *Syntax and Semantics*, Vol 3: *Speech Acts*, Academic Press. 1975., J.L.オースティン『言語と行為』（大修館書店 1978）、D.スペルベル・D.ウィルソン『関連性理論—伝達と認知 第2版』（研究社出版 1999）、町田健編・加藤重広『日本語語用論のしくみ』（研究社 2004）、今井邦彦・西山佑司『ことばの意味とはなんだろう—意味論と語用論の役割』（岩波書店 2012）　　　　　　　　　　　　　　　　［森勇太］

混種語
こんしゅご
hybrid word, loanblend
「語彙」

　語を出自（語種）によって分類すると2種4類に分けられる。単種に「和語（固有語・大和ことば）」「漢語（字音語）」「外来語（洋語）」があるが、異なる単種が2つ以上結合した複種が「混種語」である。たとえば、「勉強（漢語）＋机（和語）」「バス（外来語）＋旅行（漢語）」「折れ（和語）＋線（漢語）＋グラフ（外来語）」など。いわゆる熟語のうち、重箱読み（「台所」「献立」）や湯桶読み（「見本」「場所」）をするものは混種語である。また、和語の文法的形式を借りたサ変動詞（「チェックする」）や形容動詞（「スマートな」）、ることば（「パニクる」）、一字や二字の漢語に「―に」「―と」を結合させた副詞（「実に」「堂々と」）なども広義の混種語とされる。ただし、「ロール（英語）＋パン（ポルトガル語）」のように、異なる言語から借用した外来語どうしの結合は混種語とはしない。また、「やぶる＋さく→やぶく」のように、語形や意味が似ている単語の前後を組み合わせる「混淆語」も混種語としては扱われない。

　混種語の内訳では和語と漢語の結合が圧倒的に多く、漢語と外来語や和語と外来語の組み合わせは少ない。品詞でも名詞（サ変動詞語幹を含む）が圧倒的に多い。日本語の語構成では異なる単種を組み合わせる混種語の形成には制約が多い。逆に言えば、混種語はそうした単種結合の量的・質的限界を克服して、その空白を補完するものであり、その造語成分は異なる単種と結び付くほど造語力が大きいということを表している。

［文献］加茂正一『新語の考察』（三省堂 1944）、野村雅昭「造語法」『岩波講座日本語9　語彙と意味』（岩波書店 1977）、玉村文郎『語彙の研究と教育（上）』（国立国語研究所 1984）　　　　　　　　　　［金愛蘭］

コンテクスト（コンテキスト）
context
「談話・語用論」

　談話分析・語用論におけるコンテクスト（文脈）とは、文などの、ある言語単位の意味解釈に必要な、その言語単位の外側から来る情報である。これには、談話の構成や文や語の意味という言語的文脈だけでなく、話し手・聞き手の社会・文化・自然に関する知識や信念、聞き手がたまたま有している知識や信念といった非言語的状況を含む。

　言語的であれ、非言語的であれ、新しい談話情報が入ってくるたびに、この新情報とコンテクスト内の旧情報との関係づけがなされ、コンテクスト情報が更新される。たとえば、「彼は昨日学校を休んだ」という発話において、誰が、いつ休んだのかは発話の状況において理解されるもので、「彼」や「昨日」といったダイクシス（直示）表現は、このような文脈の理解を支えとして用いられる。

　ほぼすべての単語は多義だと言えるが、その意味解釈の限定に役立っているのが文脈である。語用論の目的が「聞き手による発話解釈能力を説明する」ことにあるとすれば、聞き手がいかにしてコンテクスト上の要因を考慮して、妥当な解釈に到達するのか、という点は明らかにされるべき重要な課題である。このような点に関して、ポール・グライスの会話の格率や、ダン・スペルベルとディアドリ・ウィルソンによる関連性理論はこれらを明らかにする理論的装置となっている。

［文献］Grice, Herbert Paul "Logic and Conversation", in P. Cole and J. L. Morgan (eds.) *Syntax and Semantics*, Vol 3: *Speech Acts*, Academic Press. 1975., Sperber, Dan and Deirdre Wilson *Relevance: Communication and Cognition*. 2nd Edition. Blackwell. 1995., 田窪行則ほか『岩波講座言語の科学7　談話と文脈』（岩波書店 1999）　　　　　　　　　　　　　　　　［森勇太］

差別語・不快語
さべつご・ふかいご
discriminatory term / unpleasant term

【語彙・社会】

　触れた人が、その語義や語形から不快感を覚えることばを不快語、そのうち、不利益を被っていると感じさせることがもっぱらのものを差別語（差別表現）と言う。さらに、日本以外の出身ということを基に差別的憎悪を煽る表現は「ヘイトスピーチ」と呼ばれる。

　不快語・差別語は、使われ方や時代によって変わるものであるが、意識せずに使ったことばによって、相手が差別的だと感じることもあり、気付かれにくい面がある。差別語を糾弾する運動は、ことば狩りと批判される一方で、「言語の問題で人民が自己主張を示した、日本語史の上でのまれな経験」と評されもする（田中 2001, 2012）。

【歴史】1958年6月25日毎日新聞で大江健三郎が防衛大学生を「恥辱」と呼ぶ、1962年に日本民間放送連盟が放送用語「避けたいことば」を作成、『世界』（岩波書店 1969. 3）の大内兵衛論文「大学という特殊部落の構造」を部落解放同盟が糾弾、1981年の国際障害者年、政府による、法律用語からの「つんぼ」等の追放、また、日本語変換辞書での不収録という例もある。

　差別・偏見を取り除き、公平で中立的なことばにしようとするPC（political correctness　政治的公正性）も、絶対的な正義ではなく、摩擦低減のための調停で、乱用は差別について思考停止に陥らせるおそれもある。また、不快語・差別語の内実や構造に目を向けるCDA（critical discourse analysis　批判的談話分析）もある。ことばと背景にあるイデオロギーの関係を批判的に捉える研究方法である。

［文献］田中克彦『差別語からはいる言語学入門』（明石書店 2001、ちくま学芸文庫 2012）、江上茂『差別用語を見直す―マスコミ界・差別用語最前線』（花伝社 2007）、小林健治『最新 差別語・不快語』（にんげん出版 2016）、『最新用字用語ブック 第7版』（時事通信社 2016）［鈴木仁也］

恣意性・類像性
しいせい・るいぞうせい
arbitrariness / iconicity

【一般】

　恣意性はソシュール（1972）が記号の性質に関して用いた用語。なお、ソシュールは「恣意的」を「無縁（immotivé（仏））」とも表現している。恣意性は記号を構成する能記（形）と所記（概念）が必然的な関係を持たないという性質を指す。擬音語は一見、恣意性の例外に見えるが、実際には完全には諸言語間で一致しないので反例とはならない。言語記号の恣意性はナイフと対比すると明確になる。ナイフの形は地域に関わらず常に鋭利である。それは「切る」という機能とナイフの形が必然的関係にあるからである。もし能記と所記の関係が恣意的でないとすれば、ナイフと同じく、すべての言語は同一の形（能記）を持っていなければならないことになるが、これは事実に反する。また、ソシュール（1972）はこのような「絶対的恣意性」のほかに、言語には「相対的恣意性」があると述べている。フランス語で vingt「20」はこれ以上、意味のある部分に分解不能なので「絶対的恣意性」を示す（無縁）。これに対し、dix-neuf「19」は「相対的恣意性」を示す（有縁）、とする。ちなみに恣意性の対概念として「類像性」という概念がある。言語記号の形式的な特徴が言語外の現実世界の特徴と一致する、という性質を指す。たとえば、「成績がグンと伸びた」と比較した時、「グン」が反復された「成績がグングン伸びた」は、成績が繰り返し伸びたことを表している。

［文献］Jakobson, Roman Quest for the essence of language. *Selected writings* 2, 1965/1971.、フェルディナン・ド・ソシュール『一般言語学講義』（岩波書店 1972）、Frishberg, N Arbitrariness and iconicity: historical change in America. *Language* 51（3）1975.［佐藤知己］

子音
しいん
consonant

音声・音韻

　肺からの呼気流を声道の途中で妨げることによってつくられる音声。声道狭窄を伴わずつくられる母音（vowel）と対をなす分節単位。

【分類基準と体系】子音は一般に、(1) 調音点（どこで空気を妨げるか）、(2) 調音法（どのように空気を妨げるか）、(3) 声帯振動の有無（有声音か無声音か）の三基準によって分類される（(2)から鼻腔関与の有無を独立させ、四基準とする場合もある）。これらの基準を基に子音を体系的に整理したものが子音表である。上記の三基準を基に各子音は名付けられる。たとえば、[p]は無声両唇破裂音、[z]は有声歯茎摩擦音のように呼ばれる。

　子音は、さらに、声道狭窄の度合いにより、狭窄が大きく子音性の高い阻害音と、それが小さく子音性の低い（母音性の高い）共鳴音とに二分される（母音も共鳴音に分類される）。この違いは有声性とも関係し、阻害音は有声・無声の対立を持つのに対し、共鳴音はそれを持たず、有声音を基本とする。このため通常、共鳴音には名称に「有声」は付かず、たとえば[ɾ]は歯茎弾音のように言う。なお、鼻音を除く共鳴子音を特に接近音と呼ぶ。母音性の特に高いこれらの子音は、日本語ではヤ、ラ、ワ行といった最後の三行に配置され、他と区別されている。

　日本語の50音において、子音は同じ行の中で、異なる音声として実現する場合があり、かつ、その条件が決まっている。たとえば、サ、タ、ナ、ハ行の子音の分布は、次のようになる。

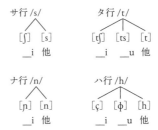

子音性の高い高母音/i, u/の特徴により、これらに先行する子音は他とは異なる音声として生起する。特に/i/に先行する子音は、調音点が/i/（硬口蓋）付近に移る口蓋化が起こる。いずれも通言語的に広く観察される現象である。

　また、日本語は、半母音（接近音）として硬口蓋接近音/j/（ヤ行）と両唇軟口蓋接近音/w/（ワ行）を持つ。下表の通り、/j/は/i/, /e/と、/w/は/u/, /o/（そして唇の狭めを伴うため/i/, /e/とも）近接している。このため、現代日本語においては、それぞれ上記の組み

IPA（国際音声記号）による日本語の子音表〈母音との一体表〉

調音法 ＼ 調音点	両唇	歯茎	後部歯茎	硬口蓋	軟口蓋	口蓋垂	声門	
破裂(閉鎖)音	p / b	t / d			k / g			阻害音
破擦音		ts / dz	ʧ / ʤ					↑
摩擦音	ɸ /	s / z	ʃ / ʒ	ç /			h /	↓ 共鳴音
鼻音	m	n		ɲ	ŋ	ɴ		
弾音		ɾ						
半母音	w			j	(w)			

i　　　u
e　　o
a

合わせを欠く。

【VOT：声立て時間】 破裂音における破裂の開放時と声帯振動開始時との時間関係をVOT（voice onset time：声立て時間）と呼ぶ。主に語頭破裂音の有声性（有声／無声）そして有気性（有気／無気）を区別する重要な指標となる。子音の破裂開放時を基準(0)とし、それ以降に声帯振動が始まればVOTは＋値を、開放時以前にそれが始まれば－値を取る。一般に、無声子音は＋VOT値を、有声子音はそれが－あるいは0付近の値を取る。

日本語の有声破裂音/b, d, g/は、方言差と世代差が著しい。関東以西の方言は伝統的に－VOTが一般的であるのに対し、東北以北や若い世代では、それが0付近（プラス寄り）となる（高田2011）。

他方、中国語においては、破裂音は無声音内（＋VOT間）で対立を見せ、VOT値の著しく大きい有気音/pʰ/とその値の小さい無気音/p/との間で、音韻的弁別がある。破裂直後の強い気流のことを、気息（aspiration）あるいは帯気と呼び、それを伴う音声を有気音（[ʰ]を付す）、伴わない音を無気音と言う。

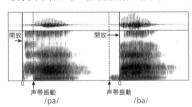

開放／声帯振動 /pa/　開放／声帯振動 /ba/

日本語話者による/pa/と/ba/

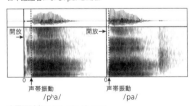

開放／声帯振動 /pʰa/　開放／声帯振動 /pa/

中国語話者による/pʰa/と/pa/

【子音長の対立】 言語には、子音の長短が音韻的に対立する（意味弁別に関係する）言語と、対立しない言語がある。日本語やイタリア語は両者の対立を持つ言語であり、英語や中国語はそれを持たない言語である。一般に、長い子音を二重子音（geminate consonant）と呼び、短い子音を単子音（singleton consonant）と呼ぶ。二重子音は、音声表記では[gak:i]または[gak̚ki]（`：破裂の非開放）のように表し、音韻表記では/gakki/または/gaQki/（/Q/：日本語の促音）のように表す。なお、日本語の二重子音は、促音/Q/（っ）か撥音/N/（ん）が次の音節の頭子音と連続して現れるものであるが、このうち促音によるもののみを指すことが多い。

一般に、子音の種類と二重子音との間には相性がある。[p, t, k, s]などの無声子音は二重子音を形成しやすいのに対し、有声子音、特に[r, l, j, w]などの接近音はそれを形成しにくい。それは日本語にもあてはまり、無声子音は促音として実現しやすいのに対し、有声阻害音（濁音）による促音化は阻止される、あるいは、無声化して促音化することが多い。

語種	無声阻害音	有声阻害音
和語(強調形)	sakki(先)	tatta(*tadda)(只)
漢語	hattatu(発達)	hatugen(*haggen)(発言)
外来語	kyappu(cap)	kyabu(*kyabbu)(cab) betto 〜 beddo(bed)
オノマトペ	passapasa	subesube(*subbesube)

接近音（ラ、ヤ、ワ行）による促音は、一部の例外、たとえば原語二重子音の実現（イタリア語由来の借用語：Fellini → フェッリーニ）や、間投詞の強調形（あっら！）などを除き、ほとんど生起しない（Tanaka 2017）。

[文献] 高田三枝子『日本語の語頭閉鎖音の研究：VOTの共時的分布と通時的変化』（くろしお出版 2011）、Tanaka, Shin'ichi. "The Relation between L2 Perception and L1 Phonology in Japanese Loanwords: An Analysis of Geminates in Loanwords from Italian," Kubozono, Haruo (ed.) *The Phonetics and Phonology of Geminate Consonants.* Oxford University Press, 2017., 川原繁人『ビジュアル音声学』（三省堂 2018）　　　　[田中真一]

ジェンダー
gender

 社会

社会的・文化的に形成された男女の区分。生物学的性の区分である性に対し、性別に基づいて社会的に要求される役割や期待などの社会的性差を示すことば。社会的・文化的につくられる〈男らしさ〉〈女らしさ〉の区分。また、文法上の性として、フランス語などに見られる、名詞や活用語の男性・女性といった分類について言語学的性を表す概念。多く用いられるのは社会的性別への期待と、それに対応する男女の性役割や行動様式、外見、心理的特徴についてである。

【ことばとジェンダー】社会的に期待される男性らしさ、女性らしさの区分はことばづかいの上でも存在する。女性語、男性語とは、それぞれの性が使用する言語の総体ではない。女性語とは女性に特徴的な言語表現を指す用語である。各性別における専用使用語と多用語、すなわち使用実態と、社会的に求められることばづかいの規範を区別する。

【使用実態】『源氏物語』「雨夜の品定め」にあるように歴史的に女性のことばづかいへの価値観はあった。中世における女房ことば以降、まとまった使用が見られ、女房ことばや女中ことば、東京の山の手ことばが上品さを求める価値観とともに広まった。井出（1997）は多くの言語に共通する女性語の特徴として言語表現の柔らかさ、婉曲表現の多用、感嘆詞の多用を挙げる。一方で、「わ」「だわ」のような女性専用の文末形式は衰退し、感動詞「あら」や「車が故障したの」、美化語としての「お」をつけた語など従来女性語とされる表現は、職場での改まった場合でさえ男性も使用しており、男女差は縮まりつつある（高崎2004）との見解もある。

【社会的規範】女性語はことばづかいの実態を表す表現としてよりも、女らしさを表象し、社会規範の込められたイデオロギーとして存在する。創作作品のせりふ部分には男性語と女性語が多く使われている。佐竹（2018）は絵本で動物をはじめとする登場人物が自称代名詞（ぼく・おれ／あたし・あたい）や文末形式（かい／かしら）による性差の表し分けが顕著であることを示し、従属性や他者への配慮を重要な要素とした「女らしさ」が登場人物の女性語の使用によって描かれていることを示した。絵本の世界のジェンダー・バイアスは大きく、子どもは発達の過程で女ことば／男ことばの規範に関する知識を身に付けていく。原文が性差のないことばであっても外国語からの翻訳に性別を内包した表現が使われることがある。因（2018）は普段のことばが性差と階級差にこだわらないのに対して外国語の翻訳での「そうかしら」「行くわ」など男女の区別の織り込まれた「標準語」が男女のステレオタイプ受容の温床になっている可能性を指摘した。性別をはじめ話し手のさまざまな属性や態度を表現できる文体の多様性を包含する日本語の特性が創作作品の中で用いられる。

女性語、男性語の範疇は価値観と相まって強化される。女性語の丁寧・間接表現は女性の社会的に低い地位を反映するという見解に対して、井出（1997）は、女性が高度な丁寧度の言語表現を多用して話すのは、相手を高め自分を相対的に低めるためだけでなく、自分自身の地位と品位を示すためというポジティブな捉え方をすることもできると述べた。

[文献] 井出祥子「女性語の世界—女性語研究の新展開を求めて」井出祥子編『女性語の世界』（明治書院 1997）、高崎みどり「話し言葉の性差—男性の「女性語」使用とジェンダーの関わりに注目して」『明治大学人文科学研究所紀要』54（2004）、因京子「翻訳・翻案作品とジェンダー標示表現」、佐竹久仁子「ことばの規範とジェンダー—こどもたちが学ぶこと」『日本語学』37-4（2018）

［甲田直美］

字形・字体・字種
じけい・じたい・じしゅ
character shape, glyph, / character form, glyph / character type

【文字・表記】

　文字の外形的特徴のうち、具体的個別的な形状を字形と言い、抽象的な形状概念を字体と言う。字種は、同じ表現価値・機能を有する文字の集合である。近い概念として、伝達機能を有する書記言語の最小単位を書記素（grapheme）と言う。

【異体字と同形異字】同じ字種に属する文字は、基本的には同じ字体を有するが、漢字のような体系では、「體・体・躰：タイ、からだ」のように複数の異なる字体が一字種中に含まれることが多くあり、それを異体字（variant character）と言う。同一書記素で形状の差異の有るものはallographと言うが、これは「a」と「*a*」のように字形や書体レベルでの違いと見なすべきものを含む。また、「芸：ウン」と「芸：ゲイ（日本における藝の新字体）」のように、別字種が区別不能な字体を有することもあり、それらは同形異字と呼ばれる。

【中国の漢字の書体と字体】1つの文字体系において、ある文字集合がほかから明確に区別されるデザイン上の様式を共有しているとき、それを書体と言う。中国では歴史上、篆書・隷書・草書・行書・楷書の5種の書体が生み出された。伝統的にはこれに八分が加わるが、現在では隷書に含めるのが一般的である。これらの書体のうち、最も長く正統的なものとして使用されてきたのは楷書である。そのため、「開成石経」のような石碑や顔元孫『干禄字書』、張参『五経文字』、唐玄度『九経字様』のような字様書（いずれも唐代）によって、楷書字体の規範が為政者から繰り返し示された。清朝に欽定字書である『康熙字典』が完成すると、いわゆる「康熙字典体」がそれ以後の楷書字体の絶対的な規範となった。

【日本の漢字字体】日本においては、奈良時代以降近代に至るまで、こうした中国の漢字字体規範に大きな影響を蒙りつつも、ことに中世以降、常用の漢字は行書体・草書体であったために、学者などの一部を除いては、楷書字体の規範にあまり拘泥することはなかった。しかし、活版印刷術とともに始まった近代においては、書字教育も明治10-20年代を除いて楷書先習となり、そこでは楷書字体の規範として康熙字典体が依拠された。しかし、康熙字典体の煩雑さと児童の学習負担は早くから問題視され、1919年の文部省普通学務局「漢字整理案」、38年の国語審議会「漢字字体整理案」など漢字字体改良の提案がなされたが、いずれも実行には至らなかった。結局、漢字字体の簡略化が実現したのは、戦後、49年の「当用漢字字体表」においてで、そこに示されたいわゆる「新字体」は、81年の「常用漢字表」およびその2010年の改訂に引き継がれたが、問題点も生じている。日本とは全く別途の方針で1956年以降簡体字化を進めた中国や、康熙字典体を墨守している台湾などとの乖離が生じたこともその1つだが、国内的にも問題点がある。1つは、常用漢字表に採られていない「表外字」の字体基準の問題である。ワードプロセッサなどの機器では、字画の煩雑な漢字に略字体がしばしば個別的に使用されていたが（「鷗」に対する「鴎」など）、これに対し、2000年の国語審議会答申「表外漢字字体表」で「印刷標準字体」が示された。もう1つは、常用漢字表で印刷文字として示された新字体の字体基準が、書字教育において過剰適用されている問題で、これに対しては、16年の文化審議会国語分科会「常用漢字表の字体・字形に関する指針（報告）」で、字体としての同一性が読み取れる限り、手書き文字における細部の違いを誤りとはしない、という立場が改めて示された。

[文献]謝世涯『新中日簡体字研究』(語文出版社 1989)、文化庁国語課『明朝体活字字形一覧』(大蔵省印刷局 1999)、石塚晴通編『漢字字体史研究』(勉誠出版 2012)

[矢田勉]

指示詞
しじし
demonstrative

文法・談話

　事物（これ・それ・あれ）・場所（ここ・そこ・あそこ）・方角（こっち・そっち・あっち）、様態（こう・そう・ああ）を指し示す語。前者は指示代名詞、後者は指示副詞と呼ばれ、現代日本語では語頭に形態素コ・ソ・アを持つ、整然とした体系として捉えられる。また、不定・疑問の「どれ・どこ」などのドとあわせて、「こそあど」と称されることもある。指示詞は発話される場によって内容がかわる、典型的なダイクシス（deixis）表現である。

【指示用法】指示詞の指示用法は、直示と非直示に分かれる。直示は、今、現場で目に見える、直接知覚・感覚できる対象を指示し（例：（目の前の塩を指さし）それ、取って！）、非直示は、対話により音声化または書記化された言語文脈内にある先行詞を指示する照応、（例：昨日本を買った。その本は高かった）、また、記憶内にある対象を指示する記憶指示（例：昨日買ったあの本、高かったなぁ）である。なお、現代語では直示用法はコ・ソ・ア、非直示の照応はコ・ソ、記憶指示はアが用法を持つとされる。直示は「現場指示・眼前指示」などとも呼ばれる。

【直示用法の指示領域】コ・ソ・アの指示領域（近称・中称・遠称）には、人称区分説と距離区分説がある。人称区分説は佐久間（1951）に始まるとされ、コ「話し手の近くにあるもの」・ソ「聞き手の近くにあるもの」・ア「話し手・聞き手から遠くにあるもの」である。それに対し、ソには「話し手からやや離れたところ」とする距離区分説があり、議論されてきたが、どちらか一方で捉えられるものではない。

[文献] 佐久間鼎『現代日本語の表現と語法　改訂版』(恒星社厚生閣 1951)、金水敏・田窪行則編『指示詞』(ひつじ書房 1992)　　　　　　　　　　[岡崎友子]

辞書
じしょ
dictionary, encyclopedia, thesaurus

一般

　多くのことばや文字を一定の基準によって配列し、その表記法・発音・語源・意味・用法などを記した書物。「辞典」「字書」・「字引」などと呼ばれることもある。国語辞書・漢和辞書・百科辞書のほか、ある分野の語を集めた特殊辞書、専門分野の語を集めた専門辞書などがある。言語学・日本語学の専門辞書には『言語学大辞典』(三省堂)・『日本語学大辞典』(東京堂出版) などがある。

【語の配列と分類】現代の国語辞典は見出し語が五十音順（辞書順）に配列されているのが一般的であるが、いろは歌が成立するまでは中国の辞書に習い、和訓は意義分類あるいは部首分類された漢語・漢字に付されていた。『色葉字類抄』は初めていろは順配列（いろは47部）を採用したが、その内部は意義分類である。この形式はその後も長く踏襲された。

【歴史】奈良時代は中国の辞書（『爾雅』『釈名』『説文解字』『玉篇』など）を利用していたが、平安時代以降『新撰字鏡』『和名類聚抄』『類聚名義抄』『色葉字類抄』などの和訓を載せる辞書が編纂された。室町時代に成立した『節用集』は明治に至るまで多くの種類がつくられた。外国人の手になる辞書に『日葡辞書』『和英語林集成』などがある。現代では辞書のデジタル化が進み、『日本国語大辞典』(小学館)、『大漢和辞典』(大修館書店)、『世界大百科事典』(平凡社)、『日本大百科全書』(小学館) などの大規模な辞書・事典がデジタル化されている。シソーラスは語を意味により分類・配列した辞典の一種でイギリスのロジェが1852年に刊行した辞典名に由来する。コンピューターで検索に使われる索引の意味としても用いられる。日本語のシソーラスに『分類語彙表』などがある。

[文献] 沖森卓也・倉島節尚・加藤知己・牧野武則編『日本辞書辞典』(おうふう 1996)　　　　　　[鈴木豊]

視点
してん
point of view, perspective

【談話・語用論】

　出来事を構成するどの要素に注目して出来事を描くかに関わる概念のこと。視点は出来事を映像で撮る際のカメラアングルと見なせる（久野 1978）。視点が関わる言語現象には受動文、授受表現などがある。

　直接受身の場合、能動文は影響の与え手（動作主）、受動文は影響の受け手（対象）の視点から出来事を描く。「猫が鼠を追いかけている。」は猫に視点を置いて（猫をズームアップして）描くのに対し、「鼠が猫に追いかけられている。」は鼠に視点を置いた表現である。なお、中立的に描く場合は能動文が使われる。

　視点の置かれやすさには「話し手＞話し手に近い人＞第三者＞第三者に近い人＞もの」という階層があり、日本語では階層が異なる場合に受動文が自然に使えるのはこの階層の左側の要素が影響の受け手の場合に限られるため、「私は太郎に殴られた。」は自然だが、「??太郎は私に殴られた。」は不自然になる。

　授受表現は、「やる／あげる」「くれる」「もらう」および、これらに対応する敬語形のことを指す。「やる／あげる」と「もらう」はガ格（主語）に、「くれる」はニ格に視点が置かれるという特徴を持ち、上記の階層で左側の要素が視点位置に置かれるため、「*太郎は私に本をあげた。」は非文になる（庵 2012）。また、「太郎は弟に本をあげた。」では「弟」が「太郎の弟」になる一方、「太郎は弟に本をくれた。」では「話し手の弟」になる。一方、「送る、寄こす」などの動作が話し手に向かうことを表す動詞の場合は「てくる／てくれる」の付加が義務的になるため、「??母が私にみかんを送った。」は不自然だが、「母がみかんを送ってくれた。」はニ格がなくても文法的になる。

[文献] 久野暲『談話の文法』（大修館書店 1978）、庵功雄『新しい日本語学入門　第2版』（スリーエーネットワーク 2012）　　　　　　　　　[庵功雄]

自動詞・他動詞
じどうし・たどうし
intransitive verb / transitive verb

【文法】

　目的語の有無という観点からの動詞の下位類。

　「太郎が芝を刈る」のように目的語としてのヲ格（対格）をとって対象への働きかけを表すものを他動詞、「太郎が踊る」のように目的語はとらず主語の動作、変化、状態などを述べるものを自動詞と呼ぶ。日本語の場合、ヲ格名詞が多様な意味役割を担うが、ヲ格に起点の名詞をとる「東京を出発する」、経路の名詞をとる「道を歩く」などは、自動詞とされる。なお、名詞句の格形式にかかわらず、直接受動文をつくりうるか否かで自他を分類する立場もある（三上 1953）。これによれば、「かみつく」は「犬が泥棒にかみつく」という能動文を「泥棒が犬にかみつかれる」という直接受け身文に転換できるので、ニ格をとるにもかかわらず他動詞として分類されることになる。

【他動詞の特徴】自動詞と他動詞の分類は、動詞にまつわる広範な特徴と深く関わっているものの、それらは決して自他という単純な二項対立で捉えきれるものではない。自動詞（文）との関係も含めて、他動詞（文）が有するさまざまな性質は他動性（transitivity）と呼ばれる。意味的な観点から見て他動詞の最も他動詞らしい特徴は、「太郎が窓を割る」などのように動作主が対象に一方向的に働きかけ、対象が状態変化を被るというものである（Hopper and Thompson 1980）。ヲ格をとるか否かを自他の分類基準と考える場合、働きかけの一方向性という点は重要である。二項述語（2つの名詞をとる述語）のうち、＜ガ-ヲ＞型の格構成をとる動詞は、ガ格名詞がヲ格名詞に一方向的に働きかける特徴を持っており、非対称動詞と呼ばれることがある。「結婚する」などのように双方向に働きかけ合う動詞は＜ガ-ト＞型の対称動詞であり（仁田 1980）、

他動詞にはならない。他動詞らしい文法的特徴としては、受け身、可能文などをつくりうることなどが挙げられる。

【自動詞の特徴】自動詞の場合、その典型的な特徴を1つの極に集約して考えるのは難しい。大きく、「歩く」などのようにガ格の名詞が意志的主体であるタイプと、「壊れる」などのように非意志的主体のタイプに分けて考える必要がある。「歩く」タイプの自動詞は、「歩こう」「歩け」などのように意志形、命令形として使うことができ、継続相形式「(て)いる」を伴って進行を表す。「壊れる」タイプの自動詞は、「壊れよう」「壊れろ」などは言いにくく、「(て)いる」を伴う場合は、結果状態を表す。また、「要る」「ある」などの状態動詞の場合は「*要っている」「*あっている」とすることができない。なお、このような自動詞の分類は、「非能格動詞」と「非対格動詞」(影山 1993 など)という分類に対応するものである。また、三上 1953 の「所動詞」と「能動詞」という分類ともほぼ対応する(ただし、能動詞は他動詞をも含むカテゴリーである)。

【自他対応】日本語の動詞の中には、「壊れる (kowa-re-ru)」と「壊す (kowa-s-u)」などのように形態を部分的に共有しながら対応する現象があり、「自他対応」と呼ばれる。「壊す」のような自他対応という特徴を有する他動詞は、対象が壊れるという結果が得られれば動作主がどのような様態で対象にはたらきかけても成り立つことからも分かるように、語彙的な意味構造のレベルにおいて動作主の様態が指定されておらず、対象が状態変化を被るという意味的特徴がある。

[文献]三上章『現代語法序説』(刀江書院 1953、くろしお出版 復刊 1972)、仁田義雄『語彙論的統語論』(明治書院 1980)、Hopper, Paul J. and Sandra A.Thompson "Transitivity in Grammar and Discourse" Language 56, 1980., 早津恵美子「有対他動詞と無対他動詞の違いについて―意味的な特徴を中心に」『言語研究』95 (1989)、影山太郎『文法と語形成』(ひつじ書房 1993)、佐藤琢三『自動詞文と他動詞文の意味論』(笠間書院 2005)[佐藤琢三]

地の文・会話文
じのぶん・かいわぶん
narrative part / conversational part

社会

小説というテクストは語り手が出来事を語るという形式をとり、作中人物の発言や心情、語り手による描写などから構成される。会話文は作中人物の発言を写し、地の文はその他のものを表現する(以下の例は夏目漱石『三四郎』による)。

会話文は作中人物の発言を「　」を用いて地の文とは切り離して表すものである。「お邪魔なら帰ります。別段の用事でもありません」は、三四郎が広田先生にかけたことばを「　」によって表している。

一方、地の文の中心的な機能は語り手による描写である。「その翌日から三四郎は四十時間の講義をほとんど半分に減らしてしまった。」は中立的な視点で解説的な描写を行っている。「うとうととして目が覚めると女はいつの間にか、隣りの爺さんと話を始めている。」は、三四郎寄りの視点をとって、目覚めた三四郎の目に映る状況を描写する。

作中人物の発言は、「と」によって文中に取り込まれ、地の文の一部として表現されることもある。「女はその顔をじっと眺めていた、が、やがて落ち着いた調子で、「あなたはよっぽど度胸のない方ですね」と云って、にやりと笑った。」のような例である。

地の文の語り手は作中人物の思考内容を描き出すこともある。「聞く所によると、あれだけの学者で、月にたった五十五円しか、大学から貰っていないそうだ。だからやむをえず私立学校へ教えに行くのだろう。それで妹に入院されては堪るまい。」地の文ではあるものの、三四郎の心内で展開する野々宮君に対する思いを写しとっている。

[文献]阪倉篤義「地の文と会話文」『文章と表現』(角川書店 1970／初出は『講座　解釈と文法Ⅰ』明治書院 1960)　　　　　　　　　　　　　　[安達太郎]

社会言語学
しゃかいげんごがく
sociolinguistics

分野名

　言語と社会の関係を明らかにしようとする分野。言語社会学と呼ばれることもある。社会の中に存在することばの多様性や、言語使用に関係する社会的要因、社会における言語の機能といったことを明らかにすることを目的とする。

　社会において完全に均質的な言語は存在せず、1つの言語の内部には多様な言語変種（language variety）が存在することを積極的に認め、それらの変種が生じる理由に社会的な面からアプローチする。ここで言う言語変種とは、ことばの地域差や性差、年齢差など、ことばの使い手の社会的属性によるバラエティーを指す。一方で、同じ人の中でも、家で家族と話す時、職場で同僚と話す時、仕事でプレゼンをする時など、場面によってことばづかいが異なることがある。このような1人の話者の中でのことばのバラエティーは、スタイルやレジスターと呼ばれ、社会言語学の主たる研究対象である。

　このように、人がどのようなことばを話すかは、その人の属性のみならず、場面（場所、話し相手、話題など）もまた大きく関係する。さらに、表現する媒体（音声か文字か）や、ことばづかいに対する話し手の意識、会話の流れなど、ほかにもさまざまな社会的要因が変数として関わる。そのため、社会言語学は社会学や心理学といった隣接分野と密接に関係する学際的な分野であると言える。

　さらに、ことばの多様性によりもたらされる、ことばをめぐる社会問題を解決するのも社会言語学の目的である。ことばの問題は多岐にわたるため、やはり学際的である。

［文献］真田信治編『社会言語学の展望』（くろしお出版 2006）、白井恭弘『ことばのカ学—応用言語学への招待』（岩波書店 2013）　　　　　　　［野間純平］

社会方言
しゃかいほうげん
sociolect, social dialect

社会

　話し手の属性による言語変異（バリエーション）のうち、地理的属性以外による言語変異を指す。性別、年齢、職業、出身地など、話し手は必ず何らかの社会的属性を有しており、その属性の違いによることばの変異はいたるところに観察される。そのうち、出身地や住んでいる地域といった地理的属性によることばの変異、つまり「地域によることばの違い」を指して、一般的には「方言」と呼ぶ。一方、社会言語学においては、「方言」をより広義に用いて、属性の違いによる言語変異全般を指して「方言」と呼ぶ。そのうち、地理的属性による言語変異を「地域方言（regional dialect）」、それ以外の属性による言語変異を「社会方言（social dialect）」と分類している。

　社会方言の例としては、ことばの性差や年齢差のほかに、社会階層や職業集団によることばの違いなどもある。たとえば、特定の職業集団でのみ用いられる専門用語や隠語、かつての武家ことばや遊里語などがあてはまる。そして、現実の社会方言とその話し手の属性の組み合わせが、「いかにもこういう人が言いそうなことば」というステレオタイプとして社会的に広く共有されるようになると、「役割語」として機能するようになる。

　日本における社会方言の研究は、欧米の社会言語学が入ってくる以前から「ことばの位相差」「位相語」として、地域方言とは別の文脈で研究されることが多かった。そのためか、日本語学においては「方言」という用語を地域方言のみを指すものとし、社会方言を含まない傾向がある。なお、地域方言を年齢や性別といった社会的属性の面から研究する分野もあり、「社会方言学」と呼ばれることがある。

［文献］P.トラッドギル『言語と社会』（岩波書店 1975）
　　　　　　　　　　　　　　　　　　　［野間純平］

ジャンル（文種）
じゃんる（ぶんしゅ）
genre
社会

　個々の具体的な発話の表現特徴とは別に、一定の表現様式を持ち、類型的にまとめられる談話のグループのこと。

　書きことばのジャンルとして分類基準別に以下のものが挙げられる。表現目的という観点では、伝達が主目的のものとして報道文、報告文、手紙文、掲示文、告知文などがあり、説得が主目的のものとして学術論文、論説文、説明文、手紙文などがある。感動や感銘を与えるのが主目的のものには小説、物語、詩、短歌、連歌、俳句などがある。意欲高揚が主目的のものには広告文、宣伝文、記録が主目的のものには記録文、日記文などがある。伝達相手という観点で考えると、特定の相手に伝達する色彩が濃いのが、報告文、手紙文、告知文である。表現意図という観点では、実用文にあたるものに、論説文、説明文、記録文、報道文、報告文、日記文、広告文、宣伝文があり、非実用文にあたるものに、文芸作品、学術論文がある（平澤1992）。

　ジャンルというと一般的に書きことばを対象とするが、話しことばにも挨拶・演説・スピーチ、授業・講義、報道・ニュース、会議・発言、発表・報告、面接・インタビュー、電話、日常会話などのジャンルが認められる（メイナード2008）。

　打ちことばのジャンルとしてメールやインターネット上のブログ、ツイッターやLINEなどのSNSが挙げられる。

　ジャンルは描写・叙述の仕方、文体、敬語、表記といった言語表現や、文章・談話の構成に深く関わっている。

[文献] 平澤洋一「文章の目的と種類」『日本語学』11-4（明治書院 1992）、樺島忠夫編『文章構成の基本大辞典』（勉誠出版 2000）、泉子・K・メイナード『マルチジャンル談話論―間ジャンル性と意味の創造』（くろしお出版 2008）　　　　　　　　　[苅宿紀子]

修辞法
しゅうじほう
rhetoric
一般

　効果的に言語表現を行うための表現技術。レトリック。「比喩」や「倒置法」、和歌の修辞法である「枕詞」や「掛詞」などは国語教育でも扱われる。「レトリック」は元来古代ギリシャ・ローマの弁論術の技術体系を示す総合的呼称であるが、訳語「修辞」とともに、現在では文章上の効果的な表現技法という狭い意味で用いられることが一般的である。ただ表現手法そのものは、文章を飾る道具にはとどまらない。特に隠喩（メタファー）は、人間の思考過程を支え、言語表現を拡張していく重要な知識構造であるとして、認知言語学の重要な研究対象となっている。

【比喩】 ある事物を何らかの点で類似するほかの事物にたとえ、ほかの事物の性質に置き換えて表現する方法全般を言う。

【直喩（simile）・隠喩（metaphor）】 直喩はたとえるものとたとえられるものの間を、「まるで」「ようだ」「みたいだ」「如し」など比喩を示すことばで結ぶ、明示的なたとえ方。明喩とも。「盆のような月」（文部省唱歌「月」）など。隠喩は比喩であることが明示されないたとえ方である。暗喩とも。「あの人は高嶺の花だ」「時間を浪費する」など。価値と上下、時間と金銭などある事柄を別の事柄のイメージで捉えるという認識の型が反映されている。

【諷喩（allegory）】 たとえだけが示され、そこから暗にたとえられているものを推測させるたとえ方。寓喩とも。「鴨が葱を背負って来る」などのことわざ類にも見られる。

【活喩（personification）・擬人法】 活喩は、生物以外のものを生物にたとえる手法。「スピーカーが吠える」など。擬人法は、生物か否かにかかわらず人間以外のものを人間にたとえる手法。「メダカがお遊戯をしている」など。

【換喩（metonymy）・提喩（synecdoche）】 換喩は、ある事物を、近接する関連の深い別の

語で表現する手法。「鍋を食べる」（容器と内容物）、「官邸の意向」（場所と人）など。提喩は、ある事物を、上位・下位の関係をもつ別の語で表現する手法。「花見」の「花」が「桜」を表すなど。

【矛盾語法】 矛盾する2つの表現を意図的に並べて意外性や受け手の推測を喚起し、伝達の効果を高める手法。撞着語法とも。「公然の秘密」「不射の射」など。

【倒置】 日本語の文で通常述語よりも前に現れる主語や修飾語などを、意図的に述語の後に配置し、その語句や述語を効果的に表現する手法。「出た出た／月が」（文部省唱歌「月」）など。なお倒置文は、修辞としてだけでなく、「置いたよ、机に封筒を」のように、日常会話で補足・追加する場合にも頻出する。

【反復（repetition）】 同じ語句を繰り返して効果的に表現する手法。「連休中どこへ行っても人、人、人だ。」「この遠い道程のため／この遠い道程のため」（高村光太郎「道程」）など。繰り返す語句や位置などにより多種多様である。

【和歌の修辞法】 枕詞は、特定の語句の前に付加する語句で、連想等によって固定化を生じたもの。歌の意味には直接関わらない。「たらちねの一母」、「ひさかたの一光」など。序詞は、後続することばを引き出すために、何らかの連想によって置かれる語句。「風吹けば沖つ白波／龍田山」（『伊勢物語』）では連想的に「龍田山」を引き出すために「立つ」にまつわる語句が前に置かれている。歌の意味に直接関わるものを有心の序、関わらないものを無心の序と言う。掛詞は、同じ音で意味の異なる語を用いて二重の意味を持たせたり、暗示させたりする手法。「わが身よにふるながめせしまに」（『古今和歌集』小野小町）の「眺め」と「長雨」など。

［文献］『アリストテレス全集16』（岩波書店 1968）、国立国語研究所『比喩表現の理論と分類』（秀英出版 1977）、佐藤信夫『レトリック感覚』（講談社 1978）、G・レイコフ，M・ジョンソン『レトリックと人生』（大修館書店 1986）、中村明『日本語レトリック体系』（岩波書店 1991）［市村太郎］

修飾
しゅうしょく
modification
文法

修飾は文の成分が備える機能の1つで、一般的には意味的限定（「修飾限定」）を指す。修飾限定は被修飾成分となる文の成分が持つ意味概念の内包を充実させて外延を狭める作用と理解される。内包を充実させることで、それに合致する指示対象が限られることになる。修飾限定は内包の充実であり、新たな意味の付加ではない。「黒い帽子」の修飾は一般的な意味論では概略〔〈黒い〉もの、かつ、〈帽子〉であるもの（の集合）〕と記述される（日本語学では「ゆっくり動く」を〔「動く」の〈動作概念〉が〈ゆっくり〉である〕のように捉えることもある）。「黒い帽子、太郎が書いた手紙」は体言の事物概念を修飾する連体修飾、「ゆっくり動く、速く走る」は動作の側面を修飾する連用修飾、「よく風邪をひく」は事態生起の側面を修飾する連用修飾、「とても速く走る」は連用成分「速く」の程度を修飾する連用修飾である。「大男、小走り」などの接頭も修飾機能を持つと言える。修飾を行う文の成分は「修飾語（連体修飾は「規定語」）」とも呼ばれるが、これは品詞・単語ではない。修飾語には語（面白く話す）・句（とてもゆっくり話す）・節（ガムを噛みながら話す）がある。修飾される成分は「被修飾語」である。ただし、修飾限定を修飾の要件と考えれば、「千代田区にある皇居」などの非制限的修飾用法や、「おそらく、明日は雨だ」などの陳述副詞などは修飾限定しないため問題になる。加藤（2003）は修飾の定義に意味・構造・機能の三観点を導入し、多面的に定義する。

【連体修飾】 連体修飾には次のような特徴がある：（1）連体修飾節の従属度（「*私がかぶろう帽子、*君が読め本」が不可）、（2）被修飾名詞の内／外の関係（「魚を焼く人／魚を焼く匂い」）、（3）主要部内在型関係節（「蟬が

木に止まっている<u>の</u>を捕まえた」)、(4)「の」の多義性(「<u>太郎の本</u>」の意味が曖昧)、(5)非制限的修飾(「『<u>草枕</u>』を書いた夏目漱石」)など。

【連用修飾】成分の分類は北原(1981)の連用修飾成分の分類として情態・程度・時・叙述・陳述、益岡・田窪(1992)の様態・程度・量・テンスアスペクト・陳述・評価・発言、仁田(2002)の結果・様態・程度量・時間・頻度などが提案されている。ほかにも情態副詞と連用形容詞の位置づけ(川端1976)など、複線的な議論の経緯がある。なお、現在の文法研究では連用成分を格成分(補充成分・補語)と修飾成分(付加成分・修飾語)に区別する考えが一般的で、学校文法とは異なる(→文の成分)。連用修飾は多様な個別の事例がまずあり、分類はそれを体系的に整理したものである。「帽子を<u>軽く</u>作る」を結果の修飾、「帽子を<u>軽く</u>打つ」を様態の修飾に分類しても、「無理難題を<u>軽く</u>解決した」などの既成の分類に収まりにくい事例は残る。修飾成分単独では、その分類所属は定められない。ほかにも、「<u>500m</u>走った」「株価が<u>大きく</u>上がった」など運動や変化の量、「<u>徐々に／次第に／急に</u>色が変わった」など事態の進展のあり方など、修飾が関わる意味的側面は多様である。結果の修飾を表す連用修飾成分の一部を二次的な述部とする立場もあり、活発な議論が続いている。

[文献] 川端善明「用言」(『岩波講座日本語6 文法I』岩波書店 1976)、北原保雄『日本語の世界6 日本語の文法』(中央公論社 1981)、寺村秀夫『日本語のシンタクスと意味III』(くろしお出版 1991)、益岡隆志・田窪行則『基礎日本語文法 改訂版』(くろしお出版 1992)、工藤浩『副詞と文の陳述的なタイプ』(『日本語の文法3 モダリティ』(岩波書店 2000)、矢澤真人「副詞的修飾の諸相」『日本語の文法1 文の骨格』(岩波書店 2000)、仁田義雄『副詞的表現の諸相』(くろしお出版 2002)、加藤重広『日本語修飾構造の語用論的研究』(ひつじ書房 2003)

[井本亮]

終助詞
しゅうじょし
sentence-final particle

文法

終助詞とは文末で話し手の認識や聞き手への話しかけの態度(確認など)を表す助詞を言う。形式としては、「か、ね、よ」などがある。方言差も大きい。

終助詞どうしが「違うわよね」のように共起することもあり、その場合は、「{ぞ／わ／か／とも}-{よ／さ}-{ね／なあ}」という順序になる。

終助詞は聞き手へ向けての発話態度を表すが、その点で、「ねえ、そうだ＋ねえ」「わ、そうだ＋わ」のように形の上で感動詞と連続する側面もある。また、終助詞は伝達行為にも関わる点で、出現位置によっては、「昨日ね本をね買ったね」のように間投助詞にも通じる。ただし文末位置は文の意味として重要で、この例では最後の終助詞としての「ね」は確認文になるように機能している。古典では「か」「や」など出現位置の関わりから副助詞に連続するものもある。

終助詞には、発話の社会的属性を反映するという側面もある。たとえば「〜ぞ」は自分に向けて強く言い聞かせる用法を持つが、聞き手に対して使うとやや乱暴な印象になる。また、「ぜ」「わ」など、使用者のジェンダー的印象と関わるものもある。

終助詞の意味用法を考える上では、「いいよ」が上昇「よ」によって"OK"の意味になったり、下降「よ」によって、"No, thank you."の意味になったりする、というように、音調との関わりも重要である。

「雨やんだじゃん！」の「じゃん＝ではないか」のように、本来終助詞でなかったものが形態的に自由につくことで終助詞化するといったことも観察される。

[文献] 宮崎和人・野田春美・安達太郎・高梨信乃『モダリティ』(くろしお出版 2002)

[森山卓郎]

重箱読み・湯桶読み
じゅうばこよみ・ゆとうよみ
jūbako-yomi; partly Sino-Japanese, partly native Japanese reading / yutō-yomi; partly native Japanese, partly Sino-Japanese reading

語彙

　重箱読みは、「重箱（ジュウばこ）」「座敷（ざしき）」「具合（グあい）」のように、音読みする漢字に、訓読みする漢字を続けた二字熟語の読み方を指す。一方、湯桶読みは、「湯桶（ゆトウ）」「手帳（てチョウ）」「場所（ばショ）」のように、訓読みの漢字に音読みの漢字を続けた二字熟語の読み方である。「電信柱（デンシンばしら）」「労働組合（ロウドウくみあい）」や「光通信（ひかりツウシン）」「大雨警報（おおあめケイホウ）」のように、漢字三字以上の熟語を含めて、重箱読み・湯桶読みとして扱う場合もある。

　語構成の面では、重箱読みは漢語＋和語、湯桶読みは和語＋漢語の混種語であり、そのため混読語とも呼ばれる。古く漢字は、音のみ、訓のみの使用が主流であったため、音訓混用は、日本語に漢字が定着する過程で発生し、数を増やしていったものと考えられる。中世の『下学集』『節用集』においては、「湯桶文章」が立項され、「笑ふべし」と否定的な評価が下されているが、江戸時代になるとそのような評価は消えていく。重箱読み・湯桶読みの熟語の一般化を反映したものであろう。また、「湯桶文章」は音訓混用の読み方・熟語の総称として使われ、重箱読み／湯桶読みの使い分けが発生したのは江戸時代である。

　「町衆（チョウシュウ→まちシュウ）」のように、音訓混用の熟語に変化したものもあるが、多くは混種語として造語されたものであるから、重箱読み・湯桶読みは漢字の読み方としてだけでなく、語構成・造語法として語彙の面からとらえるべきものである。

[文献] 山田俊雄「いはゆる湯桶読・重箱読について」『成城文芸』1（1954）、松村明『日本語の世界2　日本語の展開』（中央公論社 1986）、新野直哉「重箱読み・湯桶読み」佐藤喜代治編『漢字講座3　漢字と日本語』（明治書院 1987）　　　　　　　　　　[高田智和]

主語・述語
しゅご・じゅつご
subject / predicate

文法

【述語の構造】日本語の述語は動詞・形容詞・形容動詞・名詞から始まるいくつかの形式の連続によって構成される。動詞の場合を例にその原則的な配列を示せば以下のようになる。

　動詞-ヴォイス-アスペクト-極性-テンス-対事モダリティ-対人モダリティ

　（殴r-られ-てい-なかっ-た-だろう-ね）

　この連続は動詞の文法カテゴリーが文構造の階層性を反映しつつ配列されたものと捉えられ、たとえば動詞やヴォイスは南（1974）の階層構造におけるA類の要素に、テンスはB類の要素に、ダロウのような対事モダリティはC類の要素に属している。

【従属節の構造】従属節のうち付帯状況（継続）解釈のナガラ節はA類の節とされ、「*健太が宿題をしながら涼子が本を読んでいる」のように主格句（「〜が」）が主節と従属節の両方に現れると文が不自然になる。一方B類の節とされる連体修飾節の場合「健太が明かりをつけたとき涼子が小さく叫んだ」のように従属節内の述語「つけ（た）」の動作主にあたる外項が主格句（「健太が」）として現れても文は自然である。したがってB類の節には、A類の節にはない主格かつ外項の名詞句（主格外項）が出現する位置があることになる。

　付帯状況のナガラ節内でも「健太に宿題をさせながら」のように与格の形ならば外項（宿題をする「動作主」）は出現可能である。また逆接解釈のナガラ節まで含めれば「妻子がありながら」のように主格の形で内項（対象）が現れる。つまり外項も与格句であれば、主格句も内項であれば、テンスの現れない従属節内に出現し得る。しかし主格外項は、テンスが現れる節になってはじめて現れる。主題が現れるのはさらに上のC類の階層であり、この関係を整理すると次のようになる（主題に関しては当該の項目を参照）。

A類節：（外項）　内項　動詞（＋ヴォイス）
B類節：＿＿＿＿＿　A類節　テンス
C類節：主題　B類節　判断のモダリティ

【主語の機能と位置】B類節の下線部に現れる主格外項は「先生がお仕事を終えられたとき」のように尊敬語形となった述語の敬意の対象となり、かつ「社長が自分」の半生記を出版したこと」のように照応形「自分」の先行詞となるという機能を持つが、この機能は主格外項だけでなく所有文の与格外項やB類節内の非対格動詞内項においても認められる（「社長の奥様」にご自分」の名義の財産がずいぶんおありになること」「社長」がご自分」の別荘でお亡くなりになったこと」）。したがってB類節の下線部の位置は特定の格の形とも外項／内項の別や意味役割とも直接対応せず、かつ共通した機能を持つ名詞句が現れる位置であることになる。

この位置を、その文で中心的な存在として視点を置かれ叙述される要素、つまりは主語の位置として捉えることは自然なことであり、日本語の主語はテンスが現れるB類の階層で述語と対応するものと考えることができる。能動文と直接受動文との関係も、他動詞の項のいずれに視点を置き主語とするかに関わる。

なお、「先生」にご自分」の書斎でご執筆いただきながら」のようにA類節内の与格外項が「自分」の先行詞となる場合がある（使役文や間接受動文の与格句でも同様の現象が観察される）。ただしこの場合、従属節内の述語は「先生」を敬意の対象とした尊敬語形にはならず、B類の主語と比した場合、主語性を部分的に有しているのみと言える。

[文献] 南不二男『現代日本語の構造』(大修館書店1974)、柴谷方良『日本語の分析』(大修館書店 1978)、北原保雄『日本語助動詞の研究』(大修館書店 1981)、松本克己「主語について」日本言語学会『言語研究』100 (1991)、角田太作『世界の言語と日本語 改訂版』(くろしお出版 2009)、田窪行則『日本語の構造』(くろしお出版 2010)、遠藤喜雄『日本語カートグラフィー序説』(ひつじ書房 2014)　　　　　　　　　　[石田尊]

授受表現
じゅじゅひょうげん
benefactive expression

文法

「やる」「くれる」「もらう」に代表される、物の受け渡しを体系だって言い表す3つの系統の動詞群。待遇的な価値という点でのバリエーションを加えると、それぞれの系統は「やる」「あげる」「さしあげる」、「くれる」「くださる」、「もらう」「いただく」で構成される。また、それぞれの形式がテ形補助動詞としての用法を有しており、恩恵のやりとりを表す。これらを含めて、「授受表現」「受給表現」「やりもらい」などと呼ばれる。

授受表現の動詞は、①主語が物の送り手か、②主語が話者の立場からみて相対的により共感度の高い親しい人物かどうかの、2つの基準の組み合わせによって決定される。「やる」の系統は、「私が太郎にプレゼントをやる」のように、①主語が物の送り手であり、②主語が自分自身という最も共感度の高い人物である。「くれる」の系統は、「太郎が私にプレゼントをくれる」のように、①主語が物の送り手であり、②主語が「太郎」というニ格の「私」よりも相対的に遠く共感度の低い人物である。また、「もらう」の系統は、「私が太郎にプレゼントをもらう」のように、①主語が物の送り手ではなく、②主語が自分自身という最も共感度の高い人物である。つまり、①②の基準とそれぞれの動詞の関係は、「やる」＜①○・②○＞、「くれる」＜①○・②×＞、「もらう」＜①×・②○＞とまとめることができる。授受表現は話者の立場を原点としている点で、ダイクシス（deixis、直示）の表現の一種である。

[文献] 野田尚史『はじめての人の日本語文法』(くろしお出版 1991)、山田敏弘『日本語のベネファクティブ』(明治書院 2004)　　　　　　　　　　[佐藤琢三]

主題
しゅだい
topic

【文法】

　主題（題目、話題、トピック）とは、文が何ごとかについての叙述を行い判断を述べる際の、判断の対象となるもののことである。文構造上は動詞外項や主語よりも高い位置に現れ、述部に確言（断定）や概言（推量）、疑念などの判断のモダリティが現れ得ない環境（連体修飾節内など）には現れない。南 (1974) の階層構造ではC類の要素に属する。

　しばしば「は」の機能により示されるものと捉えられるが、特に話しことばにおいて「その会社∅先月倒産しましたよ」のように無助詞の主題が広範に認められること、助詞「は」の機能は主題の標示に限定されないことなどから、日本語において主題というカテゴリーは「は」ではなく統語的な位置によって示されるものと考えられる。主題に関しては「は」以外の形式を伴う「木村ならもう帰りました」のようなものを主題と認めるか、「この町では子どもたちは大切にされる」の「この町では」のようなものも主題と認めるかといった議論もあるが、これも判断の対象であるという意味的基準と、C類相当の要素であるという統語的基準の両面から検討すべき課題である。

　文の情報構造や談話の構造において、主題は旧情報、発話の前提を構成する情報の側に属す。これは判断の対象として属性などを叙述されるためには、談話に導入済みの情報となっていなければならないことに由来する。

[文献] 南不二男『現代日本語の構造』(大修館書店 1974)、益岡隆志『モダリティの文法』(くろしお出版 1991)、尾上圭介「「は」の意味分化の論理─題目提示と対比」『言語』24-11 (大修館書店 1995)、丹羽哲也『日本語の題目文』(和泉書院 2006)、井上和子『生成文法と日本語研究』(大修館書店 2009)、田窪行則『日本語の構造』(くろしお出版 2010)、堀川智也『日本語の「主題」』(ひつじ書房 2012)　　　　　　　　　　[石田尊]

手話
しゅわ
sign language

【一般】

　ろう者を主とする聴覚障害者間に使用される、非音声の、手指の動きを中心に非手指動作（表情・視線・うなずき・上体の動きなど）を伴った身振りの一定の体系に基づいた言語。一般には言語体系全体を指したり、個々の語を指したりする。音声言語に対して「手話言語」と言う。手話にはろう者間に自然発生的に生まれたものと、ろう学校でつくられたものとがある。手話は意味を表す手話単語と表音記号（日本の指文字の場合、アイウエオなど50音を表す文字）または表字記号（欧米の場合、アルファベットを表す文字）である指文字からなっている。手話は世界共通ではないし、地域によっても異なる。また手話は単に音声言語を手に置き換えたものではなく、音声言語とは別の独立した言語である。

　手話は視覚─身振り言語で、聴覚─音声言語とは使う器官が違うので、音声言語とは違った特徴がある。第一に音声言語の構成要素が時間の流れに沿って連続して並ぶのに対して、手話言語は手話単語を構成している要素「手の形」「手の位置」「手の動き」「手の平の向き」が同時に組み合わさって1つの単語をつくる記号の同時性が指摘できる。第二に記号の類像性 (iconicity) である。これは手話単語の語形と意味との間に必然性があることを指すが、音声言語に比べればという相対的なものである。第三に記号の視覚性。これは視覚に入るもの（表情・視線・うなずき・上体移動・運動方向・位置）を利用することで、文法的機能や意味の区別に役立てることを指す。第四にメッセージの同時性。腕が2本あるために同時に複数のメッセージを発することができることを指す。

[文献] 米川明彦『手話ということば』(PHP研究所 2002)、米川明彦監修・全国手話研修センター日本手話研究所編『新 日本語─手話辞典』(全日本聾唖連盟 2011) [米川明彦]

条件表現
じょうけんひょうげん
conditional expression

【文法】

　ある事態（出来事や状態）が別の事態に依存して成立することを表す複文構文。広義には、(1) 順接仮定条件（「条件文」）（「もし雨が降れば、試合は中止になるだろう」のように先行事態（前件）が成立したと仮定した場合に後行事態（後件）が成立することを述べる）、(2) 順接確定条件（「原因理由文」）（「雨が降ったので、地面が濡れている」のように話者が事実と認識する前件に基づき後件が成立することを述べる）、(3) 逆接条件（(3-1)「たとえ雨が降っても、試合はあるだろう」、(3-2)「雨が降ったのに試合が中止にならなかった」のように2つの事態間に依存関係を認めた上で、それが成立しないことを述べる。(3-1)を逆条件文、(3-2)を逆原因理由文と呼ぶ）。以下(1)条件文について述べる。

【形態と用法】主に①述語の基本条件形（「書けば」「見れば」　バ）、②述語のタ系条件形（「書いたら」「読んだら」　タラ）、③接続助詞ナラ（「書くなら」「書いたなら」）、④接続助詞ト（「書くと」）および⑤形式名詞ノあるいはその縮約形を含む複合形式（「書く{の/ん}なら」「書く{の/ん}だったら」など　ノナラ）、⑥述語タ系連用形＋係助詞ハ（「書いては」「読んでは」　テハ）などがある。主な条件用法が6つある。A) 未実現の事態がこの先起こったと予測した場合の判断や態度を表す予測的条件文（「先生に聞けば、教えてくれるかもしれない」「宿題がすんだら、遊びに行こう」）。B) 事実に反すると分かっている事態が仮に成立した場合に起こりえたことについての判断を表す反事実的条件文（「もし君に出会わなければ、別の生き方を選んでいた」「生きていたら、今年20歳です」「あの時、注意していたなら、事故に遭わずに済んだのに」）。C) 発話する時点ですでに成立するかどうかが定まっている（が、話し手がそのどちらかを知らないような）事態について、それが成立する場合の判断や態度を表す認識的条件文（「やると

決めたなら、実行あるのみです」「働かないんだったら、給料は払えません」）。D) 前件と後件の依存関係が習慣的または法則的に成り立つことを表す総称的条件文（「この病気は手術すれば治る」「この角を右に曲がると目的地が見えます」）。E) 過去に実際に成立した事態について、それが発生した際にどのようなことがあったかを述べる事実的条件文（「小さな窓から覗くと、遠くに山が見えた」「テレビを見ていたら、知り合いが出てきた」）。F) 主節の発話行為の前置き的機能を持つ発話行為条件文（「よろしかったら、ご一緒にいかがですか」「できれば、もうお帰りいただきたい」）。

【留意する点】①のバはD)を中心にA)、B)、F)にも現れる。A)用法において、バ節が非状態性述語で主節の主語と同一の場合、主節に行為要求の表現が現れにくいとされている（「△ご飯を食べれば／○時間があれば、歯を磨きなさい」）。③のナラはC)を中心にA)、B)に現れる。⑤のノナラは専らC)に現れ、A)やB)には現れない（明日雨が{○降ったなら／×降る・降ったのなら}試合は中止されるだろう、昨日{○晴れていたなら／×晴れていたのなら}試合はあっただろうに）。④のトはD)とE)に現れる。⑥のテハはA)とD)の用法があるが、A)ではテハ節の事態実現を回避すべきという含みを持つ（「そんなに甘い物を食べては太りますよ」）、D)では反復的動作を表す（「ちぎっては投げ、投げてはちぎり…」）。

【非条件的用法】バの並列用法（「庭には桜もあれば梅もある」）、名詞句＋ナラの主題用法（「山田さんなら、あそこにいますよ」）、思考動詞＋{バ/ト}による発言の前置き用法（「{思えば／考えてみると}妙な話だ」）。バ、タラ＋「いい」による勧誘のモダリティ用法（「{行けば／行ったら／行くと}いい」）。否定形＋{バ/ト/テハ}＋{ならない/いけない}による義務のモダリティ用法（「{行かなければならない／やらないといけない／実行しなくてはならない}」）などの非条件的用法がある。

[文献] 前田直子『日本語の複文』（くろしお出版 2009）、有田節子編著『日本語条件文の諸相』（くろしお出版 2017）

［有田節子］

条件表現（古典）
じょうけんひょうげん（こてん）
conditional expression

文法・歴史

　接続表現の一種であり、2つの事態を1つにまとめた表現。順接と逆接に分かれ、それぞれに仮定条件、確定条件がある。古代語では、順接仮定条件は、「未然形＋バ」（例：「花咲かば」《〜咲イタラ》）、逆接仮定条件は、「終止形＋トモ」（例：「花咲くとも」《〜咲イテモ》）で表す。順接仮定条件は、形容詞、形容詞型活用の助動詞、否定の助動詞「ず」の場合、「連用形＋ハ」（例：「美しくは」）、逆接仮定条件は、「連用形＋トモ」（例：「遠くとも」）で表していた。順接確定条件は、「已然形＋バ」（例：「花咲けば」《〜咲クカラ》）で表す。「已然形＋バ」は、前件が後件の原因・理由を表す場合と前件が後件の機縁を表す場合がある。逆接確定条件は、「已然形＋ド（モ）」（例：「花咲けど（も）」《〜咲クケレド（モ）》）で表す。また、「已然形＋バ」「已然形＋ド（モ）」は、「〜するとこうなるものだ」という意の一般論を表すこともある。

　古代語の条件表現では接続助詞「ば」が中心となるが、「ば」の成立については不明である（助動詞「む」＋「は」など諸説ある）。接続助詞「に」「を」などによる接続表現では、文脈によって仮定条件、確定条件に近い意味関係を表すことがある。中世以降、確定条件（原因・理由）を表す「已然形＋バ」が衰退し、仮定条件を表すようになる。その後、原因・理由表現の中心は「ので」「から」が担うようになった。中世期には助動詞「なり」「たり」と「ば」が融合した「ならば」「たらば」が成立し、現代語「なら」「たら」となる。

[文献] 阪倉篤義「条件表現の変遷」『国語学』33 (1958)、山口尭二『古代接続法の研究』（明治書院 1980）、小林賢次『日本語条件表現史の研究』（ひつじ書房 1996）、矢島正浩『上方・大阪語における条件表現の史的展開』（笠間書院 2013）　　　　　　　　[高山善行]

上代特殊仮名遣
じょうだいとくしゅかなづかい
special kana usage in Old Japanese

歴史・音声・音韻

　上代日本語において、キヒミケヘメコソトノモヨロとその濁音節ギビゲベゴゾドの計20音節を表す万葉仮名に見られる、2種類の書き分け。または書き分けられた万葉仮名自体を指すこともある。

　音節キの万葉仮名を例にとると、上代の文献において「君・秋・聞く」などの語を書き表す場合は①岐・伎・吉などを用いるが、「霧・月・木」などには②紀・奇・綺などを用い、原則として混ざり合うことがない。このうち①類およびそれに属する万葉仮名をキ甲類（ki甲）、②をキ乙類（ki乙）とし、甲乙で呼び分ける。20音節のうちモにおける書き分けだけは、『古事記』と『万葉集』巻5にのみ見られる。書き分けの理由としては、それぞれの音節に対する当時の音韻が2種類ずつあったものを書き分けたという見方が一般的であり、その場合「同音の仮名を使い分ける方法」を意味する「仮名遣」の称が適切ではないが、慣習的にこのように呼ばれている。

【上代特殊仮名遣の発見】近世期に本居宣長・石塚龍麿によってこの2類の書き分けの一部は明らかにされていたが、広く認識されなかった。近代に至りこれを上代の音韻によるものと考え学界に紹介したのは橋本（1949, 1917初出）である。のちに橋本は、活用語の語尾や接辞に続く形などから、別行の同段に表れる仮名どうしも共通する点があることを見いだした。たとえば、四段活用動詞は別の行であっても連用形にはi段甲類、已然形にはe段乙類、命令形にはe段甲類と、活用形によって表れる類に決まりがある。

四段	未	用	終	体	已	命
咲	sa-	ka	ki甲	ku	ku	ke乙	ke甲
会	a-	φa	φi甲	φu	φu	φe乙	φe甲
止	ja-	ma	mi甲	mu	mu	me乙	me甲

（ハ行子音はpとする説もある。）

このような語法の面から、共通するふるまいをする類で分け、行が違っても各音節の甲類・乙類と同じ用語で称した。

【有坂・池上法則】有坂（1957, 1932 初出）と池上（1932）は、上代特殊仮名遣の甲乙を母音の違いであると考え、独立した調査からほぼ同時に全く同様の法則を見いだした。すなわち、同一語根内に、

1. o甲とo乙とは共存しない。
2. uとo乙とは共存することが少ない。
3. aとo乙とは共存することが少ない。

とする。有坂・池上はこれをウラル語族やアルタイ諸語に見られる母音調和の跡が日本語にも見られるものかと考え、日本語の系統を示唆した。母音調和とは、一言語体系内の母音がいくつかの群に分かれ、同一形態素内には異なる群に属する母音どうしが共存しない現象である。陽母音：a,u,o甲、陰母音：o乙、中性母音：i甲と見なせば、同一語根内に陽母音どうし、陰母音どうしは共存するが、陽母音と陰母音は共存せず、中性母音はどの母音とも共存する。

【上代語の母音論争】甲乙の区別を上代語の音韻、とりわけ母音の違いであると考える上代語8母音説に対し、オの甲乙のみに母音の違いを認める6母音説や、現代語の母音数と同じとする5母音説もあり、論争は決着していない。ただし、いずれの説も上代の万葉仮名による甲乙の書き分けがあること自体は認めており、異なるのはその推定音価と音韻論的解釈である。松本（1995）の5母音説では、オの甲乙の違いを意味の違いが生じる音韻ではなく、同一音素における異音によるものと捉えて解釈しており、有史以降の上代語に母音調和があったことは否定される。

[文献] 池上禎造「古事記に於ける假名『毛・母』に就いて」『国語・国文』2-10（1932）、橋本進吉博士著作集刊行会編『文字及び仮名遣の研究』（岩波書店 1949）、有坂秀世『国語音韻史の研究 増補新版』（三省堂 1957）、松本克己『古代日本語母音論—上代特殊仮名遣の再解釈』（ひつじ書房 1995） ［澤崎文］

抄物
しょうもの

shōmono ; Muromachi-period commentaries on Chinese classics and Buddhist scriptures

歴史

　主として室町時代につくられた、漢籍や仏典、一部の国書に対する講義録の一群を言う。原典名に注釈を表す「抄」を付すものが多いことから名付けられた。漢字・仮名（多くはカタカナ）交じりで表記された抄物には日本語の変化や地域差を示す口語的要素が含まれることがあり、言語資料として注目されてきた。

　講義者は（1）京都五山の僧、（2）博士家、（3）曹洞宗の僧、（4）神道家などであり、それぞれ代表的な抄物に（1）桃原瑞仙『史記抄』・惟高妙安『詩学大成抄』、（2）清原宣賢『毛詩抄』、（3）川僧慧済『人天眼目抄』、（4）吉田兼倶『日本書紀抄』などがあるが、同一の原典に対して講義者・時期・聴講者の異なる講義が行われ、さらに書写されたため、通常、書名や内容が異なる写本および版本が複数現存している。清原宣賢のように、講者自身が準備をした手控えと実際の講義を筆記した聞書との両方が残っている場合があり、聞書の方が文末に「ゾ」を用いるなど口語的要素が強い。（3）のいわゆる洞門抄物は文末に「ダ」が使われるなど、東国方言の要素が見られると言われる。

　室町時代の口語基本資料にはキリシタン資料などの外国資料と狂言台本もあるが、抄物は他の2つに比べ分量が膨大であることと、成立時期に幅があって変遷を見ることが可能という長所がある。一方、読解に原典・注釈史の知識が必須であり、資料ごとに口語的要素の様相が異なることから、複製の解説などを手引きとする必要がある。主要な抄物は『抄物大系』（勉誠社）・『抄物資料集成』（清文堂出版）の複製や、京都大学電子図書館のWebサイトなどで見ることができる。

[文献] 柳田征司『日本語の歴史4—抄物、広大な沃野』（武蔵野書院 2013） ［岸本恵実］

常用漢字
じょうようかんじ
kanji for common use

文字・社会

「常用漢字表」に掲げられた漢字を言う。常用漢字表は、法令、公用文書、新聞、雑誌、放送など、一般の社会生活において、現代の国語を書き表す場合の漢字使用の目安を示す。

【常用漢字表の概要】現行の常用漢字表は、文化審議会答申「改定常用漢字表」を基に、平成22年（2010）内閣告示第2号として実施された。「本表」に2,136の字種とその字体および音訓（音2,352 訓2,036）、加えて「付表」に116の語（「小豆」「時雨」などの熟字訓等）を掲げる。内閣告示とされた漢字表としては、1,850字の「当用漢字表」（1946）、1,945字の「常用漢字表」（1981）に続くもの。学習指導要領の定める教育課程において、小学校から高等学校までに習得する漢字の範囲ともなっている。

【性格】常用漢字は、日本語の文章による意思疎通を円滑にするために広く共有すべき、効率的で共通性の高い漢字であり、「広場の漢字」などとたとえられる。主な選定基準としては、出現頻度と造語力（熟語の構成能力）が高いこと、読み取りの効率性を高めることなどが挙げられる。当用漢字表は「準則」とされ制限的な性格を持っていたが、1981年の初代常用漢字表からは「目安」とされ、法令や公用文を対象とする場合を除けば、表に掲げられた漢字だけを用いて文章を書かなければならないというものではない。

【関連資料】常用漢字表に関わるものとして、「公用文における漢字使用等について」（2010 平成22年内閣訓令第1号）、「「異字同訓」の漢字の使い分け例」（2015 国語分科会報告）、「常用漢字表の字体・字形に関する指針」（2016 同前）などが併せて示されている。

［文献］『日本語学』29-10（特集：新しくなる「常用漢字表」とは）（明治書院 2009） ［武田康宏］

助詞
じょし
postpositional particle

文法

学校文法では、体言や用言など種々の自立語について文節を構成する、活用しない付属語を指す。それ自身では具体的な概念内容を表さず、語句と語句との関係を明示したり、さまざまな意味を付与したりするはたらきを持つ。現代語と古典語とでは分類の仕方が異なるため、それぞれについて学校文法で扱われる主な助詞を以下に列挙する。

【現代語助詞の分類】現代語では、格助詞・副助詞・接続助詞・終助詞の4つに分類する。

(1) 格助詞：主に体言につき、前の体言とその後の語句との関係を示す。主語を示す「が」、連用修飾語を示す「を・に・で・と・から・へ・より」、連体修飾語を示す「の」、並列の関係を示す「と・や」などがある。（例：「太郎が〈主語〉花子に〈相手〉パーティ会場で〈場所〉花束を〈対象〉渡した」「東京駅から〈起点〉新幹線で〈手段〉行く」「友達と〈相手〉喧嘩した」「鳥より〈基準〉速い」「私の弟」「海と山、どちらにする？」）

(2) 副助詞：いろいろな語について意味をつけ加える。「は・も・こそ・まで・しか・だけ・ほど・など・やら・だって・でも・さえ・ばかり・くらい（ぐらい）・ずつ・か・とか・なり」など。（例：「私は〈主題・対比〉知らない」「刺身も〈累加〉好きだ」「学生だけ〈限定〉無料だ」「ケーキでも〈例示〉食べよう」「子どもでさえ〈極端な例〉我慢できるのに」）

(3) 接続助詞：活用する用言につき、前後の語句をさまざまな関係で繋いで示す。「から・ので・て・ば・と・が・けれども・のに・ても（でも）・ながら・つつ・し・なり・たり」など。（例：「皿が熱いから／ので〈理由〉気を付けて」「暑くて〈理由〉びっくりした」「大人になれば〈条件〉分かる」「懸賞に応募したが／けれども／のに〈逆接〉はずれた」「言っても〈逆接〉聞かない」「食べながら〈同時〉

話す」「飛ん<u>だり</u>跳ね<u>たり</u>〈並列〉する」)

(4) 終助詞：文末や文節末について、話し手の気持ちや態度を表す。「か・ね・よ・な・なあ・の・わ・さ・ぞ・かしら・とも」など。

(例：「お前も行く<u>か</u>〈疑問〉」「僕は反対だ<u>よ</u>〈主張〉」「そこには入る<u>な</u>〈禁止〉」「星がきれいだな<u>あ</u>〈感動〉」「もう行く<u>ぞ</u>〈強調〉」「私<u>ね</u>、友達と<u>ね</u>、映画に行って<u>ね</u>〈確認〉」)

【古典語助詞の分類】古典語では、格助詞・係助詞・副助詞・接続助詞・終助詞・間投助詞の六種類に分けられることが多い。現代語の副助詞から、係り結びを構成する係助詞を分離し（副助詞と係助詞を併せて「とりたて助詞」と呼ぶこともある）、また終助詞から間投助詞を独立させた結果である。以下に分類のみを示す。

(1) 格助詞「が・の・を・に・へ・と・より・にて・して」など。

(2) 副助詞「すら・だに・さへ・し・のみ・ばかり・など・まで」など。

(3) 係助詞：疑問・反語・強意などの意味を添えながら、文末を特定の形で結ぶ。「は・も・ぞ・なむ・こそ・や・やは・か」など。

(4) 接続助詞「ば・とも・ど・ども・が・に・を・て・して・で・つつ・ながら」など。

(5) 終助詞「な・そ・ばや・なむ・が・がな・がも・か・かな・かも・かし・な・よ」など。

(6) 間投助詞：文中文節・文末に自由について語調を整え意味を添える。「や・を」など。

【複合助詞】複数の語が複合して一形式として助詞的な機能を果たしている表現もある。「について・において・として」（複合格助詞）、「といえば・ときたら」（複合係助詞）、「に限って・ばかりか・どころか」（複合副助詞）、「や否や・からには・だけに」（複合接続助詞）、「ものか・だっけ」（複合終助詞）などである。特に日本語教育では重要な見方であり、単独助詞との表現上の違いに注目する必要がある。

[文献] 森田良行・松木正恵『日本語表現文型―用例中心・複合辞の意味と用法』(アルク 1989)、中山緑朗・飯田晴巳監修『品詞別学校文法講座5 助詞』(明治書院 2016) [松木正恵]

書誌学
しょしがく
bibliography

一般・歴史

　書物を研究対象とする学問。ここでは明治以前の日本古典籍を言語資料として用いる場合を中心に述べる。

【書誌学と言語研究】書物はいつどのような形で書かれ、享受されたかを知ってはじめてそこに書かれたテキスト（内容）を研究することができるので、書誌学は言語研究の基礎と言える。書物は、手書き（写本）にせよ印刷物（版本または刊本）にせよ、異なるテキストを持つ複数の伝本が存在することが多い。それぞれの伝本の形状や成立事情を知りテキストの校合（異なる箇所の調査）をすることによって、どの本を言語資料として底本（基準とする一本）に使うか検討する。底本とした本以外の伝本を異本と言う。テキストが伝承される際、書写者が元の本の誤写と見なした箇所にミセケチ（元のテキストを見える形で残した訂正）をしたり、訓点資料では紙を尖った用具で凹ませて文字や符号を記す角筆や、漢文訓読のための補助符号であるヲコト点を用いたりするなど、校合によって伝本間の関係だけでなくテキスト享受の過程も知ることができる。

【書物の形状】形状に関わることとしては、材料、装訂、大きさがあり、製作の時期や用途、テキストのジャンルなどによりそれぞれ異なっている。材料の紙は、楮を使った楮紙が最もよく用いられ、美濃（岐阜県）でつくられる美濃紙が代表的なものであった。雁皮を使った斐紙は日本独特のもので、滑らかな高級紙である。楮に雁皮を交えることもしばしば行われた。装訂には、成立の古いものから、紙を糊で継ぎ合わせ軸をつけて巻いてある巻子本、紙を巻かずに一定の幅に折りたたんである折本、1枚の紙を表を内側にして2つ折りにし、折り目の外側を糊でとめてある粘葉装、複数の紙を束にして2つ折りにし、さらに折を

重ねて穴をあけて糸で綴じた綴葉装、表を外側に2つ折りした紙を重ね、折り目の反対側を糸で綴じた袋綴などがある。大きさには、美濃紙を2つ折りにした大きさの大本、半紙を2つ折りにした大きさの半紙本、大本の半分の中本、半紙本の半分の小本などがあり、ジャンルとしばしば対応している。書名はテキスト内にある内題のうち冒頭におかれた巻頭題を採るのが一般的であるが、表表紙に掲載の外題を採ることもある。外題は、表表紙に別紙を添付した題簽に掲載されていることがある。また、江戸時代の版本では書名の上に補足的に角書が添えられることがある。たとえば浄瑠璃本『心中天の網島』（1720初演）には、「紙屋治兵衛 きいの国や小春」の角書がある。テキストは、主要な本文の前に序、後ろに跋と奥書・刊記が付されることがあり、いずれも書物の成立に関する重要な情報である。序・跋は本文と表記や文体が異なることが多い。

【写本と版本】写本は江戸時代まで書物の中心であり、商業出版が盛んになってからも、私的にあるいは印刷前の稿本としてつくられ続けた。版本は、室町時代までは寺院を中心に板木を用いる整版印刷が行われていたが、室町時代末に活字本、すなわち西欧の活字印刷機で印刷したキリシタン版と、木活字を使用した古活字版が現れる。活字本の時期は短く、江戸時代初期整版による商業出版が広く行われるようになった。明治以降は西洋式の活字組版による活版本が主流となった。

書誌学の範囲は諸本の系統研究、編著者や出版者など書物に関わる人物・組織の研究、機器による紙の分析調査など多岐にわたるが、言語も書物の構成要素の1つであり、書誌学と言語学とは相互に研究成果を共有する必要がある。

［文献］井上宗雄ほか編『日本古典籍書誌学辞典』（岩波書店 1999）、堀川貴司『書誌学入門─古典籍を見る・知る・読む』（勉誠出版 2010） ［岸本恵実］

助動詞
じょどうし
conjugating verbal suffix

文法
学校文法では、主に用言などの自立語について文節を構成する、活用する付属語を指す。用語としては、英文法のauxiliary verbの訳語として明治初期に導入されたが、日本語助動詞は動詞の一種（補助的な動詞）とは言えないため、それに相当するのはむしろ、「〜て＋a」形式で使われる「いる・ある・おく・くる・いく・みる・しまう・あげる・くれる・もらう」といった「補助動詞」の方である。

【分類】助動詞は、それ自身では具体的な概念内容を表さず、意味をつけ加えたり、話し手の判断や心情を表したりする。学校文法で扱われる主な助動詞を、意味別に以下に示す。

〈**現代語**〉受身・可能・尊敬・自発「れる・られる」、使役「せる・させる」、否定「ない・ぬ（ん）」、推量・意志・勧誘「う・よう」、過去・完了「た」、希望「たい・たがる」、丁寧「ます」、否定意志・否定推量「まい」、推定「らしい・ようだ・そうだ」、様態「ようだ・そうだ」、伝聞「そうだ」、比況「ようだ・みたいだ」、断定「だ・です」など。

〈**古典語**〉受身・可能・尊敬・自発「る・らる」、使役・尊敬「す・さす・しむ」、否定（打消）「ず」、否定意志・否定推量「じ・まじ」、過去「き・けり」、完了「つ・ぬ・たり・り」、願望「まほし・たし」、推量「む・むず・べし・らむ・けむ・まし」、推定「らし・めり・なり」、断定「なり・たり」、伝聞「なり」、比況「ごとし」など。

また、接続のしかたによって、活用しない語につく助動詞（現です・だ・ようだ（比況）／古たり・ごとし など）と活用語につく助動詞とに分けられ、後者はさらに、未然形接続（現(ら)れる・(さ)せる・ない・よう／古(ら)る・(さ)す・ず・むなど）、連用形接続（現ます・た・たい・そうだ（様態）／古けり・ぬ・たり・たし など）、終止形接続

（現）まい・らしい・ようだ（推定）・そうだ（伝聞）／（古）まじ・べし・らむ・めり など）、已然形接続（（古）り）に分けられる。

　さらに、活用型による分類も可能で、動詞型（（現）（ら）れる・（さ）せる／（古）しむ・ぬ・たり・けむ など）、形容動詞型（（現）だ・ようだ・そうだ（様態）・みたいだ／（古）なり・たり など）、形容詞型（（現）たい・ない・らしい／（古）べし・まじ・ごとし など）、特殊型（（現）ぬ・た・ます・そうだ（伝聞）／（古）き・まし など）がある。なお、現代語の「う・よう・まい」、古典語の「じ」のように形態変化（活用）しない助動詞を「不変化助動詞」と呼ぶが、これらは話し手の主観的意味を直接示す点で終助詞に近い性格を持つと言える。

【相互承接】複数の助動詞が連接する際には、その承接順に一定の傾向がある。たとえば、「せ＋られ＋なかっ＋た＋らしい＋そうだ」の場合、これらの助動詞を、ヴォイス（態）・肯否・アスペクト（相）・テンス（時）・モダリティという文法カテゴリーにあてはめると、「せ・られ［ヴォイス］＋なかっ［肯否］＋た［テンス］＋らしい・そうだ［モダリティ］」となるが、これは動詞に近いほど客観的・ことがら的要素を表し、文末に近いほど主観的・心情的要素を表していると言える。このことは先の接続の観点で見ると、未然形接続→連用形接続→終止形接続の助動詞の順に承接する傾向があることになる。

【複合助動詞】学校文法では助動詞に含まれないが、特に日本語教育などでは助動詞と同様のはたらきをする複合助辞として、「かもしれない・にちがいない・なければならない・はずだ・ものだ」などの分析的な組み立て式表現も重要で、近代以降の日本語に多く見られる。「だろう」を一語の助動詞と見なすかどうかについても意見が分かれるところである。

［文献］北原保雄『日本語助動詞の研究』（大修館書店 1981）、森田良行・松木正恵『日本語表現文型—用例中心・複合辞の意味と用法』（アルク 1989）、中山緑朗・飯田晴巳監修『品詞別学校文法講座6 助動詞』（明治書院 2016）［松木正恵］

自立語・付属語
じりつご・ふぞくご
autonomous word / synnomous word

文法

　語とされるものにおける、文中での自立度の程度に基づく区別。主に次の2つがある。

（1）橋本進吉の用語で、いわゆる学校文法において取り入れられている。それぞれ詞（自立語）・辞（付属語）とも呼ばれる。自立語はそれ自身で文節を形づくることができるもの、付属語はそれ自身のみでは文節をつくることができず、常に自立語を伴って文節をつくるものである。自立語は、用言、体言に分類される各品詞のほか、副詞、連体詞、接続詞、感動詞など、独立して使用できるものが含まれる。これに対し、付属語は、「食べた」「食べるらしい」「食べられる」などの活用のある助動詞や「本の表紙」「本だけある」「本よ」などの活用のない助詞を合わせたカテゴリーであり、単独では文中に現れず、常に自立語に付属して現れる。ここでの付属語、つまり橋本文法における助動詞や助詞は、定義にもよるが、一般言語学的には接語（clitic）および接辞（affix）と呼ばれるものに含まれる。ただし、接語と接辞の区別は文法・音韻的な独立性に基づくものであり、活用の有無で区別される助動詞と助詞の区別とは全く異なり、それぞれに所属する要素は一致しない。

（2）服部四郎の用語。自立語については、単独で発話され得る単語であり、それに対して付属語はほかの語（主として自立語）に続けて発話される単語。服部は、自立語に附随して発話される要素のうち、統語形態論的に自由度の高いものだけを付属語とし、統語形態論的に自由度が低く、特定の品詞の語の内部に生じる要素は付属形式として区別した。付属語と付属形式を併せて「非自立形式」とし、これが（1）の意味での付属語に相当する。服部の付属形式は接辞に相当し、付属語は接語に相当するとされる。

［文献］服部四郎『言語学の方法』（岩波書店 1960）［林由華］

新語・流行語
しんご・りゅうこうご
neologism / vogue word

語彙・社会

　新語とは新しくその社会に現れた語、または事物や概念を新しく表現するために新しい意義を与えられた語のこと。前者には2種類あり、1つは新たに創造された語（新造語）であり、もう1つは既存の語を利用した語（借用語・合成語・派生語・省略語など）である。一部の限られた社会集団に使用されていた語が一般語に入ってきた場合も新語（新出語）で借用語の1つである。新語発生の理由には(1) 社会的理由（新事物や新概念を表すために生まれた、または借用された場合）、(2) 心理的理由（語感の良し悪しのゆえの言い換えや意味の転用の場合）、(3) 言語的理由（純粋に言語自体の中に生じた変化やゆれによって新語が生まれる場合）、(4) 言語感覚的理由（言語規範のゆるみとことば遊びの感覚による場合）の4つがある。

　流行語とはその時代に適応して、感化的意味が強く、広く人々に使用されたことば。それは新語である場合とそうでない場合がある。流行語の発生の理由も (1) 社会的理由（社会の状況、世相、風俗を言い表すことばがなかった時に、またそれを風刺しようとする時にちょうどぴったりのことばが出る場合）、その他、(2) 心理的理由（有名人が口にするのを追従する大衆心理や、人が使っているから自分も使わないと時代遅れになるとか仲間はずれになるとかいう意識がはたらいた場合）、(3) 言語的理由（そのことばの持つ語形・意味・用法の奇抜さ、新鮮さや日常会話に使用できる範囲の広さから流行する場合）、(4) 言語感覚的理由（表現の感覚化で、あまり意味のない音を感覚的に発するおもしろさ）の4つがある。

［文献］米川明彦『明治・大正・昭和の新語・流行語辞典』（三省堂 2002）、米川明彦『平成の新語・流行語辞典』（東京堂出版 2019）　　　　　　［米川明彦］

心理言語学
しんりげんごがく
psycholinguistics

分野名

　人間の言語に関わる現象を心理学的な立場から解明しようとする学際的な研究分野。

【心理言語学の歴史】ヨーロッパでは20世紀の初頭あるいはそれ以前から心理学において言語の重要性は認識されていた。しかし、アメリカを中心に行動主義心理学が台頭した時代には、言語習得や言語活動は刺激―反応―強化の関係（強化随伴性）によって説明されるなど、言語と認知との関わりが軽視されていた。そのような極端な行動主義を背景として、再び言語と人間の心理過程に関わる研究に目が向けられるようになった。そして、行動主義を批判したチョムスキーの主張（Chomsky, 1959）を転換期として、人間の内部で起こっていることに焦点があてられ、人間が備えているとされる普遍文法を核とした言語獲得装置による言語獲得や、言語の知覚や生成のメカニズムに関して、認知的な観点から解明する研究がさらに進められるようになった。

【心理言語学の研究課題】心理言語学の主な研究課題は、(1) 言語理解、(2) 言語産出、(3) 言語獲得（習得）の3つにおける心理過程を明らかにすることである。(1)は言語を聞いたり読んだりして内容を解釈する言語活動、(2)は意図した内容を話したり書いたりして他者に伝える言語活動、(3)は第一言語および第二言語を身に付ける過程である。ここには失語症などに起因する言語喪失も関係している。いずれも研究者が心理学寄りの立場なのか言語学寄りの立場なのかによって手法や研究の観点は異なるが、最終的には上述の課題を明らかにすることが研究目的となる。

［文献］杉村恵子『ことばとこころ―入門心理言語学』（みみずく舎 2014）　　　　　　　　　　［福田倫子］

推量
すいりょう
inference

文法

　話し手の事態認識を表す「認識的モダリティ（epistemic modality）」の一種で、文の表す事態が話し手の想像の中で真であると認識すること。たとえば「雨が降るだろう」は、〈雨が降る〉ことが想像の中で成り立ち、真であると話し手が認識することを表す。

【「だろう」】推量は「おそらく」「たぶん」などの副詞でも表すが、主要なのは助動詞「だろう」（丁寧形は「でしょう」）である。「らしい」「ようだ」も推量の形式とされることがあるが、「雨が降るらしい」は、話し手がそのように判断した証拠（空の様子や、天気予報の情報など）を現実に有することを表すので、推量とは区別される。また、「かもしれない」は「雨が降るかもしれないし、降らないかもしれない」のように、一方が真であれば他方が偽になる、相反する可能性を並列して言えるので、推量ではない。「だろう」は推量の意味から派生して、聞き手に対する「確認要求」も表す。1つは事態の真偽確認の要求で、「この辞典は役に立っただろう？」のように、ある事態が真であることの確認を求める。もう1つは認識確認の要求で、「昨日、電車が停まっただろう？」「あそこに男がいるだろう？」のように、聞き手がその知識を持ってるか、目前の現象を知覚しているかの確認を求める。認識確認は「〜のを知っているだろう？」「〜のが見えるだろう？」などに置き換えられる。

【推量と意志の形式】現代日本語では推量と意志を「だろう」と「う／よう」で表し分けるが、英語のwillのように1つの形式で両方を表す言語もある。日本語も古くは「む」が両方を表し、文脈によって区別していた。

［文献］日本語記述文法研究会編『現代日本語文法4　第8部　モダリティ』（くろしお出版 2003）、三宅知宏『日本語研究のインターフェイス』（くろしお出版 2011）

［小柳智一］

推量表現（古典）
すいりょうひょうげん
inferential expression

文法・歴史

　事態が起こる可能性や蓋然性を表す表現。モダリティ表現とも言う。古典語では、「む」「べし」などの「推量の助動詞」（モダリティ形式）によって担われ、現代語「だろう」「ようだ」「かもしれない」などに相当する。古代語の「む」「らむ」「けむ」「まし」は事態を想像する意を表す。それらにはテンスによる機能分担があるが、事態の原因・理由を推し量る「原因推量」もある。「らむ」「けむ」は原因推量用法を有する。「まし」は、「せば〜まし」「ましかば〜まし」などで反事実条件文を構成する（「反実仮想の助動詞」と呼ぶ）。「めり」は視覚に基づく判断、「なり」（伝聞推定）は聴覚に基づく判断を表し、両者は「エビデンシャリティ（evidentiality 証拠性）」の形式である。「べし」「まじ」は主に当為的意味、「まじ」「じ」は否定推量を表す。これらのうち、「む」「べし」「まじ」は多義的であり、複数の意味を担う。

　古代語では、「けむ」（「過去」＋「推量」）、「まじ」（「否定」＋「推量」）のように、単一形式で文法的意味が融合的である。一方、現代語では、「ただろう」、「ないだろう」のように分析的に表現される。また、古代語では、「思はむ子（かわいがっている子）」のように、推量の助動詞が文中にしばしば生起し、判断の意味が希薄であった可能性がある。古代語の推量の助動詞の多くは衰退、消滅したが、「べし」は「べー」となって方言に残るとともに、「べきだ」の形でも用いる。「む」「まじ」は「う」「まい」となって主として文章語で用いられている。

［文献］高山善行『日本語モダリティの史的研究』（ひつじ書房 2002）、山口堯二『助動詞史を探る』（和泉書院 2003）、大鹿薫久「モダリティを文法史的に見る」尾上圭介編『朝倉日本語講座6　文法Ⅱ』（朝倉書店 2004）

［高山善行］

数
すう
number

【文法】

　名詞や動詞はしばしば数によって語形変化する。単数（singular）、複数（plural）のほか、古典ギリシア語のように双数（dual）〈両数とも言う〉を有する言語もある。このほか、3数（trial）、少数（paucal、英語のa fewにあたる意味を表すもの）を有する言語も知られている（Corbett 2000）。

　アイヌ語には名詞に単複の区別はないが、動詞が単複の区別を持つ場合がある。古典ギリシア語とは異なり、数の区別は能格的パターンを示す。単複の区別は自動詞の場合は移動、姿勢、存在のような場所の意味を含むものであることが多く、主語の複数性を示す（hopuni「起きる」（単数）、hopunpa（複数））。形が全く異なる補充形が用いられる場合もある（an「ある、いる」（単数）、oka（複数））。他動詞の場合は対象に変化を引き起こす動詞が単複の区別を有することが多く、複数形は一般に目的語の複数を示す（yasa「破る」（単数）、yaspa（複数、複数の対象を破る）、rayke「殺す」（単数）、ronnu（複数、複数の対象を殺す））。他動詞の複数形は、単数主語が単数目的語に複数回動作を加える場合にも用いることができる（yaspaは1つのものを多数に破る場合にも使う）。したがって、この場合、目的語の複数性でなく、出来事（event）の複数性を表していると見ることもできる（北米諸言語の同種の現象についてはMithun 1988を参照）。

［文献］Mithun, Marianne Lexical categories and the evolution of number marking. In: Michael Hammond and Michael Noonan（eds.）*Theoretical morphology*, San Diego: Academic Press, 1988., Corbett, G. G. *Number*. Cambridge: Cambridge University Press, 2000., 佐藤知己『アイヌ語文法の基礎』（大学書林 2008）

［佐藤知己］

数量詞
すうりょうし
quantifier

【語彙・文法】

　数や量を表すことば。数詞（「1、2、3…」）と助数詞（枚、匹、グラム、回…）からなるもの（「1枚、2匹、3グラム、4回…」）を指す。機能が同じ「たくさん、すべて」などを含む場合もある。国語学の伝統では、数詞が数と助数詞のセットを指すが、現在はそれを数量詞とする定義が広く使われている。

　助数詞は数詞に後接するものを広く指すため、「グラム」のような単位や「回」のような行為の回数を表す度数詞も含まれるが、「枚、匹」のような個体を数えるものがこれまで主な研究対象とされてきた。たとえば「枚」は「紙、1万円札、皿」などの名詞を数えることができることから「薄いもの」というカテゴリー情報を持ち、名詞を分類しているという見方もできる。そのような特徴からこれらの助数詞を類別詞と呼ぶこともある。

　なお、助数詞には「枚、匹」のように単独では使えないものと「世帯、株、事件」のように単独でも使えるものがある。後者を名詞型助数詞と言い、その中でも助数詞に近いものとそうではないものを区別する議論も提案されている。

　助数詞の出自については「枚、匹」という漢語起源のものが多いため、中国語の影響が強いと言われているが、「り、つ」などの和語起源もあるため、本来的に日本語に助数詞はあったというのが通説である。さらに1990年以降「ケース、タイプ」といった外来語が助数詞の機能を持ち始めていることも指摘されている。

［文献］東条佳奈「名詞型助数詞の類型─助数詞・準助数詞・擬似助数詞」『日本語の研究』10-4（2014）、田中佑「外来語名詞「タイプ」の助数詞への進出」『文芸言語研究』71（2017）　　　　　　［岩田一成］

数量表現
すうりょうひょうげん
quantifier expression
文法

　数量詞を用いた各種表現のこと。具体的には、a「学生が3人いる」、b「3人の学生がいる」のような各種の構文を指すことが多い。a・bの例を比べると数量詞が副詞性と名詞性を持っていることが分かる。英語では 'three students' のように名詞を数が直接修飾する。よって日本語においてもbの方を基本とし、aは数量詞が名詞から離れているため数量詞遊離構文と言われていた。こういった英語基準の見方に対して現在ではaが日本語の基本形だというのが定説で、遊離といった呼び方は消えつつある。上記二形式の違いを扱った論文は非常に多いが、bは何らかのまとまりを表す文脈で用いられるとされている。そのほかにも数量表現にはc「学生3人が…」、d「学生の3人が…」という形式もある。cは新聞でよく用いられ、「学生3人、教員2人、職員2人が…」のような列挙形式が好まれること、dは「岩田、山内、橋本の3人が…」と固有名詞を受ける用法が多いことなども分かっている。

　数量表現には代名詞的用法もある。e「クラスに岩田、山内、橋本がいる。3人は仲が悪い」のような例がそれで、e文中の「3人」は直前の参加者を指し、人称代名詞と同じ機能である。文学のジャンルでは、こういった用法が高頻度で現れる。少し視点を変えて、台湾東部に残る日本語基盤のクレオール（混合語）の例を見ると、一人称代名詞の複数・包括形に「hutaritaci」という形式があり、「二人」に「たち」を付加したものが用いられている。数量詞と人称代名詞の近さが分かる例である。

[文献] 岩田一成『日本語数量詞の諸相―数量詞は数を表すコトバか』（くろしお出版 2013）、簡月真「日本語を上層とする宜蘭クレオールの人称代名詞」『日本語の研究』14-4 (2018)　　　　　　　　　　[岩田一成]

スコープ
scope
文法・意味論

　作用領域。一般にある機能が作用する領域という意味で使われる。文法的には否定や数量詞などの論理関係を表す語がどれだけの範囲を対象とするかなどを指す。係り受け関係や副助詞の用法などについて使われることもある。

　たとえば、「すべての教授は1人の学生が好きだ」という文には数量表現の及ぶ範囲から2つの解釈が可能である。1つめの解釈は、ある特定の1人の学生について、「すべての教授が好き」という関係が成り立つとするもので、この場合には「1人（の学生について）」という数量表現の方が広いスコープとなっている。一方、すべての教授についてそれぞれ1人ずつの「好きな学生」がいる、という解釈の場合、「すべて（の教授について）」という数量表現の方が広いスコープをとっていることになる。

　否定の場合も、「私は悲しくて泣かなかった」という場合、「ない」は「泣く」だけに作用しているが、「[私は悲しくて泣いた]のではない」となると、「[私は悲しくて泣いた]＋の」のように「の」でまとめられた部分全体に作用し、「悲しくて」を否定することができる。

　副助詞によるとりたての場合も「ご飯だけ食べた」という場合、「ご飯」だけに限定する解釈のほかに、「ご飯だけ食べて帰った＝ご飯を食べるだけで帰った」のような全体を取り上げる解釈もある。後者の場合は「だけ」はその後ろも含めて出来事の全体を領域としている。こうした構造は古典語でもよく見られ、たとえば「夜や暗き」の「や」は、「夜」につくが、疑問としての領域は文全体となっている。

[文献] 久野暲『新日本文法研究』（大修館書店 1983）、野田春美『「の（だ）」の機能』（くろしお出版 1997）、沼田善子『現代日本語とりたて詞の研究』（ひつじ書房 2009）
　　　　　　　　　　　　　　　　　　　　[森山卓郎]

スタイル
style

　1つの言語共同体で使用されることばの多様性に言及する用語。その指すところは使用者によって異なることが多い。たとえば次のような例がある。(1) Labovらの変異理論では、一人の言語使用者がことばを意識的に使用する度合いに応じて切り換える、同一言語内部のことばのレパートリーを言う（ワインライクほか (1982) では「文体」と訳す)。フォーマル・スタイル、インフォーマル・スタイルなど。(2) Coupland (2007) は（ことばに限らず）スタイルを、「何かを行うための様式 (a way of doing something)」と規定し、その様式は「社会的な意味を担う」と述べている。ことばについても、スタイルとはコミュニケーションのための資源であり、言語使用者はその資源を能動的、創造的に活用して社会的な意味を生み出すとしている。(3) 1つの言語のもつテキストの多様性を整理しようとするBiber & Conrad (2009) は、スタイルを、テキスト変種を分析するための視点の1つとして位置づけ、レジスターやジャンルと対立させている。レジスターとは、ある種のテキスト変種を、それが用いられる社会状況や目的と関連づけて捉えるものである（科学論文のことばなど)。ジャンルは、レジスターの中でも特に、特徴的な慣用表現（昔話や手紙の、冒頭と末尾の定型表現など）に注目してテキスト変種を捉えるものである。スタイルは、テキストの多様性を、レジスターのような社会的機能ではなく、特定の著者や時代に見られる個別の美的指向性として捉える視点である（漱石のスタイルなど)。

[文献] ワインライク, U. ほか『言語史要理』(大修館書店 1982)、Coupland, N. *Style: Language variation and identity*. Cambridge University Press, 2007., Biber, D. & S. Conrad *Register, Genre, and Style*. Cambridge University Press, 2009.　　　　[渋谷勝己]

スラング
slang

　集団語の一種。特定の社会集団・生活集団で使われる用語や表現。学生語・業界用語などの位相語や職業語が中心で、俗語的なものが多い。隠語とも重なるが、隠語が主として集団の秘密保持のためにあるのに対して、もっぱら集団内の情報伝達の効率化や仲間意識の保持のためにある。ただし、両者の区別は難しく、職人用語や放送・芸能用語などには、「ネタ」や「ギャラ」のように、最初は集団内で隠語として使われていたものがスラングとなり、さらに広く一般に知られて使われるようになるものもある。

　最近では、インターネットやモバイル機器の普及により、若者を中心とした「ネットスラング」が注目される。それには、①語形や表記を変化させる（裏垢 [裏アカウント])＝意図的な誤変換、ツンデレ [つんつんデレデレ]＝省略、クリソツ [そっくり]＝倒置、JK [女子高生]＝頭文字言葉)、②意味を変化させる（草 [笑う→わらわら→wwww→草が生えているように見える])、③顔文字 ((^_^;) = 焦る)、④文法的に逸脱させる（つらみがある、ググる、タピる)、⑤新たに語を作る（インスタ映え、中二病、メンヘラ）などの特徴があるが、ここにはスラングの一般的な特徴と重なるものとそうでない独自のものとがある。

　ネットスラングは他のスラングに比べて流行語としての性格が強く、広く一般に用いられ、定着するものも多い (JK、AKB、オタク、インスタ映えなど)。

[文献] 楳垣実『隠語辞典』(東京堂出版1956)、柴田武「集団語とは」『日本語の常識』(宝文館1958)、渡辺友左『隠語の世界—集団語へのいざない』(南雲堂1981)、木村義之「解説編」『隠語大辞典』(皓星社2000)

[金愛蘭]

清音・濁音・半濁音
せいおん・だくおん・はんだくおん
clear sound / muddy sound / half-muddy sound

`音声・音韻`

　現代日本語の濁音は、仮名で書いたときカ・サ・タ・ハ行とその拗音に濁点「゛」を付けて表す音を、半濁音はハ行とその拗音に半濁点「゜」をつけて表す音を、清音はカ・サ・タ・ハ行とその拗音に濁点も半濁点もつけないで表す音を指す。

　同行の濁音と清音の関係は子音における声帯振動の有無（有声・無声）がまずは指摘できるが、サ行子音は濁音が破裂音、清音が摩擦音であって有声・無声の対立のみでは説明できず、ハ行子音に至っては濁音の有声両唇破裂音［b］に対して清音は無声声門摩擦音［h］（ハヘホ）、無声硬口蓋摩擦音［ç］（ヒ）、無声両唇摩擦音［ɸ］（フ）という不均衡な状態にあり、全く音声的な対立とは言えない。さらにハ行濁音と有声・無声で対立する無声両唇破裂音［p］は半濁音＝パ行音として機能している。このように、現代日本語において清音・濁音・半濁音は表記の上でしか説明できない。なお、現代方言音や中世のキリシタン資料などから、歴史的には濁音の直前に鼻音性があったことが指摘されている。

　また、清濁の音節どうしは形態素表示機能上での関連があり、語頭に清音の来る語が複合語の後部成素となる場合は、多くが「かさ」→「あまがさ」のように濁音となる連濁現象を生じさせる。ハ行音は、「歯」が「やえば」のように濁音と交代することもあれば、「でっぱ」のように促音や撥音の後では半濁音と交代することもある。この点では、半濁音は濁音に似た性格を持つと言えよう。

　なお濁点・半濁点は仮名の成立時には存在せず、訓点資料において濁音を示す濁声点や、中世キリシタン資料、近世唐音資料における注意記号としての圏点が影響したかとされる。

[文献] 小松英雄『日本語の世界7　日本語の音韻』（中央公論社 1981）　　　　　　　　　　　　[澤崎文]

正書法
せいしょほう
orthography

`文字・表記`

　その言語に関する正しい書き表し方・ルールのこと。英語の例で言うと、「高い」を意味する「high」は「ハイグハ」と読みたくなるが、「グハ」とは言わない。これは英語のルールとして決まっているからである。一方日本語では、正書法が確立していないと言われることがある。理由として「君、キミ、きみ」など表記にゆれがあること、読点（「、」）の打ち方にルールがないことが挙げられている。ただ、目安・よりどころとしての訓令（国から自治体などに出す事務関連の命令）や告示（国が広く一般に向けて行う通知）で、国がルールを提示している。

　「送り仮名の付け方」(1973) という内閣告示では、「かく」という動詞は「かかない、かきます、かけば…」と下線部分の語幹が変化しないので、「く」だけ送り仮名を振るのが本則だとしている。その上で「おしい」は例外とし、語幹が「おし」であっても送り仮名は「惜しい」と「し」も入れることを指定している。さらに、「行（な）う」、「表（わ）す」の括弧の送り仮名はあってもなくてもいい許容とされている。

　次に、「現代仮名遣い」(1986) という内閣告示では、「おとうさん」は長音の部分を「う」と表示するが「とおい」は「お」と書くことなどを決めている（→仮名遣い）。

　また、外来語についても「外来語の表記」(1991) という内閣告示がある。「コンピューター、エレベーター、ギター」のように英語で「-er, -or, -ar」と表示するものは長音記号で書くという原則がある一方、「スリッパ」は慣用で長音を省くことができるなどと記されている。これらのルールは、国語の授業を通して一般に広められている。

[文献] 三省堂編修所編『新しい国語表記ハンドブック第八版』（三省堂 2018）　　　　　　[岩田一成]

生成文法（普遍文法）

せいせいぶんぽう（ふへんぶんぽう）

generative grammar (universal grammar)

理論

　1950年代後半にノーム・チョムスキー（Noam Chomsky）によって創始された言語理論。この理論では、言語学の課題は、単にさまざまな言語の記述をすることではなく、ヒトの言語を可能にしている脳内機構はどのようなものかを明らかにすることであるとする。よって、生成文法の研究対象は、観察可能な言語現象を司る脳内に存在する暗黙知としての言語（I言語と言う）である。生成文法における「（個別）文法」とは、このI言語の理論を指す。

【普遍文法】子どもが母語を習得する時、周囲の人間の話していることば（第一次言語データと言う）が刺激として入力されることが必須である。そうすると、単純に周囲の言語をまねて学習することが言語の習得過程であると考えられるかもしれない。しかし、N.チョムスキーは、習得された文法にはこのような模倣による学習から予測できる以上のことが含まれていると言う。そして、この「予測できる以上のこと」を可能にする生得的な言語に関する脳機能があり、これが第一次言語データを入力として個別言語のI言語を出力していると考えた。この生得的な言語機能を普遍文法と呼ぶ。生成文法は、個別言語のI言語に関する文法を通じてそれを可能にする普遍文法の姿を明らかにすることを目標にしていることになる。

【1980年代以前】生成文法の発展は、大きく三段階に分けることができる。第一段階では、英語を中心として、個別文法を句構造規則と変形によって捉える。句構造規則は、語や句の選択関係や基本語順を決定する。変形は、この基本語順から語や句を移動させたり、同一要素を削除して、実際に発話される文が形成する。その中で、どの言語でも句構造は統語範疇（品詞）横断的に中心となる語（主要部）が投射する内心構造を持つこと（Xバー構造）などが明らかになる一方、語順などについての個別言語による違い（たとえば、英語と日本語の語順は鏡像関係にある）をどのように捉えるべきかという問題が生じてきた。

【原理とパラメーターの理論】1980年代に入ると、N.チョムスキーはこうした個別文法と普遍文法との関係を原理とパラメーターで捉えることを提案した。普遍文法はXバー理論のようないくつかの限られた原理の集合とパラメーターからなる。原理の集合はすべての言語に共通して機能するが、パラメーターはいわばスイッチのようなもので、第一次言語データの入力によってオン・オフが決まるとするのである。たとえば、語順のパラメーターには、VOかOVかのスイッチがあり、第一次言語データが日本語であれば、後者にスイッチが入るといった具合である。このように普遍文法と個別文法との関係性についての見通しがついたことによって、多くの言語での比較統語論のみならず、言語獲得や史的変化に関する研究が盛んとなった。

【ミニマリスト・プログラム】生成文法では、当初から理論上の剰余性を排除することが重要視されてきた。原理とパラメーターの理論による研究蓄積を基に、1990年初頭には、普遍文法は、文法の外側にある音声と意味を扱うシステムが読み取るために最適・最小の統語情報（統語的対象物）を提供する演算システムであるという仮説（ミニマリスト・プログラム）が提示されるに至った。そこでは統語的対象物を組み合わせる併合（merge）という演算とその他最小の理論的概念で句構造・移動を捉える試みが現在も盛んに議論されている。

[文献] 渡辺明『ミニマリストプログラム序説』（大修館書店 2005）、N.チョムスキー『生成文法の企て』（岩波書店 2011）

[田中英理]

接続詞
せつぞくし
conjunctive adverb

文法・談話

先行部と後行部の論理的な関係を示すはたらきを持つ品詞の一種。品詞を分類する場合、一文内の統語的な機能を軸に考えるのが普通だが、接続詞は文を越えた結び付きを扱うことが多いので、接続詞という独立した品詞を立てず、接続副詞のように副詞の一部にするという考え方もある（山田1936）。また、接続詞を主語や修飾語と同様、ある種の文法的機能と認めて接続語や接続語句とする考え方や、いわゆる接続詞だけでなく、接続助詞や接続詞的な連語を包含した接続表現という名称が使われることもある。

【接続詞の由来】 接続詞は、接続助詞、副詞由来のものが多い。接続助詞由来のものは、「だが」「なのに」「すると」「それから」「こうして」「にもかかわらず」「といえども」「よって」のように、接続助詞の直前で文が切られ、断片が文法化したものが目立つ。一方、副詞由来のものは、「さらに」「つまり」「とくに」など、元は副詞だったものが文頭に立ち、接続詞のような機能を帯びるものである。このほか、「すなわち（則ち）」「ゆえに（故に）」「むしろ（寧ろ）」のように漢文訓読由来のものもある。このように、他の品詞由来のものが多いことも、接続詞という独立した品詞を立てにくい理由となっている。

【機能領域】 接続詞が結び付ける先行部と後行部の範囲は機能領域と呼ばれる（塚原1970）。機能領域は「ウミガメは砂浜に上陸した。そして、穴を掘って産卵した。」のような文が典型だが、「夜間のウミガメの産卵の撮影に厳禁なのは、（手持ちの）懐中電灯、（自動車の）ライト、そして、（カメラの）フラッシュだ。」のような語（句）、「台風10号接近の影響で、砂浜に押し寄せる波が高く、そして、風雨も非常に激しい。」のような節など、文より小さな単位がある一方、複数の文同士や段落同士といった大きな単位のこともある。機能領域は、「また」「一方」のように接続詞の先行部と後行部の長さや内容が類似したものになり、対称的なものと、「だから」「たとえば」のように接続詞の先行部と後行部の長さや内容が異なり、非対称的なものとがある。

【連接類型】 接続詞が示す、先行部と後行部の論理的関係は、連接類型の研究と関連づけて論じられ、市川（1978）、佐久間（1991）、石黒（2008）など、これまで多くの分類が提案されてきた。こうした分類の多くは、接続詞を個別に検討するだけでなく、「だから」の仲間（順接：「それで」「したがって」「よって」「ゆえに」など）、「しかし」の仲間（逆接：「だが」「でも」「ところが」「にもかかわらず」など）のようにグループ分けすること、また、そうしたグループを包括する上位のグループを想定する点で共通している。

【接続詞と文体】 接続詞の場合、文体的な偏りが大きい点も特徴的である。書きことばの接続詞は種類も多くて論理性が高く、微妙な使い分けが必要となるが、話しことばの接続詞は種類が少なくて論理性に乏しい。事実、話しことばでは、因果関係にならない「だから」や反対関係にならない「逆に」などがよく使われる。また、「しかし」「だが」のような書きことば的なものと、「でも」「けど」のような話しことば的なものの区別、さらには、たとえば法学の分野で見られる、補足を表す接続詞「ただし」「なお」「もっとも」の頻用など、各ジャンルの特徴が接続詞には表れやすく、コーパス研究の発展の中、実態の解明が期待されている。

[文献] 山田孝雄『日本文法学概論』（宝文館 1936）、塚原鉄雄「接続詞―その機能の特殊性」『月刊文法』2-12（1970）、市川孝『国語教育のための文章論概説』（教育出版 1978）、佐久間まゆみ「接続表現の文脈展開機能」『日本女子大学紀要 文学部』41（1991）、石黒圭『文章は接続詞で決まる』（光文社 2008）　　　　　[石黒圭]

接続助詞
せつぞくじょし

conjunction particle

〔文法〕

　述語句に接続して副詞節を構成する助詞。主節に対し（1）並列的関係にあることを表すもの（「あいつは成績もいい**し**、人当たりも柔らかい」）と（2）従属的関係にあることを表すもの（「電話をし**ながら**運転するのは危険だ」）に分けられる。

【形態】（1）には-テ、-タリ、-シ、（2）にはA）-テ、-ナガラ、-ツツなど様態・同時動作を表すもの、-タメニ、-ヨウニなど目的を表すもの、B）-テ、=カラ、=ノデなど原因理由、-バ、-タラ、-ト、=ナラなど仮定条件、-テモなど譲歩を表すもの、C）=ガ、=ケレドモ、=ノニ、=トコロガなど逆接関係を表すものなどがある。

【階層構造】（2）のA）B）C）は、主語、アスペクト、主題の各要素の現れ方に特徴がある。A）の副詞節には主節とは異なる動作性主語や「〜テイル」などのアスペクト形式が現れないが、B）には現れる（「*妹がテレビを見つつ、兄が勉強をした」「*手を腰に当てていて、牛乳を飲んだ」「あのとき、私が注意していれば、息子が事故を起こすことはなかっただろう」）。B）の副詞節には主節主語とは異なる主題の「〜ハ」が現れないが、C）には現れる（「*たとえ私は文句を言っても、誰も聞いてくれない」「私は文句を言ったけれども、誰も聞いてくれなかった」）。A）、B）、C）の順に主節への従属度が低くなり、それぞれ異なる統語階層に属す。形式と階層は一対一とは限らず、たとえば、=カラは「行動の理由（「就職先が決まったから結婚するのでしょう」）」を表す場合にはB）層の節を構成するが、「判断の根拠（「就職先が決まった（んだ）から結婚するはずだ」）」を表す場合にはC）層の節を構成するなど議論がある。

［文献］田窪行則「統語構造と文脈情報」『日本語学』6-5（1987）、矢島正浩「接続助詞」中山緑郎・飯田晴巳監修『品詞別 学校文法講座 第5巻 助詞』（明治書院 2016）

〔有田節子〕

促音・長音・撥音
そくおん・ちょうおん・はつおん

moraic obstruent / long vowel / moraic nasal

〔音声・音韻〕

　音節の後半部分（非主要部）を占める特殊モーラの下位グループ。モーラと音節との間に違いを生じさせる単位である。

　促音/Q/は、音声的には、[kitte]または[kit:e]（切手）の下線部のように、音節頭子音が先行音節の尾子音まで1モーラ分伸長したもので、独自の調音点も音色も持たない（⌐は非開放の補助記号）。音韻的には/kitte/または/kiQte/（切手）のように前半音節の末尾モーラを占める。

　長音は、独自の音色を持たない点では促音と共通するが、同一音節内の母音が1モーラ分、引き伸ばされるという点では異なる。また、語末では後続音がないため、長さの手がかりを持たないという特徴を持つ。音韻的には/R/と表記されることもある。

　撥音/N/は鼻音性モーラとして独自の音色を持つが、調音点および子音/母音の区別は、周囲の環境により決まる。後続音が閉鎖音の場合、[sampo]（散歩）、[santa]（サンタ）、[saŋka]（参加）のように後続子音の調音点が逆行同化により撥音部に引き継がれる。後続音が母音の場合は、撥音は鼻母音として生起する（松井2018）。なお、上記3つに二重母音第二要素/J/（/taJko/（太鼓））を含め、特殊モーラを四種とすることもある。

　このような特徴により、短縮語において、語末の長音と促音は、しばしば削除あるいは補完されるのに対し、同じ位置の撥音は保存されることが多い（（ワンピ（ー）、ポテチ（ッ））vs. カラコン、イメチェン）。

　また、いずれも特殊モーラとしての共通の性質も持つ。たとえば、特殊モーラはアクセントを担いにくく、直前の自立モーラに移動させることが多い。

［文献］松井理直「日本語特殊拍音素の要素と構造について」*TALKS21.*（2018）

〔田中真一〕

尊敬語
そんけいご

exalted form, respectful language, subject honorifics

【敬語】

　敬語のうち、主語の人物を上位者として位置づける形式のことを言う。現代語の尊敬語には、本動詞の形式（特定形）として「行く」「来る」「いる」に対する「いらっしゃる」、「食べる」に対する「召し上がる」などがあり、動詞に接続して尊敬語を作る形式としては、「お―になる」がある。また、接頭辞「お」を付加する方法もある（先生の「お手紙」など）。尊敬語は古代から存在し、特定形「おはす」、一般形「―たまう」「お」などが使われている。

　尊敬語は動作主（「先生がいらっしゃる」の「先生」）のほか、所有者（「先生にはお子さんがいらっしゃる」の「先生」）、経験者（「旦那様（に）はお料理のことがお分かりにならない」の「旦那様」）などの意味役割の人物を上位と位置づける。「先生は花子が好きでいらっしゃるようだ」は成立するが、「*花子は先生が好きでいらっしゃるようだ」は敬語の不適切な使用である。このことから、日本語における統語的な位置づけとして主語を認め、尊敬語は主語を上位者と位置づける表現と考える説が有力である。

　なお文化審議会答申「敬語の指針」では一般向けに「主体」「主語」という用語を用いず、「相手側又は第三者の行為・ものごと・状態などについて、その人物を立てて述べるもの」とされている。

　古代には家族外の人物に対して、家族内の人物を高める身内敬語が用いられており、現代の方言でも用いられることがあるが、現代標準語では不適当とされる。

[文献] 南不二男『敬語』（岩波書店 1987）、菊地康人『敬語』（角川書店 1994）　　　　　　　　[森勇太]

存在表現
そんざいひょうげん

existential expression

【文法・歴史】

　事物の存在を表す表現。存在表現の中核となる動詞（存在動詞）では、現代語「ある」「いる」、古典語「あり」がある。存在文には2つのタイプがある。物理的な空間と存在対象との結び付きを表すタイプ（例：「公園にベンチがある」）と特定の集合における要素の有無を表すタイプ（例：「授業中に寝ている学生がある」）である。金水（2006）は、前者を「空間的存在文」、後者を「限量的存在文」と呼ぶ。

　古代語では有生物主語、無生物主語ともに動詞「あり」を用いた。たとえば、「昔男ありけり（昔、男がいた）」は、人（有生物）が主語である。有生物主語に「あり」を用いる表現は和歌山方言に残っている。

　存在動詞「あり」は、助動詞を構成する資源でもあった。「なり＝に＋あり」「たり＝て＋あり」など、「あり」を構成要素とする助動詞は多く、それらを「アリ系助動詞」と呼ぶ。「あり」は、存在の意味を希薄化させて「ありつる童（さっきの子供）」「ある人」のように連体詞として用いられた。古代語の敬語動詞には「おはす」「はべり」「さぶらふ」などがある。中世以降、動作動詞「ゐる」（「座る」の意）に由来する「いる」が有生物主語を表すようになる。その結果、有生物主語には「いる」、無生物主語には「ある」を用いるという区別が生じた。存在動詞「いる」「ある」を資源として、アスペクト形式「ている」「てある」が形成される。「をり」に由来する標準語「おる」は、「いる」に比して使用域が狭く、「おられる」「おります」などに限られるが、「ワシはここにおるよ」のように役割語の「博士語」「老人語」で用いられる。

[文献] 春日和男『存在詞に関する研究―ラ変活用語の展開』（風間書房 1968）、金水敏『日本語存在表現の歴史』（ひつじ書房 2006）　　　　　　[高山善行]

対義語
たいぎご

antonym

語彙・意味

　同一の言語内での語と語の意味的関係のうち、多くの意味特徴を共有しているが、ある一点で対立する関係（対義関係）にある語を互いに対義語と呼ぶ。対義語は反義語・反意語とも呼ばれ、日常語として反対語とも言う。どこまでを対義関係と認めるかは研究者によってさまざまだが、おおむね以下の点が共通する。(1) 相補関係に基づくもの：「表」と「裏」、「当たり」と「はずれ」のように、一方の否定がもう一方の成立になる対義関係。たとえばくじを引いた結果は「当たり」か「はずれ」かに二分されており、「当たりでない」ならば「はずれである」ことをさす。(1)の関係には中間がないとされる。(2) 相対的関係に基づくもの：「広い」と「狭い」、「善」と「悪」のように両者の間に明確な境界がなく、程度性がある対義関係。一方の否定が他方の肯定を意味せず「広くも狭くもない」のような中間の段階を介して両者は連続する。多くは形容詞である。(3) 異なる視点に基づくもの：「上り坂」と「下り坂」、「売る」と「買う」のように、同一の対象が二つの異なる視点から名付けられて成立する対義関係や、「親」と「子」、「先生」と「生徒」のように、互いに相手を前提として成り立つ対義関係を指す。

　対義関係が成立するためには、語の意味だけでなく、文体的な特徴や、品詞の統一性も関わる。たとえば、「おやじ」と「おふくろ」、「広大」と「狭小」はそれぞれ対義語だが、「おやじ」と「母」、「広い」と「狭小」などは対と感じにくくなる。

［文献］村木新次郎「意味の体系」斎藤倫明編『朝倉日本語講座4　語彙・意味（新装版）』（朝倉書店 2018）

［東条佳奈］

待遇表現
たいぐうひょうげん

attitudinal expression

敬語

　話し手が聞き手や話題の人物に対する認め方・評価的態度に基づいて使い分ける表現のことである。言語を用いる場では、話し手・聞き手・話題の人物間の年齢・社会的地位・親疎・距離などの関係があり、話し手がそれらの関係を考慮し、言語形式に反映させることがある。たとえば、「先生がいらっしゃる」という文では、話し手が先生のことを上位と位置づけ、それを尊敬語で示している。「あいつめ」という発話では、話し手が「あいつ」のことを罵りの対象とし、下位に位置づけることを「〜め」で示している。このような話し手の認め方や評価によって付与されたり代替されたりする言語形式を「待遇表現」と言う。

　待遇表現は大きく分けて三種類の表現がある。(1) 狭義の敬語、(2) 軽卑語・卑罵語・マイナス敬語（「〜やがる」「〜め」など下向きの表現）、(3) その他、敬語や軽卑語の周辺の位置づけ・扱いに関わる表現である。このうち(3)のどこまでを待遇表現と考えるかには研究者によって扱い方に差が見られる。(3)にあてはまるものとしては、「〜さん」「〜ちゃん」などの呼称、命令・要求・依頼・禁止など発話行為に関わる表現形式のバリエーション（食べろ、食べて、食べてくれない？　など）が含まれるが、定義によっては、語彙の使い分け（だんなさん―夫、漢語―和語など）、へりくだった表現（すみませんが）など、多種多様なものが待遇表現に含まれ得る。待遇表現を考える際には、どこまでを対象にするか、その範囲を検討する必要がある。

［文献］南不二男『敬語』（岩波書店 1987）、菊地康人『敬語』（角川書店 1994）

［森勇太］

ダイクシス
deixis

文法・意味論・語用論

指示対象が発話場面に依存して決まる表現をダイクシス（または、直示）と言う（Lyons 1977）。三上章は同様の概念を「記号の境遇性」と呼んでいる（三上 1953）。ダイクシスは「今、ここ、私」を基準に指示対象が決まるもので、指示詞、人称代名詞などがある。

指示詞で、ダイクシスにあたるのは現場指示用法であり、文脈指示用法（→束縛性）は照応と扱うのが一般的である。現場指示には対立型と融合型がある（三上 1955）。対立型は話し手と聞き手が離れた位置にある場合で、原則として、話し手の近くの人やものはコ系統、聞き手の近くの人やものはソ系統で指される。融合型は話し手と聞き手が同じ位置にいるか聞き手がいない場合で、原則として、近くの人やものはコ系統、遠くの人やものはア系統で指される。対立型では、同じ指示対象を指す場合、話し手は「この本」、聞き手は「その本」を使うように、コ系統とソ系統が交代する。

人称代名詞の場合、ダイクシスの性質を持つのは一、二人称のみである。すなわち、「私（に相当する語）」は「今話をしている人」、「あなた（に相当する語）」は「今話しかけられている人」という発話役割（speech role）を表しており、話し手にとっての「あなた」と聞き手にとっての「私」は同じ人物を指す。

時間に関するダイクシスには「去年、今日、来週」のように発話時を基準に指示対象が決まるものがある。このタイプの語には「私は{○昨日／*昨日に}中国から帰国した。」のように、「に」がつかないという特徴がある。引用の場合、ダイクシスを含むことができるのは直接引用に限られる。

［文献］三上章『現代語法序説』（刀江書院 1953／くろしお出版 復刊1972）、三上章『現代語法新説』（刀江書院 1955／くろしお出版 復刊1972）、Lyons, J. *Semantics.2,* Cambridge University Press,1977.　［庵功雄］

体言・用言
たいげん・ようげん
nominal / verbal

文法

単語を文法的な性質に基づいて分類した、品詞分類の上位カテゴリー。学校文法では、自立語で活用がなく主語になるものを体言、自立語で活用があり述語になるものを用言とする。前者には名詞が、後者には動詞、形容詞、形容動詞が含まれる。

「体」「用」の概念は、元は仏教や宋学に由来すると言われ、中世の連歌論にも見られるが、江戸時代になると、契沖の『和字正濫鈔』（1695）のように現在の文法概念に近い観点に基づいて「体」「用」に分類するものも見られるようになり、東条義門の『玉緒繰分』（1841）などでは「体言」「用言」の用語も現れる。明治期以降、山田孝雄は、「独立観念」を有する「観念語」のうち「文を形成する骨子」となる「自用語」の下位分類として「体言」と「用言」を挙げ（山田 1908）、時枝誠記は、「詞」の下位分類の観点として活用の有無を重視し、「体言」を形容詞・形容動詞の語幹（「暖か」「あま（甘）」など）や接頭辞（「お」など）、接尾辞（「たち」など）なども含むものと設定した（時枝 1950）が、橋本進吉は、機能と形態の両面から、「詞」（自立語）のうち活用せず主語になるものを「体言」、活用し単独で述語となるものを「用言」とした（橋本 1934）。学校文法はこの橋本の分類基準を基にしている。

現在では、体言と用言という分類はそれほど重視されていないが、主語になるか述語になるかといった文構造に関わる分類であることから、教育的にも有用な分類として再評価されるべきという指摘がある（森山ほか 2011）。

［文献］山田孝雄『日本文法論』（宝文館 1908）、橋本進吉『国語法要説』（明治書院 1934）、時枝誠記『日本文法口語篇』（岩波書店 1950）、森山卓郎・矢澤真人・安部朋世「国語科学校文法における品詞について」『京都教育大学紀要』118（2011）　［安部朋世］

対照言語学
たいしょうげんごがく
contrastive linguistics

分野名

　2つ（以上）の言語の間の相違点や類似点を記述する言語学の一分野。言語の比較対照はどの時代でもどの言語でも行えるが、比べることにより、比較言語学は通時的な言語変化を追って言語の系統を、言語類型論は言語の多様性と普遍性を明らかにする。対照言語学は任意の言語の構造を比較し、元来、外国語教育・翻訳・辞書学など応用言語学の分野への貢献をめざす研究である。たとえば学習者の（母語）干渉による誤用や不適切な運用は音韻・音声、文法、語彙・意味といった言語体系をはじめ語用論的理解や言語行動においても見られるが、両言語の分析を通して問題解決を図り、教授法や教材開発に応用する。他方、単に言語間の個別的な異同を記述するだけにとどまらず、その認知の在り方や言語化に関わるメカニズムを解明し、言語間の違いを説明する原理を見出そうとする理論的指向を持つ研究もあり、この点で言語類型論と親近性を示す。

【対照言語学の方法】個別言語内で定義された文法範疇を自明のものとして特定の形式を他の言語と並べるだけの研究もいまだ多いが、言語の対照には、「比較の第三項 tertium comparationis（TC）」すなわち2つの言語を比較するための第三のものが必要であり、とりわけ類型論的に異なる言語を対照する場合、機能的な等価性が必須である。言語外現実の概念あるいは機能の観点から言語表現の方略を見る（オノマシオロジー）か、言語形式からその意味機能を見る（セマシオロジー）かという2つの方法論のうち、ある機能を表すためにどのような表現手段があるかを見出す前者が、二言語間の機能的等価性を担保し、TCを備えた対照の方法となる。

[文献] 生越直樹編『対照言語学』（東京大学出版会 2002）

[仁科陽江]

代名詞
だいめいし
pronoun

文法

　日本語の代名詞を大別すると人称代名詞と指示代名詞に分けることができ、その一部を示すと以下のようになる。

　　人称代名詞の一部：（　）内は人称
　　　（一）わたし・ぼく・おれ、（二）あなた・きみ・おまえ、（三）かれ・かのじょ
　　指示代名詞の一部：（　）内は指示詞の系列
　　　（コ）こいつ・これ・ここ、（ソ）そいつ・それ・そこ、（ア）あいつ・あれ・あそこ

このほかに「木村₁が{自分₁／自分自身₁}を責めた」の「自分／自分自身」などを再帰代名詞、「木村と佐藤₁がお互い₁を罵った」の「(お)互い」を相互代名詞と呼ぶ場合がある。

　人称代名詞と指示代名詞については文内での分布に一定の制限があり、たとえば目的語となって主語を先行詞とすることはできない（「木村₁が{彼*₁／あいつ*₁}を責めた」。文が容認される場合も「彼／あいつ」は「木村」以外の解釈）。一方再帰代名詞「自分／自分自身」は主語を先行詞とするのが基本であり、相互代名詞「お互い」も主語を先行詞とする目的語として現れることに問題はない。

　ソ系列の代名詞には指示代名詞の用法のほかに束縛（変項）代名詞の用法があり、「誰もがそいつの母親を愛している」の例において「そいつ」が文脈上の特定の個人として解釈されれば指示代名詞用法、「誰も」を先行詞としその一人一人に対応する解釈となれば束縛代名詞用法である。指示詞の各系列の異なりについては当該の項目を参照のこと。

[文献] 鈴木一彦・林巨樹編『品詞別日本文法講座 2 名詞・代名詞』（明治書院 1972）、金水敏・田窪行則編『指示詞』（ひつじ書房 1992）、中村捷『束縛関係』（ひつじ書房 1996）、田窪行則『日本語の構造』（くろしお出版 2010）

[石田尊]

多義語
たぎご
polysemic word
【語彙・意味】

　一つの音形に、何らかの関連づけが可能な複数の意味が結び付いている語を多義語と呼ぶ。多義語に対し、語義を一つしか持たない語を単義語と言うが、よく使われる語のほとんどは多義語である。一般的に多義語は、ある語がもともと有していた本来的な意味（基本義）から、転用や意味拡張を経て派生した新たな意味用法（派生義）が定着していくことで生まれるとされる。このため、多義語では、多義が発生する過程や複数の意味間の関係が問題となる。認知言語学では、最も基本的な意味を「プロトタイプ的意味」とし、「メタファー」、「メトニミー」、「シネクドキ」といった意味拡張に関わる認知構造を用いて、多義の派生関係が説明されることが多い。たとえば「足」は〈動物が移動する際に使われる体の部位〉を指す語であるが、形状との類似性（メタファー）により「机の足」のように〈台を支える棒状の部分〉を指す意味が派生義として解釈される。

　また、多義語を考える上では、同音異義語との区別も問題となる。同音異義語とは「汽車で帰社した」の「きしゃ」のように、同じ音形を有するが、意味的に関連を持たない語のことである。「汽車」と「帰社」は別語であることが明白だが、「優しい」と「易しい」、「覚める」と「褪める」のように、意味関係の有無がはっきりしない語については、同音異義の別語とするか、一つの語の多義とするかには明確な基準がない。判定者によって揺れがあるため、辞典の記述においても、何を多義とし、何を同音異義とするか、その捉え方はさまざまである。

［文献］国広哲弥『意味論の方法』（大修館書店 1982）、国広哲弥『理想の国語辞典』（大修館書店 1997）

［東条佳奈］

単文・複文・重文
たんぶん・ふくぶん・じゅうぶん
simple sentence / complex sentence / compound sentence
【文法】

【単文】ただ1つの節（1つの主述関係）を含む文。(1)「山田は手を高く挙げた」には「高い」「挙げる」の2つの述語があるが、「高く」は「挙げた」の様態を表す副詞として機能しており、「山田」と「挙げる」の主述関係のみが含まれるので(1)は単文である。

【複文】2つ以上の節を含み、節間が従属関係にある文。従属する方の節を従属節、従属される方の節を主節と呼ぶ。従属節は連体修飾節、補足節、副詞節に分かれる。連体修飾節とは (2)「昨日買った服を早速着た」のように名詞（「服」）を修飾する節のことである。補足節とは、(3)-1「家から男が出てくるのを目撃した」(3)-2「先に手を出したのは太郎だ」のように、述語（「目撃した」「太郎だ」）の補足語のはたらきをする節のことである。副詞節は、(4)-1「目標を達成するために、努力を続けた」(4)-2「しばらく黙り込んだあと、口を開いた」のように主節の動作や事態を修飾するはたらきをする。その意味により目的（「ために」「ように」）、程度（「くらい」「ほど」）、付帯状況・様態（「ながら」「つつ」）、時間（「とき」「あと」「まえ」）、原因・理由（「から」「ので」）、条件・譲歩（「と」「ば」「たら」「なら」「ても」「のに」）、逆接（「が」「けれども」）などに分類される。

【重文】節と節が並列関係にあり、互いに独立性が高い文を重文と言う。(5)-1「兄は官僚で、弟は政治家だ」のような順接的並列を表すもの (5)-2「犬は飼い主の後を追いかけるが、猫は知らんぷりする」のような逆接的並列を表すものがある。接続詞を使って「兄は官僚だ。そして弟は政治家だ」「犬は飼い主の後を追いかける。しかし、猫は知らんぷりする」のように2つの文に書き換えても意味は変わらない。

［文献］益岡隆志・田窪行則『基礎日本語文法　改訂版』（くろしお出版 1992）

［有田節子］

段落
だんらく
paragraph

談話・文章

　文章の中で長く続く文連続が論理的にかつ読みやすくなるように、複数の文が視覚的にまとまって見えるように書かれた表記上のまとまりのこと。日本語の文章では、典型的には改行と一字下げを組み合わせて示されるが、スマホやタブレットなどのスマート・デバイスの普及によって、一字下げしない前後一行空けによって示されることが増えている。また、近年、論理性よりも読みやすさが重視された結果、一行一段落など、サイズの小さい段落が増える傾向にある。

　段落は、形式段落と意味段落に分けられることがある。形式上のまとまりと意味上のまとまりがずれることがあるからである。英語のパラグラフ・ライティングのように、産出の過程で段落の内部構造を明確にする教育を受けている場合、そうしたずれは起こりにくいが（林 1959）、日本語の段落の場合、理解の過程で形式と意味のずれを味わうところがあり、そうした区別の必要が生じた。永野（1986）のように、形態的に保障されないそうした区別を批判する立場もあるが、市川（1978）のように、意味段落のような内容上のまとまりを文段として積極的に捉える立場もある。後者の立場が発展した結果、佐久間（1992）の段のように、書きことばの意味段落である文段だけでなく、話しことばの中に話段という段落の存在を認める考え方が生まれ、それが話しことば研究を発展させることにも繋がった。

［文献］林四郎「文章の構成」『言語生活』93（1959）、市川孝『国語教育のための文章論概説』（教育出版 1978）、永野賢『文章論総説』（朝倉書店 1986）、佐久間まゆみ「文章と文—段の文脈の統括」『日本語学』11-4（1992）
［石黒圭］

談話
だんわ
discourse

談話・語用論

　1つ以上の文や発話が連続して使用され、実現した時の言語単位。文や発話が連続して用いられた時の整合性あるひとまとまり。長さで定義されるのではなく、書き手や話し手が情報を組織することで生まれた意味的関連性に基づく。文や発話の単なる寄せ集めではないため、談話を構成する表現間の自然な情報の流れとしての文脈や整合性、使用環境が問題となる。

【研究分野】狭義の会話分析が現実に生じた相互行為としての会話を対象とするのに対し、談話分析では文章から話しことばまで、幅広い範囲を対象とする。談話における整合性を特徴づけるものとして、接続詞や感動詞などが談話標識（discourse marker）として分析される。指示の照応・同定、「は／が」の使い分け、イントネーションや語順など、文脈に敏感な語類が使用状況を加味して分析される。時間の流れにそって産出され理解される時の知識状態の変化や推論、前提などを扱う研究もある。文を単一で見る際には問題にならない現象が研究の俎上に上がるため、実際の言語使用の研究として重要である。近年、電子化コーパスの整備により、使用頻度に基づいた量的研究が増えた。文脈情報を加味した談話における音声情報の分析は重要なテーマである。文章のように計画的で整えられたことばだけではなく、話しことばの研究では、計画的ではない即興的なことばの性質から、言い淀み、言い誤りなど非流暢性現象も人間の言語使用のテーマとして重要な位置を占める。談話に頻出するパターンが語法を生み出し、変革するという文法化を扱う研究もある。

［文献］Deborah Schiffrin, *Discourse Markers*. Cambridge Univ. Press, 1988., 橋内武『ディスコース—談話の織りなす世界』（くろしお出版 1999）、林宅男編著『談話分析のアプローチ　理論と実践』（研究社 2008）［甲田直美］

直音・拗音
ちょくおん・ようおん

simplex onset mora / complex onset mora

【音声・音韻】

　表記上、イ段の直後に「ゃ」「ゅ」「ょ」の付されたモーラを拗音と呼び、上記以外のモーラを直音と呼ぶ。上記の子音部分のみを指して拗音と呼ぶこともある。

　拗音は、「拗（ねじ）れた音」という字の通り非正統的な音という意味を持ち、正統とされる直音と対をなす。歴史的には「しゅっちょう（出張）」の下線部のように、主に漢語音を取り入れる際に必要とされた。

　拗音は、音声的には、[i] に近い(硬)口蓋化 [j] を伴うもので、特に開拗音とも呼ばれる（このため、表記上、イ段が用いられる）。これに対し、歴史的には「くゎじ（火事）」、「ぐゎんたん（元旦）」の下線部のように、「く」、「ぐ」の後に「ゎ」が付され、音声的には唇音化 [w] を伴った合拗音も存在した。しかし、現代日本語では一部の方言を除き、合拗音は衰退したため、開拗音のみを指して拗音とするのが一般的である。なお、合拗音の名残として、「関西学院」や「活水」のローマ字表記において、それぞれKwansei Gakuin, Kwassuiのように、wが残った例もある。

　同じく小文字で表記される促音「っ」が単独でモーラをなすのに対し、拗音は単独ではモーラをなさず、直前のイ段文字とともに1モーラ扱いとなる。他方、拗音の子音部分は、直音の子音部分と比べ持続時間が長く、子音連続と解釈される場合がある（Hirayama & Vance 2018）。さらに、短縮語などの語形成において、「口コミ（*口コミュ）」や「スマホ（*スマフォ）」などのように、末尾位置の拗音がしばしば直音化することも特徴的な現象である。

[文献] 高山知明「拗音に見る非対称性」『音声研究』9-1 (2005)、Hirayama, Manami and Vance, Timothy J. "Onset cy and High Vowel Devoicing in Japanese", *Journal of Japanese Linguistics* 34-1, 2018. [田中真一]

丁寧語
ていねいご

polite form, addressee honorifics

【敬語】

　敬語のうち、聞き手に対する敬意を示すものを指す。現代日本語では、「です」「ます」が丁寧語にあたる。「敬語の指針」の五分類において、謙譲語が2つに区分されたが、このうち謙譲語Ⅱは実質的には聞き手に対する敬意を示すものである。このことから、謙譲語Ⅱと丁寧語、および美化語を合わせて、対者敬語と呼ぶことがある。

　現代語では、同じ聞き手に対してでも、改まった場では、丁寧語で話すことが一般的である。このことから、話し手がフォーマルなスタイルで話していることを示すマーカーとして機能している。

　現代語の丁寧語「です」「ます」は、それを用いる文章では、ほぼ義務的に文末に生起し、丁寧体の文体を形成する。ただし、丁寧体を基調とするテキスト・ディスコースの中でも、自分の心情を述べる文、あるいは、他の文に従属している文などでは「です」「ます」を用いない形式が使われることがあり、丁寧語の使用にはテキスト・ディスコースにおける当該の文の位置づけも問題になる。

　歴史的に見られる丁寧語・対者敬語は素材敬語を語彙的資源としているとされる。現代語の「ます」は古代語の「差し上げる」意味の謙譲語Ⅰ「参らす」から形態・機能が変化したものである。また、中世期に「そうろう」が見られるが、これも「貴人のおそばにいる」という意味の謙譲語Ⅰ「さぶらう」が丁寧語化したものである。

[文献] 菊地康人『敬語』(角川書店 1994)、野田尚史「テキスト・ディスコースを敬語から見る」北原保雄監修・菊地康人編『朝倉日本語講座8 敬語』(朝倉書店 2003)

[森勇太]

てにをは

teniwoha; Japanese particles

文法・歴史

　広義には、助詞、助動詞、接尾語、用言活用語尾の総称。狭義では、助詞のみを指す。「てには」とも言う。「てにをは」の名称は、平安初期〜鎌倉期に漢文の読み方を示すため漢字の四隅に施されたヲコト点に由来するものである。「てにをは」は、中国語を日本語に翻訳する際に両者の差異として意識された。漢文訓読の際に読み添えられる語が助詞、助動詞、すなわち「てにをは」であった。「てにをは」の意識はすでに奈良時代に認められる。「も」「の」「は」などの辞なしにつくった旨を記した歌が『万葉集』にある。また、宣命体では「てにをは」を小字で記している。和歌、連歌の表現との関わりが深く、文法的な面と修辞的な面に焦点があてられている。和歌では、『八雲御抄』(1234) に「てにをはといふ事」で取り上げられた。連歌では切字や呼応が注目され、より深い観察が見られる。中世期に「てにをは」研究書として、『手爾葉大概抄』(室町初成立か)、『手爾葉大概抄之抄』(1483) が現れた。中世になると中古語が理解しがたくなっていたことが背景となる。そのほかに、『てには網引綱』(1770)、『古今和歌助辞分類』(1769) などがある。

　「てにをは」研究は近世期に大きく進展する。本居宣長は、『てにをは紐鏡』(1771) により、「は」「も」「徒」「ぞ」「の」「や」「何」、「こそ」の文末形態との呼応を図表で示し係り結び研究の道を拓いた。富士谷成章『あゆひ抄』(1779) は、「名 (体言)」「挿頭 (副詞・連体詞・感動詞など)」「装 (動詞・形容詞)」「脚結 (助詞・助動詞・接尾語)」という品詞分類を行った上で、助詞、助動詞の分類を示し、精緻な意味分析を行っている。これらの研究は、現在の古典文法の基礎をなす。

[文献] 古田東朔・築島裕『国語学史』(東京大学出版会 1972)、佐藤宣男「助詞研究の歴史」鈴木一彦・林巨樹編『研究資料日本文法5』(明治書院 1984) [高山善行]

点字

てんじ

braille

文字

　視覚障害者が、主に指先の感覚によって読み取る文字。一般的には、左→右の横書きで、平面から盛り上がった、横2列×縦3点の6点の組み合わせ64通りによって、仮名文字、アルファベット、数字、記号などを表す。

【歴史】1825年、パリの訓盲院生徒ルイ・ブライユ (Louis Braille) が、フランス軍人シャルル・バルビエ (Charles Barbier) 考案の横2列×縦6点の暗号用12点点字を基に、指で触れやすい横2列×縦3点の6点点字を考案し、1854年にフランスで公式文字として認められたことを契機に各国に広まった。点字を意味するbrailleは考案者の名に由来する。

　日本では、1887年に東京盲啞学校 (現筑波大学附属視覚特別支援学校) で、ローマ字式で教えたことに始まる。仮名文字対応の五十音式は、同校教員の石川倉次の考案で、1890年11月1日に採用され、この日は、「日本点字制定の日」とされている。

【日本における点字】点字は、漢字を表す工夫も考案されているが、現行は、ひらがなとカタカナを区別しない表音文字である。文節の切れ目に空白を入れる分かち書きを原則とし、現代仮名遣いに準じている。濁音、半濁音、拗音は、濁音符、半濁音符、拗音符にあたる点字を、仮名文字の点字の前に置き、助詞「は」「へ」は発音どおり「ワ」「エ」で、ウ段とオ段の長音部分は長音符の点字で表す。点字に対する一般的な文字は「墨字」と言われる。

　また、視覚障害者だけでなく、誰でも読める点字を目指した新しい点字フォント「ブレイルノイエ (Braille Neue)」を日本人デザイナー高橋鴻介が考案している。

[文献]『日本点字表記法 2018年版』(博文館新社 2019)

[鈴木仁也]

テンス
tense

　時制とも言う。言語活動において、話し手は「伝えたい事象は時間的に見ていつのことなのか」を伝えなければならない。伝える手段は複数あり、時間副詞や時間名詞（昨日、さっき、昔、今日、今、明日、将来、やがて、など）という語彙的な手段でも伝えられるし、述語が文法的に形を変えることでも伝えられる（「歩く―歩いた」）。述語の形態論的な手段によって、事象の時間的な位置づけを表す文法的カテゴリーをテンスと言う。現代日本語では、すべての述語（動詞述語、形容詞述語、名詞述語）で、非過去形と過去形の対立としてのテンスがある（「歩く―歩いた」「赤い―赤かった」「学生だ―学生だった」）。

【**時間的限定性とテンス**】時間的限定性とは、文によって表される事象が時間の中で展開する個別・具体的な（時間的限定性がある）「現象」なのか、恒常的な（時間的限定性がない）「本質」であるのかを捉える文の意味機能的なタイプ分けである。〈運動〉〈状態〉は「現象」であり〈特性〉〈関係〉〈質〉は「本質」である。〈存在〉は両方にまたがる。時間的限定性とテンスは関係性が深い。

　〈運動〉の場合、非過去形は基本的に発話時より未来に事象を位置づけ、過去形は発話時より過去に事象を位置づける（「太郎が晩ご飯を作る／作った」）。〈状態〉の場合、非過去形は基本的に現在に事象を位置づけ、過去形は過去に事象を位置づける（「太郎は忙しい／忙しかった」）。時間的限定性がある〈存在〉の場合も〈状態〉と同様である（「この部屋にゴミがある／あった」）。

　時間的限定性がない〈存在〉および〈特性〉の場合、非過去形は現在の存在・特性、過去形は属性の持ち主の非存在もしくは存在・特性が現在は認められないことを表す（「花子にはえくぼがある／あった」「太郎はやさしい／やさしかった」）。また、〈特性〉では、「昨日見たけど、富士山は高いよ／高かったよ」のように、非過去形でも過去形でも言える場合がある。過去形を用いると、過去に話し手が直接確認をしたことが前面に出てくる。〈関係〉の場合、非過去形は現在成立している関係を、過去形は関係者の非存在を含む何らかの理由で関係が解消もしくは成立しなくなったことを表す（「太郎と私は親友だ／親友だった」）。〈質〉の場合、非過去形は現在のカテゴリー分けを表し、過去形は属性の持ち主の非存在を表す（「ポチは柴犬だ／柴犬だった」）。

【**非終止の位置とテンス**】非終止（主文末以外）の位置では、非過去形と過去形の対立は発話時基準ではなく、出来事時基準となる。「お菓子をもらう人は、隣の部屋に移動した／お菓子をもらった人は、隣の部屋に移動した」では、部屋の移動のあとにお菓子をもらうのか、移動前にもらったのかの対立になっている。

【**アスペクト・ムードとの関係**】ここではテンスを単独で記述したが、〈運動〉の場合、アスペクトとテンスは切り離して記述することは本来不可能である。また、ムードとテンスの関わり（特に過去形とムードとの関わり）も繰り返し指摘されてきた（「こんなところにいた。ずいぶん探したよ：発見」「そうそうあなたには弟がいたね：想起」など）。一般言語学でも指摘があるように（TAM：テンス・アスペクト・ムード体系と呼ばれることもある）、この3つのカテゴリーは、三位一体的に扱う必要がある。

［文献］鈴木重幸「現代日本語動詞のテンス」言語学研究会編『言語の研究』（むぎ書房 1979）、寺村秀夫「「タ」の意味と機能」岩倉具実教授退職記念論文集『言語学と日本語問題』（くろしお出版 1971）（寺村秀夫『日本語のシンタクスと意味II』（くろしお出版1984に付録として所収）、高橋太郎「現代日本語動詞のアスペクトとテンス」『国立国語研究所報告』82（秀英出版 1985）、金水敏「テンスと情報」音声文法研究会編『文法と音声III』（くろしお出版 2001）、工藤真由美『現代日本語ムード・テンス・アスペクト論』（ひつじ書房 2014）　　［八亀裕美］

伝聞
でんぶん
hearsay, reportative

文法

　文の述べ方の様態（modality）の1つで、ほかから言語情報として入ったことを述べる述べ方。大きくは証拠性の判断形式（evidentiality）の中で位置づけられ、「そうだ」「らしい」のような文末形式を中心にさまざまな形式がある。「停電したかもしれないそうだ」のようにほかの推量形式と共起する場合は、あとに共起する。

【そうだ・らしい】 終止形につく「そうだ」「らしい」は、その内容を言語情報として導入したことを表す。たとえば「停電したそうだ」は聞いたか読んだかしたことを表す。「*停電したそうか」のように疑問文にできない。連体修飾法もなく、「停電した {*そうな／らしい／という} 地域」のように、「という」などを使う。「なんでも」「によれば」のような情報源に関する表現などが共起できる。

　単なる情報の持ち方というより、誰かに情報を伝えるなど、その情報を利用・伝達する場合に使われる表現であり、独り言では言えない。「*停電したそうだと思う」などと言えないように思考動詞にも入らない。「～そうだった」のように過去形でも言いにくい。正確性に関する一種の注釈とも言える。

【引用系形式】 伝聞の意味は「停電した {という／とのことだ／って}」のように引用形式でも表される。「という」には「竜は自在に空を飛ぶという／?そうだ」のように、架空の話でも使え、情報の存在を表す。「とのことだ」「って」などは「早く来い {とのことだ／って}」のように、命令文などと共起でき、話しことばでの「って」などは元の発話の再現に近い。

　古典では、伝聞を表す助動詞として終止形接続の「なり」がある。「鶯の鳴くなる声」のような聴覚情報について使う用法もある。

［文献］森山卓郎「『伝聞』考」『京都教育大学国文学会誌』26（1995）　　　　　　［森山卓郎］

統合的関係・範列的関係
とうごうてきかんけい・はんれつてきかんけい
syntagmatic relation / paradigmatic relation

一般

　「統合的」は「シンタグマティック」「連辞的」とも言い、「範列的」は「パラディグマティック」「範例的」「連合的」とも言う。

　まずある会話に現れる1つの文を思い浮かべてみよう。たとえば、何を買ったのかときかれて、「私はパンを買った」と答えるとする。この時、米、野菜、服など、ほかにも買った可能性のある候補があり得る中で、パンが指定されている。

私は	パン	を買った
	米	
	服	

ここで、実線で囲った要素同士が持つ関係が統合的関係、点線で囲った要素同士が持つ関係が範列的関係である。このように統合的関係とは、時間軸に沿って線状に連なる言語の話線状にある要素同士の関係を指す。それは、たとえば「パン」と「を」、「パンを」と「買った」、「私は」と「パンを買った」さらに「買っ」と「た」など、形態素、語、句など、どのようなサイズの単位に対しても言える。さらに小さい音素のレベル、つまり /pan/ という音素連続の /p/ /a/ /n/ の関係も、統合的関係である。範列的関係については、ある文（発話）に現れる要素と同一話線上にはないが関連性を持つ要素との関係を指す。図の点線内のグループのほか、たとえば「買った」「買わなかった」「買っていた」などのグループも、範列的関係にあると言える。このように文のある位置で入れ替え可能な要素のほか、「暑い」「暑さ」など、共通した形態素を持つ要素同士の関係も範列的関係と言える。この範列的関係に関してもさまざまなサイズの単位に用いられ、たとえばパン/pan/とピン/pin/では /a/ と /i/ が範列的関係にあって語の区別をもたらしている。

［文献］風間喜代三ほか『言語学　第2版』（東京大学出版会 2004）　　　　　　　　　［林由華］

統語論・構文論
とうごろん・こうぶんろん
syntax

分野名

　自然言語の発話は物理的には単なる音の連鎖であるが、小さな単位（形態素）に分節することができ、この単位がある一定の法則にしたがって大きな単位をなしていく。この形態素・語を組み合わせる規則性、あるいはその規則性についての研究のことを統語論あるいは構文論と呼ぶ。統語論を文法と呼ぶこともあるが、文法は音声・意味を含む言語の法則性全般を含むのが一般的である。

　文を構成する語は有限であるが、言語はこれで無限の文をつくることができる。語と語はまとまり（構成素）をなし、他の構成素とさらに大きな構成素をなして階層的な構造を形成する。この時、その階層構造の複雑さには処理上の限界はあっても原理的な限界はない。英語の代表的子守唄であるマザーグースの中の *The house that Jack built* は、*This is the house that Jack built* に始まって *This is the malt that lay in the house that Jack built.* とどんどん長くなっていくが、言語のこの性質をうまく利用した遊びである。

　統語論では、どの語と語がまとまりをなしているのか、その言語における語順はどのようにして決まるか、文法関係はどのようにして表されるのか、受け身や使役などの態（ヴォイス）の変化はどのようにして表すのか、名詞などの性や数によって述語の屈折が影響を受けるか（一致）、その構造上の条件はどのようなものか、などについての規則性を探求することが重要課題となる。

［文献］岸本秀樹『ベーシック生成文法』（ひつじ書房2009）、Tallerman, Maggie. *Understanding Syntax*. 4th edition. Routledge, 2014.　　　　　［田中英理］

動詞
どうし
verb

文法

　自立語で活用し、基本形（辞書形）がウ段の音で終わる。名詞などと並び品詞の最も重要なカテゴリー。形容詞（イ形容詞）、形容動詞（ナ形容詞）とともに用言となる品詞で、文の述語として機能する。意味的な特徴としては、動詞は動きを表すことが基本である。具体的には、「走る」「食べる」などのように何らかの動きの事象を表すものが典型的である。ただし、「ある」「含む」などのように状態などを述べるものもある。文法的には、文の述語としてはたらくこと（例：花子がダンスを踊る）」が第一の機能である。ただし、名詞を修飾したり（例：考える人）、述語を修飾する（例：喜んで引き受ける）場合もある。なお、「勉強する」における「勉強」のように「する」を伴って動詞として使われる語を「動名詞」と呼ぶ場合もある。

【活用】学校文法では、古典語に関して、四段、上一段、上二段、下一段、下二段、カ行変格、サ行変格、ナ行変格、ラ行変格の9種類、現代語は五段、上一段、下一段、カ行変格、サ行変格の5種類が認められている。現代語に限定すると、日本語動詞の不規則活用は、カ行変格活用の「来る」、サ行変格活用の「する」の2つのみである。この2つ以外はすべて規則活用で、語幹が子音で終わる子音語幹動詞と母音で終わる母音語幹動詞に分類される。子音語幹動詞とは学校文法の五段活用動詞に該当するものであり、「歩く (aruk-u)」などのように語幹が子音で終わっている。母音語幹動詞は学校文法の上一段活用と下一段活用に該当するものであり、「見る (mi-ru)」、「食べる (tabe-ru)」などのように母音で終わっている。日本語の音は基本的に子音と母音が交互に出現するものであるため、語幹が子音と母音のどちらで終わるかによって後続する活用語尾の形が変わってくる。なお、子音動詞

に関しては、テ形やタ形を形成する際に発音の便宜に応じて語幹の一部が変化する音便という現象が生じる。撥音便（例：飛んで）、促音便（例：買って）、イ音便（例：書いて）がある。

【格支配】文の述語は、文中における格の選択を決定づける役割を果たす。このはたらきは格支配と呼ばれる。特に動詞は格支配が多様であり、文構造のあり方に決定的に重要な役割を果たす。「寝る」のような自動詞はガ格のみをとる一項述語であるが、二項述語となるものには＜ガ－ヲ＞型（例：愛する）、＜ガ－ニ＞型（例：恋する）、＜ガ－ト＞型（例：結婚する）がある。さらに三項述語になるものとして＜ガ－ヲ－ニ＞型（例：紹介する）もある。

【文法カテゴリー】上述のように動詞は文の述語としてはたらくことを第一の機能とするが、その際にさまざまな文法カテゴリーの形式を後接させる。たとえば、「（太郎は上司に）叱られていたらしいよ」の場合、動詞語幹shikarの後に、ヴォイス（(r)are）、アスペクト（(te)i）、テンス（ta）、ムード（rashii）、終助詞（yo）の形式が後接している。これらの文法形式の出現は任意であり、「叱ったよ」のようにテンスと終助詞のみ出現している場合、「叱っていた」のようにアスペクトとテンスが出現している場合、「叱る」のように何も出現していない場合も含めたあらゆる組み合わせが可能である。また、これらの文法形式のうちヴォイスとアスペクトは、状態を表すことを専らとする形容詞や形容動詞の述語には出現できない。これらは動詞専用のカテゴリーである。このように、動詞は最も多様な文法形式と関わり、文における文法構造の中枢を担うものである。

［文献］仁田義雄『語彙論的統語論』（明治書院 1980）、野田尚史「文構成」宮地裕編『講座 日本語と日本語教育 第1巻 日本語学要説』（明治書院 1989）、影山太郎『動詞意味論―言語と認知の接点』（くろしお出版 1996）、高橋太郎『動詞九章』（ひつじ書房 2003）　［佐藤琢三］

時枝文法
ときえだぶんぽう
the grammatical theory of Tokieda Motoki

理論

　時枝誠記の文法理論で、言語は主体・場面・素材からなる継起的な過程現象であるとする「言語過程説」の理論に基づいた文法体系を指す。概要は『国語学原論』、『日本文法　口語篇』などに示されている。

【学説】時枝文法では、言語過程説に従って「語・文・文章」からなる言語活動の単位を取り出し、語を「概念過程（主体において表現の素材を客体化・概念化する過程）」を経た客体的な表現としての「詞（名詞、動詞、形容詞など）」と、概念過程を含まない主体的表現の「辞（助詞、助動詞、感動詞、接続詞など）」に分類している。なお、学校文法で言う「形容動詞」は、「体言＋助動詞」であるとして品詞と認められていない。文の成分については、「詞＋辞」という形で、詞が辞に包み込まれる「入子型構造」を提案した。また、動詞の終止形で終わる文のように、文末に辞が存在しない場合、「零記号の辞」として、無形の辞を仮定している。

【評価】時枝の文法論は、その独創的な言語観もさることながら、副詞は詞・辞のいずれに属するか、また、詞・辞の中間的な存在を認めるべきではないか（詞・辞連続説）、さらには零記号の辞は認められるかなど、細部において問題となる箇所が多く、大きな議論を巻き起こすことになった。一方で、言語の本質を人間の言語活動や表現行為そのものであると捉え、ソシュール（正確には「ソシュール派言語学」）の言語観を鋭く批判している点については、国学の伝統的な言語観との関連から、思想史や哲学の分野から多くの注目を集めている。

［文献］時枝誠記『国語学原論』（岩波書店 1941/岩波文庫 2007（上）（下））、『日本文法　口語篇』（岩波書店 1950）、『日本文法　文語篇』（岩波書店 1954）［山東功］

時の表現（古典）
ときのひょうげん（こてん）
time expression

文法・歴史

　出来事の時間的性質についての表現の総称。古代語では主に助動詞によって表される。「昔」「昨夜」など、副詞的表現もある。助動詞による時の表現は、「テンス」（出来事の成立の時間）と「アスペクト」（出来事の成立の局面）の側面がある。「き」「けり」はテンス（過去）、「つ」「ぬ」「たり」「り」はアスペクト（完了・存続）を担う。これら6つを一括して「時の助動詞」と呼ぶ。これらは、「にけり」「てき」のように複合することもある。「き」が「直接体験」、「けり」が「間接体験」を表すと捉えられ、エビデンシャリティ（evidentiality 証拠性）と関わる。また、「けり」は枠構造を形成し、「語りのスタイル」について考えるときに重要な指標となる。「つ」は他動詞、「ぬ」は自動詞につく傾向があるが、例外もかなりある。「つ」「ぬ」の区別は、助動詞研究の難問である。「つ」はテンスの面では、近過去を表す場合もあり、「き」との区別が注意される。「たり」と「り」は意味的な差異が認められていない。中古の「り」は接続する動詞も限られ不活性である。古代には「たり」の原形「てあり」も用いられていた。ただ、中古においては、「てあり」よりも「たり」の方が優勢であった。

　中期以降、時の助動詞は衰退、消滅していく。「つ」「ぬ」は、「浮きぬ沈みぬ」のように並列助詞として用いられた。「たり」は「た」となり過去辞となった。中古では不活性であった「てあり」が復権し、「ている」「てある」の基となった。近世期以降、テ形補助動詞として「てくる」「ていく」などが成立し、アスペクト表現は多様化している。

［文献］鈴木泰『古代日本語時間表現の形態論的研究』（ひつじ書房 2009）、井島正博『中古語過去・完了表現の研究』（ひつじ書房 2011）　　　　　［髙山善行］

とりたて
focalization

文法・談話

　文中のある要素に関して、それと範列的（paradigmatic）な関係にある要素を背景として、「限定」「累加」「対比」などの意味を示す機能。とりたての機能を有する主な表現形式としてはおおむね、「は」「も」「こそ」「でも」「さえ」「だけ」「ばかり」「まで」「など」「くらい」などの助詞が挙げられ、「とりたて助詞（取り立て助詞）」や「とりたて詞」と呼ばれる。これらはおおむね学校文法の副助詞に相当する。そのほか、「特に」「とりわけ」「ただ」「単に」などの副詞についてもとりたての機能を有するものとされる。

　とりたての研究には、「取立て助詞」の用語を初めて用いた宮田1948のほか、とりたての機能を他の機能から切り分け、「とりたて詞」という一品詞を立ててその特徴を明らかにした奥津（1974）、沼田（1986・2009）など、とりたてをムード・モダリティ表現として位置づけた寺村（1981・1991）、益岡（1991）など、とりたて副詞にも触れつつとりたて助詞の網羅的な記述に取り組んだ日本語記述文法研究会（2009）など、数多くの研究がある。

【とりたての範囲】とりたて助詞は、文中のさまざまな位置に現れ、名詞句（例：「教科書に加え参考書も読んだ」）や副詞的成分（例：「ナマケモノはゆっくりとしか動かない」、述語（例：「手紙を渡しただけで、読んではいない」）など、さまざまな要素をとりたてる。基本的には、上記のように、とりたて助詞が接続する直前の要素をとりたてるが、「懇親会では、料理を満喫し会話も楽しんだ」のように、とりたて助詞「も」の後続要素を含む「会話を楽しんだ（＝会話を楽しみもした）」といった、より広範囲をとりたてる場合もある。

【とりたての機能】(1) 限定：「時間がなかったので、メイン会場だけ見て失礼した」の「だけ」のように、「Xを見た」のXに該当する要素として当該要素（「メイン会場（を）」）が

唯一である、という意味を示す機能を「限定」と言う。ほかに「しか」（例：「イベントには若者<u>しか</u>来なかった」）「ばかり」（例：「<u>マンガばかり</u>読んで勉強しない」）などがある。

(2) 累加：「教科書に加え、<u>参考書も</u>読んだ」の「も」のように、「Xを読んだ」のXに該当する当該要素（「参考書（を）」）が、他の要素（「教科書（を）」）と同類の要素として加えられる、という意味を示す機能を「累加」と言う。

(3) 対比：「先日の会合には、<u>太郎は</u>来たが、次郎は来なかった。」の「は」のように、「Xが来た」のXに該当する要素として、当該要素（「太郎（が）」）を他の要素（「次郎（が）」）と対照的な関係で示す機能を「対比」と言う。

(4) 極限：「物忘れが進んで、難しい漢字はもちろんだが、<u>簡単な漢字さえ</u>書けない」の「さえ」のように、「Xが書けない」のXに該当する要素（「簡単な漢字（が）」）を、他の要素（「難しい漢字（が）」）と比較して、「書けない」ものとして想定される要素の中で「最も想定しにくいもの」として位置づける、という意味を示す機能を「極限」と言う。「最も想定しにくいもの」と位置づけられた当該要素が実際に実現したことを述べることから、「意外」の意味が生ずる。ほかに「まで」（例：「旅行に<u>加湿器まで</u>持って行く」）「も」（例：「この話は<u>家族も</u>知らない」）などがある。

［文献］宮田幸一『日本語文法の輪郭─ローマ字による新体系打立ての試み』（三省堂 1948）、奥津敬一郎『生成日本文法論』（大修館書店 1974）、寺村秀夫「ムードの形式と意味3─取立て助詞について」『文藝言語研究　言語篇』6（筑波大学文芸・言語学系 1981）、沼田善子「とりたて詞」奥津敬一郎ほか『いわゆる日本語助詞の研究』（凡人社 1986）、寺村秀夫『日本語のシンタクスと意味Ⅲ』（くろしお出版 1991）、益岡隆志『モダリティの文法』（くろしお出版 1991）、沼田善子『現代日本語とりたて詞の研究』（ひつじ書房 2009）、日本語記述文法研究会『現代日本語文法5　第9部とりたて　第10部主題』（くろしお出版 2009）　　　　　　　　　［安部朋世］

内包・外延
ないほう・がいえん

intension / extension

意味論

　言語表現の意味に関する2つの側面を指す、ルドルフ・カルナップ（Rudolf Carnap）に由来する用語。

　ある言語表現の外延はその表現が指示する外界の存在物である。たとえば、固有名「バラク・オバマ」の外延は、アメリカ元大統領のBarak Obamaであり、名詞「イヌ」や自動詞「歩く」の外延は、犬や歩くモノの集合である。文の外延はその文の真理値（真あるいは偽）である。「バラク・オバマはイヌを飼っている」という文の外延は2018年当時の現実の状況では真である。

　言語表現の意味をその外延と同一視することには問題がある。明けの明星と宵の明星のように2つの表現の外延（この場合は金星）が同じであるからといって「明けの明星は宵の明星である」という文がトートロジーになるわけではない。また「四角形の円」も「1000年当時のアメリカ大統領」も指示対象は存在せず、外延はともに空集合だが、この2つの表現が同じ意味を持つとは言えないだろう。

　このことから、言語の第一義的な意味を内包に求めることになる。現実を含むさまざまな可能な状況（可能世界）があると仮定すると、ある表現の外延とは、それぞれの状況における指示対象である。一方、内包は、それぞれの可能な状況に対してそこでの外延を与える関数と定義される。「明けの明星」と「宵の明星」それぞれの内包は、現実の状況では同じ外延を与えるが、別の仮想的な状況では異なる外延を与える。したがって、これらの語は内包のレベルでは意味が異なるということになる。

［文献］Rudolf, Carnap. *Meaning and Necessity*. 2nd edition. The University of Chicago Press, 1956., 杉本孝司『意味論1—形式意味論』（くろしお出版 1998）

［田中英理］

人称
にんしょう

person

一般

　話し手（一人称）、聞き手（二人称）、それ以外のもの（三人称）の区別のこと。

　西洋の諸言語では一般的に、「人称」を主語と述語動詞との間に見られる文法的な「一致現象」の観点から扱うことが多い。一方、日本語では西洋の諸言語と同じような一致現象は見られないが、語用論的観点から考えると「人称」が関わる現象が見られる。例として日本語の「人称」と述語が関わる現象を示す。

【移動表現】話し手が聞き手のいる場所へ移動する場合、「ちょっと待って、いま行くよ」のように「行く」を用いる。一方、聞き手が話し手のいる場所へ移動する場合、「早くこっちに来いよ」のように「来る」を用いる。

【授受表現】話し手と聞き手の間で物の授受がある場合、<u>私があなたに〜をもらう</u>は使えるが、<u>あなたが私に〜をもらう</u>は使えない。また、<u>あなたが私に〜をくれる</u>は使えるが、<u>私があなたに〜をくれる</u>は使えない。

【敬語】身内でない人を聞き手とした場合、話し手が身内の人物を主語として尊敬語を用いることはしない。つまり、「<u>うちの父がこうおっしゃっていました。</u>」という表現はしない。

【心的述語】「悲しい／痛い／ほしい／……たい」のような心的述語によって文を作る場合、「悲しい{φ／なあ／よ}。」という文では感情の経験者として一人称が想定される。一方、「悲しい{らしい／ようだ／そうだ}ね。」という文では、想定される主語は二人称または三人称である。

［文献］金水敏「代名詞と人称」『講座日本語と日本語教育4　日本語の文法・文体（上）』（明治書院 1989）

［苅宿紀子］

認知言語学
にんちげんごがく
cognitive linguistics

（理論・分野名）

　ヒトの言語を操る能力やその表れとしての言語が、知覚や認識といった一般的な認知能力に駆動されているという仮説を推し進める言語観。認知言語学では、認知システムの一部としての言語、他の認知能力の反映としての言語という2つの面から認知と言語の関係を考える（野村 2014）。したがって、認知言語学では、言語使用者の主観的な捉え方という面がしばしば強調される。

　認知言語学が対象とする言語現象は多岐にわたるが、特に、プロトタイプ的カテゴリー観に基づいた語や文タイプの多義性、メタファーやメトニミーといった比喩表現、意味変化や文法化といった現象に多くの示唆を与えてきている（Taylor 2004）。

　認知言語学のカテゴリー観では、そのカテゴリーに最も典型的な成員から非典型的な成員までを段階的に含んでおり、カテゴリー境界は必ずしも明確ではないプロトタイプ論をとる。こうしたプロトタイプ論に基づく言語観では、語の持つ複数の意味（多義）もプロトタイプカテゴリーをなしながら互いにネットワークを形成すると考える。また、多義の発生の起源としてメタファーやメトニミーといった比喩的理解に基づく概念拡張が関わると考える。こうした観点は、共時的な研究だけでなく、通時的にどのように語が意味変化を起こしてきたのかについても多くの知見を与えている。

[文献] John R. Taylor. *Linguistic Categorization*. Oxford University Press, 2004., 野村益寛『ファンダメンタル認知言語学』（ひつじ書房 2014）　　　　[田中英理]

ノンバーバル・コミュニケーション
non-verbal communication

　表情や視線（相手を見る、見ない）、仕草、距離（近～遠）などの非言語によるコミュニケーション。ただし、言語と非言語の境界は（両者の中間的存在であるパラ言語の扱いも含めて）研究者によって異なる。

　言語と非言語の関係について引き合いに出されるものに「マレービアンの数字」がある。これは人間が他人の感情や好悪を判断する手がかりの比重を「言語7%、声の調子38%、表情55%」としたもので、ここでは「声の調子」（パラ言語情報）が言語や非言語と区別されている。だが、この数字は、マレービアンが自覚する以上に問題をはらんでいることが知られており、鵜呑みにしないよう注意が必要である。また、「バードウィステルの数字」（言語30～35%、非言語65～70%）も、推測が述べられただけのもので信頼性に欠ける。

　これらの数字は「言語と非言語のどちらが信頼できるか」という問題意識に基づいて出されたものだが、日常生活において両者がそのような競合関係に立つことは多くない。たとえば、甲に冗談でからかわれた乙が、内心いやいやながら儀礼的にくやしがってみせる場合、乙は「くやしいー！」と明るい声と笑顔でくやしがり、甲をポカポカ叩く、しかしその目は生気を失い曇っている、ということがあり得る。乙は一般的な意味で疲れてはおらず、甲と1つの冗談を成立させることを楽しんでみせることに疲れているのであり、その冗談は甲に対して怒ってみせることで成立する。「くやしいー！」、明るい声、笑顔、叩くこと、曇った目、どの行動も偽りとして無かったことにできるものではない。

[文献] Birdwhistell, R.L. *Kinesics and Context*. University of Pennsylvania Press, 1970., A.マレービアン『非言語コミュニケーション』（聖文社 1986）、定延利之『コミュニケーションへの言語的接近』（ひつじ書房 2016）、清水崇文『雑談の正体』（凡人社 2017）　　[定延利之]

ハ行転呼音
はぎょうてんこおん

the merger of non-initial [Φ] with [w]

歴史・音声・音韻

　ハ行の仮名で書かれた語中・語尾の音を、「ケハシ（険し）」「カハ（川）」をそれぞれ「ケワシ」「カワ」と読むように、ワ行音に転じて読むようになった音のこと。この変化をハ行転呼音現象と言い、10世紀後半から11世紀前半頃一般化したと考えられている。変化後も表記上は慣用としてハ行の仮名で書かれ、現代仮名遣いでは助詞「は」「へ」などに残る。音韻的には、ハ行の子音[Φ]が母音間（語中・語尾）で発音される際にゆるみ（退化）が起き、ワ行音[w]となったもの。

　和語一語の中、また助詞「は」「へ」が続く場合にほぼ一律に起こったと見られるが、形態素の切れ目がある合成語「アサヒ（朝日）」「ウチハラフ（打払）」などではハ行のままであるし、漢語では原則として起こらないなど、例外も存する。ハ行転呼音現象からやや遅れてワ行音自体の変化もあり、[wa][wi][u][we][wo]から[wa][i][u][je][wo]に、さらに17世紀頃現代語と同じく[wa][i][u][e][o]に変化したため、ワ以外の転呼音は時期によって異なっていたと考えられる。

　ハ行子音は両唇無声破裂音[p]＞両唇無声摩擦音[Φ]＞声門音[h]と変化したと考えられており、語中・語尾のハ行転呼は[p]より[Φ]からの方が起こりやすかったと考えられるが、[p]＞[Φ]の時期はまだ定説がない。また語によってはハ行転呼が早くに起こっていたらしい（『万葉集』に「潤八河（うるは河）」「潤和河（うるわ河）」両方が見られる）こと、転呼しない語や「ハハ（母）」＞「ハワ」＞「ハハ」のように歴史的に揺れが認められる語をどのように考えるかなど、ハ行子音の体系的変化と個別語史との両方の検討が必要である。

[文献]林史典「「ハ行転呼音」は何故「平安時代」に起こったか—日本語音韻史の視点と記述」『国語と国文学』69-11（1992）　　　　　　　　　　　[岸本恵実]

橋本文法
はしもとぶんぽう

the grammatical theory of Hashimoto Shinkichi

理論

　橋本進吉の文法理論を指し、概要は『国語法要説』や、東京帝国大学での講義録にあたる『国文法体系論』などに示されている。

【学説】橋本文法の特徴は、音に基づく徹底した外形主義にある。文の認定については、音の連続、その前後に必ず音の切れ目があること、文の終わりには特殊の音調が加わること、の三点を挙げ、文の中で、そこで区切って発音しても、実際の言語として不自然ではない切れ目を「文節」とした。文節は文で見出される最も短い一区切れであり、文を構成する直接の単位となる。また、それ自身で一文節をなし得るものを「詞（第一種）」とし、常に第一種の語に伴い文節をつくるものを「辞（第二種）」として、それぞれ、「動詞・形容詞・（形容動詞）・体言・副詞・副体詞・接続詞・感動詞」、「助動詞・副助詞・準体助詞・接続助詞・並立助詞・準副体助詞・格助詞・係助詞・終助詞・間投助詞」に分類している。これらの分類基準としては、たとえば「詞」については、直接に連続する二文節間における承接関係を挙げ、種々の断続関係を自らの形によって示すもの（用言）、自らでは断続を示さないもの（体言）、続くもの（副詞・接続詞）、切れるもの（感動詞）、という「切れ続き（線条性）」を重視した。

【影響】橋本文法は、旧制中学校の文法教科書『新文典　初年級用』（1931）や、文部省編『中等文法　一・二』（1943）に採用され、湯沢幸吉郎や岩淵悦太郎による整理を経て、今日の学校文法の基盤となった。ただし学校文法と橋本文法とは、細部において多くの相違が見られる点に留意しておく必要がある。

[文献]橋本進吉「国語法要説」『国語科学講座6』（明治書院1934）、橋本進吉博士著作集刊行会編『国文法体系論』（岩波書店1959）　　　　　　[山東功]

派生

はせい

derivation

【文法】

　複合や屈折とともに語を形づくる語形成の主要な手段の1つで、接辞を付与することによって、ある語彙から別の語彙をつくるもの。接辞が付与される形式は語基（base 基体とも）と呼ばれる。たとえば、「お城」「おもしろみ」「おもしろがる」「不合理」「合理的」「飴ちゃん」のようなもので、語基の前につくものを接頭辞、後ろにつくものを接尾辞と言う。言語によっては語基の中に入り込む接中辞もある。このように派生接辞を付与してできた語を派生語と言う。日本語において、接頭辞は語基となる語彙の意味を強めたり弱めたりなど、もっぱら意味を添えるのに対し、接尾辞はもっぱら派生語全体の品詞を決定する。

　派生において接辞が付与される語基の種類や語彙は接辞ごとに異なっている。たとえば形容語彙を名詞化する「ーさ」「ーみ」について、「深さ」「寒さ」などに現れる「ーさ」は、さまざまな語彙に接続でき、「奥深さ」「肌寒さ」のように語根同士が接合した語基にもつけるのに対し、「甘み」「深み」などに現れる「ーみ」は基本的に語根につき、接続できる語彙も「ーさ」に比べて少なく（*寒み）、「ーさ」のように単純な語根でない語基につくことはできない（*奥深み）。

　派生と複合、および派生と屈折は、それぞれ段階的なものであり、いずれかに分類し難い場合もある。たとえば派生と複合に関して、「打ち砕く」「打ち付ける」など、「打ち」が複合動詞の前部要素の語基となるものもあれば、「打ち広げる」「打ち忘れる」のように、「打ち」の元の意味が希薄になり接頭辞とされるものもあるが、語基であるか接頭辞であるかに明確な境界があるわけではない。

［文献］影山太郎『文法と語形成』（ひつじ書房 1993）

［林由華］

発話行為

はつわこうい

speech act

【語用論】

　人間はことばによって話し手や聞き手が何らかの行為をするように仕向けたり、何らかの行為を実行しようとしたりすることがある。この遂行的な機能に着目するのが発話行為・言語行為である。

　ジョン・ラングショー・オースティン（John Langshaw Austin）によれば、言語行為は発語行為・発話内行為・発話媒介行為の3つに分類される。たとえば、強盗犯が「動くとひどい目に遭わせるぞ」と言った行為そのものは「言う」という発語行為であるが、この「言う」という行為は慣習的に「警告」という遂行的な機能を果たす。これが発話内行為である。さらに、それによって聞き手をこわがらせるという発語媒介行為が結果としてもたらされることもある。オースティンはこの中で、発語内行為を発話の力（illocutionary force）と呼び、重視した。

　また発話行為がどのような言語形式で実現されるかも重要な観点である。「醤油を取れ」という発話は、命令以外の解釈は難しい。ところが、「醤油を取れますか」という疑問文、「醤油がほしいな」という願望を表す文も、聞き手が醤油を取るという行為の実現をもたらすことがある。このような発話は結果として命令表現と同等の機能を持っていることになる。このような言語行為を間接発話行為（indirect speech act）と言う。

　日本語学では「言語行動」研究の中で発話行為の研究が進んできたが、言語行動研究においては、直感的に発話行為を取り出したものであるという批判もあり、発話行為の分類・内実はさらに検討する必要がある。

［文献］J.L.オースティン『言語と行為』（大修館書店 1978）、金水敏・今仁生美『意味と文脈』（岩波書店 2000）

［森勇太］

話しことば・書きことば
はなしことば・かきことば
spoken language / written language

【社会】

　字義どおりには、話しことばとは音声による言語、書きことばとは文字による言語のことを指す。しかし、実際には「書くように話された」ことばもあれば、「話すように書かれた」ことばもあり、話しことばと書きことばの境界は明確ではない。

【話しことば】話しことばは、音声による言語であり、特定の時空に話し手と聞き手が存在し、実時間的に伝達が行われることばである。このことから、以下のような言語的な特徴が見られる。

　(1) 実時間的な伝達情報や聞き手の知識に関する、「おや」「え」「あれ」「ええっと」といった感動詞、「雨が降ったよ。」の「よ」といった終助詞などの言語形式が頻繁に現れる。(2) 多くの話しことばの文は、その場で産出されるため、省略や順序の入れ替え、言いさしが多く見られる。(3) 話し手も聞き手も共通した時空に存在するために、現場での文脈（話し手がどういう状況にいるか、その前にどんなことを言ったか、などの情報）に依存する度合いが大きい。(4) 特定の相手へのことばづかいであるため、性差、方言差などのバリエーションも含めて、より日常的な文体が採用される。(5) イントネーションや声の質、話すスピード、間（ポーズ）など、音声に固有な情報がコミュニケーションに関わる（森山 2003）。

【書きことば】書きことばは、文字による言語であり、書き手と読み手が共通した時空に存在しない。言語産出の時空とその解釈の時空との間に隔たりがあるのが普通である。したがって以下のような言語的な特徴が見られる。

　(1) 感動詞や終助詞などの伝達処理に関する形式があまり出現しない。(2) 文の形が整ったものに推敲されることが多い。(3) 典型的には不特定の人へ向けてのものである。書き

ことばでも文脈を無視することはできないが、話しことばに比べて文脈への依存度が相対的に低い。(4) 使用される形式は、あまり日常的なことばではなく、いわば「よそいき」のことばであり、伝統的表現・正統的とされる表現を使う傾向がある。「見れる」「食べれる」といった「ラ抜きことば」など変化途上にあることばでも、ふつう書きことばでは伝統的な形式「見られる」「食べられる」の方が採用される。(5) 音声に固有な情報は関わらないが、文字に固有の特徴がある。漢字・ひらがな・カタカナのどれを用いるかという文字の選択による違い、手書きか活字か、明朝体か行書体かといった字体の選択による違い、漢字の表意性を生かした表現、絵記号なども書きことばのコミュニケーションに関わっている（森山 2003）。

【打ちことば】電子メールやSNSなどのテキストは、文字に表すという点では書きことばに入る。しかし、短時間で、かつ少ない情報量でやり取りが交わされる媒体においては、話しことばに近い表現も多く用いられている。こうした、話しことばの要素を多く含む新しい書きことばを、「打ちことば」と言う。「打ちことば」は、主にインターネットを介しキーを打つなどして伝え合う、新しいコミュニケーションの形である。顔を合わせての会話では表情や声の調子という言語外の情報も互いに読み解きながらやり取りをするが、書きことばにはそれらの情報が欠落している。「打ちことば」ではその欠落を補うために顔文字や絵文字といった代替手段が発達した。「打ちことば」の特性に由来する、ローマ字入力の誤変換を起源とするネット俗語的な表記も登場している（文化審議会国語分科会 2018）。

[文献] 森山卓郎「話し言葉と書き言葉を考えるための文法研究用語・12」『国文学　解釈と教材の研究』48-12（学燈社 2003）、文化審議会国語分科会『分かり合うための言語コミュニケーション（報告）』(2018)

[苅宿紀子]

パラ言語情報
ぱらげんごじょうほう
paralinguistic information

【一般】

　音声が持つ情報を3分した場合の、「言語情報」「非言語情報」以外の情報。言語情報は狭義の記号的情報とも呼ばれ、語音（例：「はし」）やアクセント型（例：「は」が高く「し」が低い）などで表される、範疇化されたデジタルな情報である。これに対してパラ言語情報は主に韻律によって表され、程度の違いを持つ。その内容は、話し手の意図（断定・疑問・勧誘・勧論など）や態度（丁寧／ぞんざい、改まった／くだけた、など）、スタイル（職業による語り口など）とされる。

【意図性の認否】パラ言語情報という用語を最初に打ち出した藤崎博也は、これを一般に話し手が意図的に制御できるものとする。が、研究者によっては、こうした意図性の縛りは設けられない（例：Poyatos 1993）。この点は研究の方向性と密接に連動しており重要である。アナウンサーや役者などの意図的な発話はともかく、日常的なコミュニケーションの発話では、そうした意図の存在や露呈は、むしろ禁物ですらあり得る。たとえば、若い男性がゆっくりと話す様子に意図が感じられ、御曹司らしい余裕のある様子をひけらかそうとしてわざとゆっくりしゃべっているのだと嫌われる、といったことは、小説（谷崎潤一郎『細雪』中巻 1947）の中だけとは限らない。現実のコミュニケーションには、「話し手は話すことばの調子を意図的にコントロールしている」という図式があてはまらない、あるいはあてはまっても悪印象と結び付く場合が実は意外に多いので、注意が必要である。

[文献] 藤崎博也「音声の韻律的特徴における言語的・パラ言語的・非言語的情報の表出」『電子情報通信学会技術研究報告書』HC94-37（1993）、Poyatos, F. Paralanguage. John Benjamins, 1993.、定延利之『コミュニケーションへの言語的接近』（ひつじ書房 2016）　　[定延利之]

反語
はんご
irony

【文法・歴史】

　広義の疑問表現に属する表現である。典型的な疑問表現は、話者にとって不明な事態や事態の中の不確かな部分を対象とするものであり、それを聞き手に提示して解答を要求する。一方、反語表現は話し手がすでに知っている内容や確信している事態を、あえて疑問の形にして聞き手に提示する。修辞法として見れば、強調表現の一種と言える。「こんな簡単な仕事ができないのか」という文は、「こんな簡単な仕事は誰でもできる」という確信的判断を含むが、疑問の形で示すことによって、強い主張を表す。反語文は疑問文の中では、周辺的なタイプと位置づけられる。

　古典語の解釈の場合、反語表現は、「〜なのか、いやそうではない」のように、自問自答的に訳されることが多い。古典語では、疑問の係助詞「か」「や」が反語を表す。特に、「は」が付いた「かは」「やは」という形では疑問よりも反語に傾く。また、疑問文中に否定を表す表現形式が生起すると反語になりやすい。

　ただし、古典語で確実に反語を表すと認定できる例はさほど多くない。「月やあらぬ春や昔の春ならぬわが身ひとつはもとの身にして」（『伊勢物語』）のように、疑問、反語の解釈が決しがたい例もある。この例で疑問解釈の場合は、「この月は去年の月ではないのか、この春は去年の春ではないのか」となる。一方、反語解釈では、「この月は去年の月ではないのか（いや去年の月のままだ）、この春は去年の春ではないのか（いや去年の春のままだ）」となる。古文解釈において、疑問と反語の弁別は難しいことが多い。

[文献] 山口尭二『日本語疑問表現通史』（明治書院 1990）、高山善行『日本語モダリティの史的研究』（ひつじ書房 2002）、山口佳紀『伊勢物語を読み解く』（三省堂 2018）

[高山善行]

ピジン・クレオール
pidgin / creole
社会

　ピジンとは、互いに通じる共通言語を持たない個人あるいは集団が意志疎通のために臨時的に作り出した接触言語である。このような状況において、いずれの話者も母語ではなく第三の言語が使用される場合があるが、これはリンガフランカと呼ばれ、母語話者が存在しないピジンとは区別される。ピジンが生まれるのは、交易や労働など、ことばが通じない者どうしが意志疎通を図ることが強制されるような場面である。このような場面において、必要最小限のことを伝えあうために生まれたのがピジンである。目的を果たすための意思が通じれば十分なため、語彙や文法は簡略化されるという特徴がある。日本語をベースとしたピジンとしては、明治時代に横浜外国人居留地において使用された「ヨコハマ・ダイアレクト」が知られている。たとえば、文末に用いられてさまざまな意味を表す「アリマス」や、広く依頼や命令を表す「ヨロシイ」などが特徴的である。

　ピジンは臨時的な接触言語で、母語話者が存在しないが、同様の接触が繰り返され、次世代にひきつがれると、ピジンを母語とする者が現れるようになる。このようにピジンが母語になったものをクレオールと呼ぶ。ピジンよりも広い目的・場面で使用されるようになるため、語彙や文法が拡張・複雑化し、通常の自然言語と変わらない特徴を持つ。日本語をベースとしたクレオールには、台湾の宜蘭県で使用されている「宜蘭クレオール」がある。日本統治下の宜蘭県において接触したアタヤル語話者とセデック語話者が、その際に習得した日本語を基にピジンを作り出し、それが次世代でクレオールになったとされる。

［文献］渋谷勝己・簡月真『旅するニホンゴ—異言語との出会いが変えたもの』(岩波書店 2013)、金水敏『コレモ日本語アルカ？—異人のことばが生まれるとき』(岩波書店 2014)　　　　　　　　　　　　　　　［野間純平］

鼻濁音
びだくおん
nasalized voiced onset mora
音声・音韻

　日本語における [ŋ] の子音を指す。ガ行子音 [g] に対するもので、ガ行鼻濁音やガ行鼻音とも呼ばれることがある。標準的な日本語では、原則として語頭（文節頭）には現れず、非語頭（非文節頭）に現れ、例として「学校 [gakko:]」に対して「小学校 [ʃo:ŋakko:]」、「川が [kawaŋa]」などが挙げられる。表音的に書き分ける際は「カ゚キ゚ク゚ケ゚コ゚」と表す。

　現在の濁音を歴史的に見ると、古くはその前に鼻音を伴って「ﾝガ [ᵑga]」「ﾝバ [ᵐba]」「ﾝダ [ⁿda]」などのように発音され、その後、東京方言や京都方言などではガ行以外で前鼻音を失ったと考えられている。ガ行も語頭では [g] となったが、非語頭では鼻音性が強まって [ŋ] となった。すなわち、鼻濁音は古い日本語に存在しなかったもので、その名称も特に標準語教育によって一般に流布するようになった。なお、近年では東京をはじめ、鼻濁音を方言として持っていた地域においても非語頭のガ行子音が [g] で発音される傾向にあるが、アナウンサーや俳優・声優などには標準的な発音として習得が求められる。

　鼻濁音を音韻論的に解釈する場合には、大きく2つの立場が存在する。一方はガ行子音と鼻濁音が同一の音素/g/に属するというもので、もう一方は両者を別々の音素/g/と /ŋ/ とに区別するというものである。前者は、鼻濁音を持つ地域において [g-] と [-ŋ-] が語頭と非語頭という異なる環境で相補分布のように現れることによっており、後者は [g] が鼻音性のない母音の間で [ŋ] になるのには音声学的な根拠がないことなどを踏まえると、別の音素とするのが合理的だという考え方である。

［文献］上野善道「音の構造」風間喜代三ほか『言語学 第2版』(東京大学出版会 2004)　　　　　［山岡華菜子］

筆順

ひつじゅん

stroke order

【文字・表記】

　文字の点画をどのような順序で書くかを言う。書き順とも。

【習慣を通じて成立】筆順は、手書きにおいてその文字をはっきりと美しく書くために、長く重ねられてきた習慣を通じて確立してきたものである。自然な筆の運びによって整った文字を書く上では、筆順を守ることが求められる。ただし、歴史的に定着してきたことを考えれば、筆順が絶対的なものではないという点にも注意しておきたい。同じ字であっても、楷書と行書では筆順が異なるような場合（「くさかんむり」など）がある。また、中国など他の漢字圏とは、筆順の習慣が異なる文字（「右」「王」など）もある。

【筆順指導のてびき】学校教育においては、一時期、1958年に当時の文部省が示した『筆順指導のてびき』が用いられた。その「本書のねらい」は「学習指導上に混乱を来さないようにとの配慮から定められたものであって、そのことは、ここに取りあげなかった筆順についても、これを誤りとするものでもなく、また否定しようとするものでもない」としていたが、結果として1つだけの筆順のみしか認めないような風潮が生じた面もあった。現在は「義務教育諸学校教科用図書検定基準」（2017年文部科学省告示）により「漢字の筆順は、原則として一般に通用している常識的なものによ」ることとされている。

【筆順の原則】筆順には原則というべきものがある。『筆順指導のてびき』は、2つの大原則（「上から下へ」「左から右へ」）と8つの原則を示している。ただし、2つ以上の書き方があるものや、原則では説明できないものにも言及しており、留意する必要がある。

［文献］江守賢治『漢字筆順ハンドブック 第三版』（三省堂 2012）、松本仁志『筆順のはなし』（中央公論新社 2012）　　　　　　　　　　　　　［武田康宏］

否定

ひてい

negation

【文法】

　打消とも言う。肯定と否定の選択的関係からなる文法カテゴリーを極性（polarity）と呼ぶ。肯定がある事態の存在を表すのに対して、否定はある事態の非存在を表す。否定は「〜ない」という形式で表される。存在（「ある」）に対する非存在（「ない」）も否定に含むことがある。

【肯定との関係】極性において肯定と否定は同等の関係を持つわけではない。言語主体は一般的にある事態の存在を認識して言語化するからである。「買い物に行った」という肯定文は特別な前提なく用いることができるが、「買い物に行かなかった」という否定文は、前提なく用いられた場合には発話意図を理解することがむずかしい。否定文は、肯定の認識（たとえば、「毎日買い物に行く習慣がある」）を前提として、それを打ち消すことによって成立する。否定は肯定に依存して成立する認識なのである。

【否定の意味】否定には異なる発想に基づいた2つのタイプがある。「太郎が来なかった」は「来る」か「来ないか」という相反的な2つの選択肢の中で「来なかった」を選ぶという極性的な発想による否定である。一方、「学生が来なかった」は来た学生が0人だったという数量的な発想による否定である。副詞「全然」は否定文に現れるとされるが、「昨日は学生が全然来なかった」とは言えるものの、「昨日は太郎が全然来なかった」とは言えない。これは「全然」が数量的な発想によって否定と共起することを示している。

【否定のスコープとフォーカス】否定文において否定の対象、つまりフォーカスとなるのは基本的には述語である。「太郎は授業に出なかった」は述語の「出る」を否定している。

　一方、「私はここに自転車で来なかった」のような文は落ち着きが悪い。私がその場にい

る以上、否定のフォーカスとなるのは述語の「来る」ではなく手段の「自転車で」であり、フォーカスにズレが生じるからである。述語以外の要素を否定のフォーカスにするためには、「私はここに自転車で来たのではない」のように、文全体を「の」で名詞化することで、否定できる範囲、つまりスコープを広げる必要がある（久野 1983）。

【内の否定と外の否定】「この本を読め*ない*わけでは*ない*」のように、一文中に否定の出現場所が二箇所あることがある。「読め*ない*」を内の否定、「わけでは*ない*」を外の否定と呼ぶ。内の否定が事態の否定を表すのに対して、外の否定は「わけだ」が表す推論の否定を表す。「この本を読めない」という結論が導かれそうであるがそれは違うといった意味である。内の否定と外の否定は、文の異なるレベルで否定が機能することを示している（野田 1997）。

【否定疑問文】真偽疑問文の述語が否定の形をとるものを否定疑問文と呼ぶ。「君、疲れていない？」のような文である。通常の疑問文が疲れているかどうかが分からないということを前提として問いかけるのに対して、否定疑問文は疲れていることを予想しつつ問いかける。肯定判断に対する傾き（bias）が見られるのが否定疑問文の特徴である。

「のではないか」は否定疑問文が固定化した形式である。「誰かいるんじゃない？」のような質問の用法のほかに、「彼女も大変なんじゃないかと思うよ」のように推定的な用法を持つ。

否定疑問文には、「静かにしないか！」「一緒に行かないか？」のように命令や勧誘といったはたらきかけ的な意味を持つものもある。

[文献] 久野暲『新日本文法研究』（大修館書店 1983）、野田春美『「の（だ）」の機能』（くろしお出版 1997）、工藤真由美「否定の表現」金水敏ほか『日本語の文法2 時・否定と取り立て』（岩波書店 2000）、安達太郎「否定・疑問とモダリティ」澤田治美編『ひつじ意味論講座3 モダリティI』（ひつじ書房 2014）　　　[安達太郎]

卑罵語
ひばご
pejorative language, minus treatment expression
（語彙・社会）

相手または話題の人を軽蔑したり、ののしったりする表現である。敬語は相手または話題の人物のことを上位として位置づけて表現するが、卑罵語は相手のことを下位と位置づけるもので、相手や話題の人物について述べる待遇表現の一部と見なされる。軽卑語、マイナス敬語（マイナス待遇表現）とも呼ばれる。

卑罵語には、心理的要因によって積極的に用いられるものとしての感情卑語と、形式の対立によって相対的に下向きの待遇的意味を含むものである関係卑語がある。日本語の感情卑語には、アホ、バカ、ボケ、タワケなどの名詞語彙や、クソヤローの「くそ」、ドタマの「ど」などの接頭辞、アイツメの「め」、ワルガキドモの「ども」などの接尾辞がある。また、関係卑語としては、存在動詞の「いる」に対する「おる」、行為要求表現の「して」に対する「しろ」などがある。

西尾（2015）はマイナス待遇表現行動の研究にあたっては、話し手が事態をマイナスに評価するか、マイナス評価を表明するか、どのような手段で表明するかを峻別することが必要であるとし、それによれば、関西方言のヨルは下位の関係性を示す関係性待遇、およびマイナスの感情を積極的に表明する感情性待遇の両側面を持つと述べる。卑罵語の運用は、プラスの待遇を行う敬語と比較して感情に基づく部分が大きく、話し手が何を要因として卑罵語を運用しているかは、慎重に検討する必要がある。

[文献] 西尾純二『マイナス待遇表現行動—対象を低く悪く扱う表現への規制と配慮』（くろしお出版 2015）

[森勇太]

表記
ひょうき
writing

文字・表記

　言語を文字や符号で表すこと、つまり書くこと。日本語の文字には漢字やひらがな・カタカナなどがある。符号には「。（句点）」「、（読点）」などのくぎり符号や「々（踊り字）」などの繰り返し符号がある。書字方向は、世界で珍しく縦書きと横書きの両方が可能である。中国語や朝鮮語も両方可能であるが、それらは日本語の影響で日本語より後に可能になったとされている。

【現代表記の誕生】 1946年に「当用漢字表」と「現代かなづかい」が内閣告示（国が広く一般に向けて行う通知）となった。これにより、現在使われている表記体系が規定されたと言える。明治時代から広く用いられてきた旧表記に対して、これらの内閣告示以降は現代表記と呼ばれている。仮名遣いについてたとえば、「ゐ、ゑ」が「い、え」となり文字が整理され、「くわう、しふ、てふ」などが「こう、しゅう、ちょう」と発音通りの表記となっている。

　この転換点の直前である1940年代は、戦争による占領地の拡大とともに日本語教育が広く行われ、そこでは日本語を旧表記で教えるべきかどうかが大きな議論となっている。

【漢字仮名交じり文】 現代表記は基本的にひらがなと漢字をもって表記しているため、漢字平仮名交じり文と言うこともある。漢字とひらがなには使い分けのルールがある。「娘は英語が好きです」という例を考えると、「娘、英語（名詞）、好き（形容動詞の語幹）」といった実質的な意味を表す箇所に漢字が用いられている。一方、「は、が（助詞）、です（助動詞）」といった形式的な意味を表す箇所にはひらがなが使われる。「娘はポテトが好きです」とも言えることから、カタカナも実質的な意味を表していることになる。これらの使い分けのルールは視覚的にも区別がしやすく、漢字とひらがなの分担によりことばの切れ目が分かりやすくなっている。漢字の学習が進んでいない段階では、ひらがな中心の文章となりこの使い分けルールが使えない。そのため小学1年生の国語の教科書では、分かち書きをすることによって切れ目を表示している。

【歴史】 神代文字があったという説もあるが、古代の日本語は文字を持っていなかったというのが通説である。そこで、漢字を日本語表記に用いる工夫が発展した。奈良時代に広く使われた万葉仮名という漢字を仮名的に使う方法が1つである。「夜麻、由岐、波奈」で、「やま、ゆき、はな」と読む。ここでは「夜」「麻」といった漢字の持つ意味は無視して使われる。この万葉仮名が徐々に変化しひらがなにつながる文字を形成する。ひらがなは和歌、日記、物語などで使用され、その中に漢字を増やしながら徐々に発展していく。一方、漢籍や仏典の解読を通じて漢文を日本風に読む方法が発展し、それを基に日本語を漢文調に書く変体漢文が公的な場面で使用されるようになる。これが漢文の書き下し体につながるが、公用文は長く漢文調で書かれている。

【公用文】 公的な場面では、江戸時代まで基本的に漢文表記が用いられており、庶民は読めなかった。明治になり漢文の書き下し体が採用され、「廣ク會議ヲ興シ萬機公論ニ決スヘシ」（御誓文）のような文体となった。当時、『新令字解』などの公用文向け字引がたくさん出版されており、役人も読むのは難しかったことが窺える。明治8年には公用文の平易化を通達しているが、すぐに読みやすくはならなかった。今のような漢字平仮名交じり文になったのは戦後の話である。昭和21年に「日本国憲法改正草案」が口語体で出たことがきっかけである。

［文献］武部良明『日本語の表記』（角川書店 1979）、屋名池誠『横書き登場―日本語表記の近代』（岩波書店 2003）、沖森卓也ほか『図解日本の文字』（三省堂 2011）

［岩田一成］

品詞
ひんし
parts of speech

【文法】

　語を語義的・統語的・形態的特徴から分類したもの。学校文法では、動詞、形容詞、形容動詞、名詞、副詞、連体詞、接続詞、感動詞、助動詞、助詞の10品詞が立てられる。分類の基準は以下の通りである。

《学校文法における品詞分類》

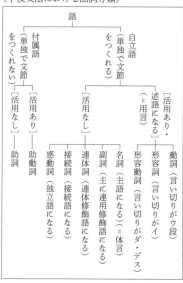

（→巻末付録）

【語の認定と品詞分類】品詞は、語の分類であることから、何を語とするかが問題となる。たとえば、山田（1908）は、助動詞の多くを「複語尾」とし、「体言」「用言」「副詞」「助詞」を立てる。松下（1928）は、助詞・助動詞を「原辞」として単語を構成する要素に位置づけ、「名詞」「動詞」「副体詞」「副詞」「感動詞」を立てる。鈴木（1972）、仁田（2000）なども、助詞・助動詞の多くを語と認定していない。鈴木（1972）は「名詞」「動詞」「形容詞（「連体詞」を含む）」「副詞」「接続詞」「陳述副詞」「後置詞」「むすび」「感動詞」を、仁田（2000）は「動詞」「イ形容詞」「ナ形容詞」「名詞」「連体詞」「副詞」「接続詞」「感動詞」を立てる。一方、橋本進吉（1934）は、語を、単独で文節を構成する「詞」と単独で文節を構成しない「辞」に二分し、活用の有無や主語になるかなどの観点から「動詞」「形容詞」「体言」（「名詞」「代名詞」「数詞」：これらは職能上の区別がなく区別の必要がないとする）「副詞」「副体詞」「接続詞」「感動詞」「助動詞」「助詞」に分類するが、学校文法はこの考え方が引き継がれたものである。

【品詞の境界に位置する語】品詞分類においては、品詞の境界に位置する語が問題となる。たとえば、「血まみれ（の人）」「ひとかど（の人物）」などは、「??血まみれが走った」「??ひとかどが来た」のように主語になりにくいことから、典型的な名詞とは言えない。村木（2002）はこれらを「第三形容詞」と呼ぶ。また、「昨日」「毎日」などは、「昨日は日曜日だ」「毎日が楽しい」のように主語になるが、「昨日動物園に行った」「毎日ジョギングをする」のように、副詞的用法も存在する。「事実」は、「事実はこれだ」のような場合は名詞に分類されるが、「事実、その通りだ」のような場合は副詞に分類される。活用においても、たとえば「多い」は、連体形で「子どもに多い病気」のように名詞を修飾するが、「*多い人」とは言えない（「多くの人」）。このように、すべての語がそれぞれの品詞に截然と分類されるわけではなく、品詞の境界に位置する語が存在する点に留意する必要がある。

［文献］山田孝雄『日本文法論』（宝文館 1908）、松下大三郎『改撰標準日本文法』（紀元社 1928）、橋本進吉『国語法要説』（明治書院 1934）、鈴木重幸『日本語文法・形態論』（麦書房 1972）、仁田義雄「単語と単語の類別」仁田義雄ほか『日本語の文法1 文の骨格』（岩波書店 2000）、村木新次郎「第三形容詞とその形態論」佐藤喜代治編『国語論究 第10集 現代日本語の文法研究』（明治書院 2002）、森山卓郎・矢澤真人・安部朋世「国語科学校文法における品詞について」『京都教育大学紀要』118（2011）［安部朋世］

フィラー
filler

談話・語用論

　言うべきことばに詰まった際に口をついて出てくる、「えーと」「あのー」などのことば。単に「間を埋めるもの」と名付けられた当初と異なり、現在フィラーには積極的に価値が見出されている。それは、間が埋まりさえすればどのフィラーでもよいという訳ではなく、個々のフィラーの現れ方は一様でないことが明らかになってきたからである。

【心内作業を映す鏡】「123足す456は？」と尋ねられ、暗算しつつしゃべり出すなら「あのー」より「えーと」が自然なように、個々のフィラーの現れ方を調べることで、話し手が心内で行っている作業が見えてくる（例：「えーと」の場合は問題の検討全般。「あのー」の場合は（名前も含めた）言い方の検討）。

【コミュニケーション理解の手立て】フィラーは、人間のコミュニケーションを理解する手立てにもなる。「このあたりに飲料の自販機は？」と尋ねられ、「さー」と返答を始めた場合、続く内容は「分からない」か「ないと思う」である。つまり「さー」は「相手が望む答え（自販機の所在）は考えても出せない」場合専用のフィラーである。「さー」を発し始める段階で、話し手は「考えても出せない」と知っている。それなら「さー」と言う間を惜しんで「分からない」「ないと思う」と言えばよいことになるが、無駄なはずの「さー」がしばしば現れるのが現実である。このように、コミュニケーションが「情報の伝え合い」という枠組みにはおさまりきらないことをフィラー「さー」は見せてくれる。

　フィラーは自動的・身体的なことばの一種であり、「意図的に使う道具」では必ずしもない。身体に染みつき、状況と結び付いたことばの在り方を考える上で、フィラーは恰好の題材と言える。

［文献］定延利之「フィラーは「名脇役」か？」『日本語学』32-5（明治書院 2013）　　　［定延利之］

フォーカス
focus

談話・語用論

　文中で情報的に中心になる部分をフォーカス（焦点）と言う。

【前提とフォーカス】文にフォーカスが存在する場合、その文は前提を持つ。前提はその文で文脈上すでに分かっている部分である。たとえば、「田中さんは来週の会議に出席する。」という文にはフォーカスは存在しないが、これを「来週の会議に出席するのは田中さんだ。」のような分裂文に変えると、「田中さん」がフォーカスになる。この文の前提は「来週の会議にXが出席する（こと）」であり、「X＝田中さん」が文のフォーカスになる。

【疑問文・否定文とフォーカス】フォーカスと密接に関係するのが疑問文と否定文である。聞き手が田中さんである場合、「田中さんはカメラを持っていますか？」はカメラの所有の有無を尋ねているのに対し、田中さんがカメラを手にしているのを見た時に「（田中さんは）そのカメラを新宿で買ったんですか？…(1)」と尋ねた場合、(1)は「田中さんがXでそのカメラを買った」ことを前提とし、「X＝新宿」かどうかを尋ねており、「新宿で」の部分がフォーカスになる。このように、日本語では基本的に前提の有無と「の」の必要性が対応する（野田1997、庵2012）。WH疑問文は(1)のタイプの疑問文の一種で、常に前提を持ち、WH句に対応する要素がフォーカスになる。否定文の場合も、単に述語を否定するだけなら「の」は不要だが、副次的な成分が存在すると、無標の場合その部分がフォーカスになる。そのため、「私は彼が金持ちだから結婚しなかった。…(2)」「私は彼が金持ちだから結婚したのではない。…(3)」では、(2)が「彼が金持ちだから」という理由で彼と結婚しなかったことを表すのに対し、(3)は結婚したがその理由は「彼が金持ちだから」ということではない、という意味を表す。

【フォーカスになりやすい要素】このように、文に

副次補語や理由節などが含まれる場合、それらの要素はフォーカスになりやすい。これらは無標の場合のフォーカスの位置である（田窪 1987）。これらの要素がフォーカスになりやすいのは、たとえば疑問文の場合、文の真偽を尋ねるためだけなら副次補語は不要で、必須補語だけで十分であるため、副次的な成分が存在すれば、その部分がフォーカスになりやすいからである。

【フォーカスと音調】以上は無標の場合のフォーカスの位置であるが、文脈上、有標な要素がフォーカスになる場合はその要素にプロミネンスが置かれる（無標のフォーカス位置の要素にはプロミネンスを置く必要はない）。たとえば、(1)は無標では副次補語である「新宿で」がフォーカスになるが、(1)の話し手が、田中さんが新宿で買い物をすることを知っていた場合は「その本を」がフォーカスになる。その場合は、「(田中さんは) <u>その本</u>を新宿で買ったんですか？」（下線部の要素にプロミネンスを置く）のように、有標の要素をフォーカスにするために、その要素にプロミネンスが置かれる。否定文の場合でも同様に、「私はこの本を買わなかった。」は本の購入を否定しているが、「私はこの本を買ったのではない。」では「この本を」または「買った」がフォーカスになり、それぞれ「私は<u>こ</u>の本を買ったのではない。…(4)」「私はこの本を<u>買っ</u>たのではない。…(5)」となる。こうした否定文では、フォーカスとなる要素と範列的（paradigmatic）な関係にある要素を含む「のだ」文があとに続くのが普通で、(4)(5)にはそれぞれ、「あの本を買ったのだ。」「友だちからもらったのだ。」などが続く。

[文献] 田窪行則「統語構造と文脈情報」『日本語学』6-5(1987)、野田春美『日本語研究叢書9 「の（だ）」の機能』（くろしお出版 1997）、庵功雄『新しい日本語学入門 第2版』（スリーエーネットワーク 2012） [庵功雄]

複合語
ふくごうご
compound word
語彙

「山」、「道」は、「山に登る」、「道を作る」が示すように、単独で使うことができる。「山」、「道」のような単独で使うことができるもの（語基）を結び付けることを複合と言い、複合によってできた「山道」のような語を複合語と呼ぶ（「山々」、「家々」のように、同じものを繰り返したものは畳語と呼ばれるが、畳語も複合語の一種と考えられる）。

【主要部】「山道」は、「山」の一種ではなく、「道」の一種である。「山道」という複合語では、右側の「道」が語の中心となっている。「山道」の「道」のような語の中心となっているものを主要部と呼ぶ。日本語では、基本的に右側のものが主要部になる。「山道」、「焼きそば」、「うれし涙」などは、右側の名詞が主要部になっている複合名詞、「泡立つ」、「切り倒す」、「広すぎる」などは、右側の動詞が主要部になっている複合動詞である。

【右側主要部の例外】「洗車」を構成する「洗」、「車」は、「*愛車を洗（セン）」、「*車（シャ）に乗る」が示すように、単独では使えない。単独で使えないので、厳密に言えば語基ではないが、語基に準ずるものと見なし、「洗車」も複合語とするのが一般的である。「愛車に乗る」と言えるので、「愛車」は「車」の一種と考えられるが、「洗車」はどうだろうか。「洗車」は、「車」の一種ではなく、「洗」の一種と考えられる（「*洗車に乗る」とは言えないが、「洗車を始める」とは言える）。「洗車」では、左側の「洗」が主要部になっている。日本語に「洗車」のような右側主要部の例外があるのは、SVO語順の中国語から漢語として取り入れたためである。

[文献] 影山太郎『文法と語形成』（ひつじ書房 1993）、斎藤倫明・石井正彦編『語構成』（ひつじ書房 1997）

[小林英樹]

副詞
ふくし
adverb

【文法】

　単独で文の成分となる語（自立語）のうち、活用せず、用言などと修飾関係を構成する機能にほぼ特化した語を言う。「ゆっくり歩く」「かなり暗い」「きっと晴れる」などがそれにあたり、「速く走る」「優雅に踊る」のような形容詞・形容動詞連用形による連用修飾は文の成分として副詞と同等の機能を持つが、品詞としての副詞には含まれない。品詞としての副詞と文の成分としての「副詞的（連用）修飾成分」は別物であることに注意する必要がある。現代語の副詞研究は個々の副詞的修飾成分の意味・用法の記述的研究に向かう傾向にある。歴史的研究では程度と評価を中心に用法変遷の研究が進んでいる。

【副詞の分類】情態副詞・程度副詞・陳述副詞の三分類は学校文法では採用されていないが、広く定着している。情態副詞は被修飾成分の情態概念を限定する。程度副詞は被修飾成分の程度概念の値を定める。陳述副詞は節述部などと形式的・意味的に呼応し、話者の発話態度や判断のあり方を表す。

　副詞は形態（活用なし）と機能（連用修飾）の両観点から定義されること、ほかの品詞からの転成が多く認められることから、周辺的な事例を多数抱えることになる。「ろくに勉強しない」の「ろくに」を副詞と考えると「ろくなことをしない」の「ろくな」は別語となる（→連体詞）。「おそろしくつまらない」のように、形容詞が程度副詞化する例や、「気を失うほど暑い」のように副助詞「ほど」が程度の副詞節を構成することもある（形式副詞）。程度副詞「全然」は「全然大丈夫」「AよりBが全然安い」など否定と共起しない用法が注目される。

【連用修飾機能】修飾とは一般的には意味的限定のことであり、被修飾成分が持つ意味概念の内包を充実させて外延を狭める修飾限定が主な機能である。しかし、このような修飾限定の機能は陳述副詞には認めにくく、程度副詞にもことがらの客観的属性を表すのか、叙法・陳述に関わるのかという議論がある。これは、程度副詞が情態副詞と陳述副詞の双方に連続的な性質を持つことによる。

【命題外の副詞】構文論の進展に伴い、文の対象的内容（命題）と伝達的内容（発話態度・判断）が区別され、それに伴って副詞も2つに区別された。命題内の要素を修飾する命題内副詞と発話態度など叙法・モダリティに関わるモダリティ副詞である（工藤2000など）。モダリティ副詞は陳述副詞とその周辺におおむね対応し、文の叙法性の観点から命題の判断に関わるもの（きっと明日は晴れる）、伝達態度に関わるもの（ぜひ来てくれ）に大別される。ほかにも、主観的な評価・注釈機能を持つ成分（「まさか当選するとは」）、談話レベルの展開機能を持つ成分（「とにかく、調べてみよう」）などもある。また、程度副詞は「??非常に寒くない」「??とても早く寝ろ」のように否定やモダリティとの共起に制限があるなど、叙法性にも関わる二面性を持つ。副詞は体系化の難しさから「品詞論の掃き溜め」と揶揄されたこともあった。先行研究の経緯を踏まえ、文法論・構文論に加えて談話研究などの知見も副詞の記述に反映させながら、文法教育・日本語教育双方に資する整理が進んでいくことが期待される。

[文献] 山田孝雄『日本文法論』(宝文館 1908)、渡辺実編『副用語の研究』(明治書院 1983)、国立国語研究所編『日本語教育指導参考書：副詞の意味と用法』(大蔵省印刷局 1991)、森本順子『話し手の主観を表す副詞について』(くろしお出版 1994)、矢澤真人「副詞的修飾の諸相」仁田義雄ほか『日本語の文法1 文の骨格』(岩波書店 2000)、工藤浩「副詞と文の陳述的なタイプ」森山卓郎ほか『日本語の文法3 モダリティ』(岩波書店 2000)、仁田義雄『副詞的表現の諸相』(くろしお出版 2002)、工藤浩『副詞と文』(ひつじ書房 2016)　　　　[井本亮]

振り仮名
ふりがな
small kana added to kanji to indicate pronunciation

【文字・表記】

漢字などの読みを指定するためにその脇にそえる小さな文字。印刷用語ではルビとも言う。文字はひらがなが一般的であり、振り仮名は難しい漢字の読み方を伝えることができるため、新聞や国語の入試問題などでは常用漢字以外に振られている。一方、カタカナの使用には条件がある。「上海（シャンハイ）」といった外国地名の漢字、「answer（アンサー）」のようにローマ字にはカタカナを用いる。また、「迷羊（ストレイ・シープ）」のような英語訳の読み、「本気（マジ）」と少し変わった読み方の付加にはカタカナを振ることになる。なお、かつてはひらがな基調の文章に振り漢字をつけるものもあった。

振り仮名を部分的に使用することをパラルビというが、戦前はすべての漢字に振る総ルビも広く行われていた。その当時、山本有三が振り仮名廃止論を提案して議論を呼んでいる。ルビは目に悪いなどという理由も挙げているが、廃止論の真の意図は、ルビ付きで際限なく漢字の使用が拡大していくのを抑え、適度な量で漢字制限を行うことにある。

外国人の理解度はどうだろうか。文化庁の2001年の調査（「日本語に対する在住外国人の意識に関する実態調査」）では、「漢字が読めて意味も分かる」（19.6％）に対し「平仮名が読める」（84.3％）、「ローマ字が読める」（51.5％）となっている。振り仮名にひらがなを選択する必要性が示されているが、実際の道路標示にはローマ字しか振っていない。なお、駅名は必ずひらがなが振ってあり、多くの在留外国人にも読むことができる（JR東海の在来線など駅名がひらがなに振り漢字のサインもある）。

［文献］武部良明『日本語の表記』（角川書店 1979）、沖森卓也ほか『図解日本の文字』（三省堂 2011）

［岩田一成］

プロミネンス
prominence

【音声・音韻】

句・文・発話レベルにおける音声的卓立。文法上のフォーカス（焦点）に対応する音声による実現であり、一般に、フォーカス部分がプロミネンスによって実現される。

プロミネンスは、音声の高さ・強さ・長さが際立って現れる部分であり、通常、これらの要素は複合的に実現する（高い音声は、強くまた長くなる）。イントネーションとは、際立ち・高音調の部分と対応する。

フォーカスは、話者が自ら決める場合と、文法構造によって自ずと決まる場合とがある。後者の例を示すと、東京方言において、真偽疑問文（何か飲む？）と疑問詞疑問文（何を飲む？）は、フォーカス・プロミネンス位置の違いにより区別できる。真偽疑問文では、述部（飲む）にフォーカス・プロミネンスが置かれるのに対し、疑問詞疑問文では、それらが疑問詞（何を）に置かれ、各文で当該部分が高く実現される。

否定疑問文と確認疑問文の区別も同様である。たとえば、「寒くない？」という文において、否定疑問文では、述部（〜ない（かどうか））にフォーカスがあり、そこに音声的プロミネンスが置かれる。それに対し、確認疑問文では、話者は「寒い」と思っているため、命題（寒く）の部分にフォーカス・プロミネンスが置かれ、両者が区別される。

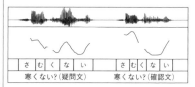

［文献］田中真一・窪薗晴夫『日本語の発音教室—理論と練習』（くろしお出版 1999）

［田中真一］

文
ぶん
sentence

文法

　言語の単位の1つ。文の成分が組み合わされてひとまとまりの内容が表される一方で、より大きな文の成分に組み合わさせることなく、そこで終止することが示されたもの。書記では、句点（。）やピリオド（.）、疑問符（？）、感嘆符（！）などにより、文としての終止が示され、発話では、一定のイントネーションとポーズによって終止が示される。

　日本の国語科では、言語の単位として、文章、段落、文、文の成分、単語の5つを立て、それぞれ小さいものが大きいものを構成するとする。文の成分は、段落と同様、中間段階としての性格が強く、複数の文の成分がまとまって、より大きな文の成分を構成することがある。このため、文には、1つの述語によってとりまとめられた単文のほか、複文や重文など、単文相当のまとまりが複数つなげられたものもある。また、「それは…」のように中途で話を打ち切って内容のとりまとめが不十分なまま終止させたものも、文と見なす。

　文は、一般に、文の成分が他の成分にかかり、他の成分がそれを受け、全体としてとりまとめられていく。特に、述語は、先行する主語や連用修飾語などの成分を受けて、文としてのひとまとまり性をもたらす。このような文のひとまとまり性をもたらす機能を「叙述」と呼ぶ。一方、述語は、事柄に対する話し手の捉え方や話し相手への働きかけなど、文における話し手の主体的な関わりも示す。この話し手の主体的な関わりを「陳述」と呼ぶ。現在では、大幅な捉え直しが行われ、文は、事柄を表す「叙述内容」とそれに対する話し手の主観的態度を表す「モダリティ」とから構成されると説明されることが多い。

[文献] 宮地裕『新版　文論』（明治書院 1979）、大木一夫『文論序説』（ひつじ書房 2017）　　　　[矢澤真人]

文型
ぶんけい
sentence patterns

文法

　何らかの実質語と組み合わせることで、文や文の一部を構成する機能語のパターン。文法項目とも。言語教育の文脈、特に日本語教育の文脈でよく用いられる用語である。

　英語教育でもSVC、SVOOといった五文型という考え方は広く定着しているが、英語教育の文型はS（主語）、O（目的語）といった非常に抽象度が高い概念であるのに対し、日本語教育の文型は必ず具体的な形式を中心とするところに違いがある。

　たとえば、グループ・ジャマシイ（1998）では、「〜しか〜ない」のような複数の語からなるパターン以外にも、「〜かもしれない」のような複合辞、「〜も」のような取り立て助詞、「〜中」のような接辞、「いっそ」のような陳述副詞、「しかし」のような接続詞など、品詞的には多種多様なものが文型として扱われている。これらは学習者の観点から見れば、名詞や述語、他の文型と組み合わせることでさまざまな意図を表現できる形式という点で共通点を持つ。日本語教科書でも学習項目として「文型」が示されるものが多い。文型を易から難へと順に導入していく日本語教授法を「文型積み上げシラバス」と言い、長らく日本語教育の主流であった。

　また、文型に関する研究では、これまでは「と」と「たら」のように類義関係にある機能語の違いに重点が置かれていたが、近年ではコーパスの整備により、組み合わせられる実質語にも大きな偏りがあることが指摘されている（中俣 2014）。

[文献] グループ・ジャマシイ編著『教師と学習者のための日本語文型辞典』（くろしお出版 1998）、中俣尚己『日本語教育のための文法コロケーションハンドブック』（くろしお出版 2014）、庵功雄・山内博之編『現場に役立つ日本語教育研究1　データに基づく文法シラバス』（くろしお出版 2015）　　　　　　　　　　[中俣尚己]

文章
ぶんしょう
text

談話・文章

　あるまとまったメッセージを伝えるために書かれた一連の文の集合のこと。詩では一文の文章ということも原理的にはあり得るが、多数の文が集まってできているのが普通である。また、単なる文の集合ではなく、内容上のまとまりを持つことが必須である。一般に書かれたものを指すことが多く、その意味で談話と対になる概念であり、表現されたものを指す点で英語のテキスト（text）と重なる。一方で、日本の語学的文章研究は文章論と呼ばれるが、そのきっかけとなった時枝（1950）は言語過程観に基づいており、そのため、日本語の文章という用語は、表現する過程を指すディスコース（discourse）の意味で使われることもある。

　文章を教育面で考えた場合、文章の種類を考えることが重要になる。国語教育では、目に見える世界を描写する書き手の視点が感じられるものを、物語文や詩として、目で見ることが難しいことばによる概念世界を、説明文や意見文として扱うことが多い。

　後者の説明文や意見文においては、文章構成の型が問題になる。伝統的には、四分法の起承転結がよく紹介されるが、現実には起承転結の文章は少なく、起承転結で書けという指示は、きちんとした文章構成を取れという指示と同義である。むしろ、比較的汎用性の高いのは、序論―本論―結論という三分法である。序論は開始部にあたり、意見文であれば、そこで問題提起を行う。本論は展開部にあたり、問題に対する例証や論証を行う。結論は終了部にあたり、論じてきたことのまとめを示す。そうした明確な構成を取ることで、文章の説得力を高めることができる。

［文献］時枝誠記『日本文法 口語篇』（岩波書店 1950）
［石黒圭］

文節
ぶんせつ
phrasal unit

文法

　橋本進吉の定義による言語単位の１つであり、橋本文法に基づく学校文法において基本となる概念。

　文節は、「私は／本を／読む」のように「文を実際の言語として出来るだけ多く区切った最短一区切」である（橋本 1934）。また、「文節を構成する各音節の高低の関係（すなわちアクセント）が定まってゐる」（橋本 1934）など、音声的・外形的特徴に基づいて定義される点に特徴がある。「補助の関係」の「寒く／ない」「見て／いる」のように、区切れが母語話者の直感とずれる場合も見られるものの、日本語母語話者であれば直感に基づいて文節を抽出することが比較的容易であり、そのことが、学校文法において今日も文節が用いられる要因の１つであると考えられる。実際に、小学校低学年の教科書や絵本の分かち書きにも利用されている。

　一方、「文を分解して最初に得られる単位」であり「直接に文を構成する成分」（橋本 1934）である文節は、１つの文節と他の１つの文節とのかかり受け、すなわち文節相互の関係で捉えられるものであることから、たとえば「この／兄と／弟は」（橋本 1959）における「この」のように、１つの文節が意味上複数の文節にかかる場合が説明できないなどの問題が生ずる。これらの問題に対して、橋本は、「二つ以上の文節が結合して、意味上或いまとまりを有すると見られるもの」（橋本 1959）を「連文節」として説明を行うが、上記の例は、実際には「この」が「兄と弟は」にかかるのではなく、まず「兄と弟」にかかり、次いで「この〔兄と弟〕」に「が」が接続すると見る方が自然であろう。「文節」を用いる際にはこれらの留意点を踏まえる必要がある。

［文献］橋本進吉『国語法要説』（明治書院 1934）、橋本進吉『国文法体論』（岩波書店 1959）　　［安部朋世］

文体
ぶんたい
style

歴史・社会

　主に書きことばや文章を、何らかの言語的な、また、言語以外の基準によって分類した時の、それぞれの下位変種。書き手側の立場に立って、「表現主体が、素材や題材をどのやうにして把握し、どのやうな態度で表現するか、また、表現の場面をどのやうに意識し、それによって表現をどのやうに調整する」かによって生じた類型とする見方もある（時枝1977）。

【種類】 大きく類型的文体（社会的に共有されている文体）と個性的文体の2種類に分類し、それぞれをさらに下位分類することが多い。従来指摘されてきた文体を、その基準とともに整理すれば、次のようなものがある。

［類型的文体］
・表記様式：漢文体、漢字仮名まじり文体、仮名文体
・文章のジャンル：宣命体、日記体、抄物体、書簡体、小説・公文書・論文・広告・新聞等の文体
・語彙・語法：漢文訓読体、和文体、和漢混淆文体、欧文翻訳体
・口頭語との距離：文語体・口語体、言文一致体
・特徴的使用形式：候文体、丁寧体・普通体（デスマス体・ダ体）、など

［個性的文体］
・個々の作家や言語使用者：夏目漱石の文体、川端康成の文体
・言語作品：『今昔物語集』の文体、『坊ちゃん』の文体、など

　ただし、それぞれの文体の言語的実態は多様であり、同じ文体名でくくられる文章や作品が、必ずしも同じ種類のことばで書かれている訳ではない。たとえば『今昔物語集』では、天竺部と本朝世俗部で使用されることばが一部異なっている。また、異なった文体が

混じり合って成立した文体もある。和漢混淆文と位置づけられる文章は、和文的な要素と漢文（訓読文）的な要素が混じり合ったものであるが、混じり合った和文要素と漢文要素の種類や比率は一様ではない。文体の実態は言語的に連続的であり、それぞれの文体は参照点として把握されるべきものである。

　文体の種類には、その他、上古体・中古体（時代的文体）、男性の文体・女性の文体（書き手の属性による文体。社会言語学では社会方言とする）なども含めて、広く捉える考え方もある（中村1993の文体差の要因参照）。

　個性的文体を指すのにスタイルという用語が使用されることがあるが（作家のスタイルなど）、スタイルという用語は、社会言語学では、主に話しことばにおいて、言語使用者がさまざまな相手や場面で切り替える変種や言語項目を指すことが多い（フォーマルスタイル・カジュアルスタイルなど）。

【社会的機能】 文体は同じ日本語の下位変種であるため、異なった名称で言及される文体にも共通する言語要素が多い（文体を特徴づける要素ではない部分。「目・口、山・川」などの基礎語彙・基本語彙など）。それぞれの文体を特徴づける言語要素は、他の文体では（あまり）使用されない要素であり、当該文章の書き手の属性や文章のジャンルなど、何らかの社会的な情報を示す要素である。伝達という側面から見れば、文体とは、同じ内容のことを述べるための複数の言語的表現手段のことであり、不経済なところであるが、その存在を動機づけているのは文体のもつ社会的な機能、社会的な情報を伝える力である。

【歴史性】 文体を担う言語要素とその社会的な特徴は、日本語の書きことばの歴史を反映する。日本語の書きことばには、1つには漢文から出発し、そこに（口頭の）日本語要素を組み込みつつ、変体漢文や訓読文を創り出した流れがある。また一方には、日本語の表記に適した仮名を創り出して（口頭の）日本語で文章（和文）を書き表すという流れがあっ

た。この中で、[漢文（訓読文）・漢字・漢語
＝男性・公式]、[和文・かな・和語＝女性・
非公式]のような、ことばや文字と社会的情
報の結び付きが生じている。

　文体はまた、書きことばのもつ伝統性や固
定性、話しことばのもつ新規性や流動性とい
うことを反映する。書きことばは話しことば
に比べて変化しにくいが、その中でも伝統に
則ったことばは公式度が高く、それを用いて書
かれた文章は正格の文章と見なされやすい。
一方、当代の口頭語を使用した文章は、くだ
けた文章となりがちである。ここにもまた、
[（擬）古文・古語＝公式] [当代文・当代語＝
非公式]といった、ことばと社会的情報の結
び付きが生じやすい。

【言語実態】以上と関連し、文体を分類する際
に注目される言語要素には、使用される文字
の種類を除けば、次のようなものがある。
・漢文・漢文訓読系の要素と和文的な要素の
　使用比率（漢語・和語等の語種の比率など
　も含む）や使用法
・古語系の言語要素と当代語系の言語要素の
　使用比率や使用法（それぞれの作品の、た
　とえば会話部分で使用するか否かなど）
・特定の構文（非情物主語文など）の使用の
　有無や使用頻度
・特定の言語形式（文末の丁寧語（デスマス・
　候）など）の使用の有無や使用頻度
・それぞれの品詞（動詞や名詞、形容詞など）
　の使用比率
　文章の目的や内容と関連づけつつ、使用さ
れる品詞や文法形式、構文等の種類とその頻
度によって総合的に分類される文体を、レ
ジスターということもある（Biber & Conrad
2009）。

【言語使用者の文体能力】それぞれの文体を、
言語使用者がもつことばの能力という観点か
ら捉えたとき、文体を運用する能力は、同じ
内容を述べるための、社会的情報が焼きつい
た複数の表現手段（書きことばの文体）を、
場面や状況、目的などに応じて適切に運用す

る社会言語能力の中に位置づけられる。それ
ぞれの言語使用者は、文章を書いたり読んだ
りする際に、その能力を活用する。文章を書
く場合を例にすれば、その多様な表現手段に
は、一方に社会的に固定化、類型化され、個
人の自由にならないものがあり（その典型は
消息文など）、また一方には（慣習化されたと
ころに意図的に違反する行為も含めて）個人
の自由になる部分があって、書き手は、文章
全体の、あるいはそれぞれの箇所において、
ことばを選択しながらその文章の文体をつく
り上げていく（【種類】の項で分類した類型的
文体と個性的文体は文体を単純化して捉えた
もの。個々の文章は類型的な部分と個性的な
部分の両者を含む）。この選択が、作家や作品
の独自の文体をもたらす。たとえば江戸後期
の文学作品では、漢字・漢語を多用するかし
ないか、会話文に文語を用いるか否か、文語
を用いる場合、いつの時代のことばを用いる
か、地の文・会話文に当代の口頭語形を使用
するか否か、登場人物にどのような社会方言
を使用させるか、などの点において作者の選
択が行われ、その選択結果が、小説のジャン
ルや公式度、対象読者、地の文と会話文の区
別、局所的な場面のフォーマリティ、登場人
物の属性などを読み手に伝える手段となる。
このようなことばの選択システムは読み手も
共有しており、それぞれの時代において作者
の意図を解釈するための装置となる（渋谷
2018）。

［文献］時枝誠記『時枝誠記博士著作選3 文章研究序説』
（明治書院 1977）、森岡健二ほか編『講座日本語学7 文
体史1』（明治書院 1982）、中村明『日本語の文体─文芸
作品の表現をめぐって』（岩波書店 1993）、Biber, D. & S.
Conrad *Register, Genre, and Style*. Cambridge University
Press. 2009., 渋谷勝己「書き手デザイン─平資源内を例
にして」岡崎友子ほか編『バリエーションの中の日本語
史』（くろしお出版 2018）　　　　　　　　　　［渋谷勝己］

文の成分
ぶんのせいぶん
sentence element

🔲文法

【成分の関係性】文を構成する要素。文法論により、どのような単位を文の構成要素とするか、どのような機能により分類するかによって、文の成分の認定が異なる。国語科教育で広く行われる文節を単位とした文法論（いわゆる学校文法）では、「主語・述語の関係」、「修飾・被修飾の関係」（さらに連用と連体に分ける）、「接続の関係」、「並立の関係」、「補助の関係」、「独立」という文節相互の関係に基づいて、「主語」や「述語」、「修飾語（連用修飾語、連体修飾語）」、「接続語」、「並立語」、「独立語」などが立てられる。文節の関係は認めるが、「補助語」は文の成分としては立てないことが多い。「並立語」も同様に文節の関係は認めるが、文の成分としては立てないこともある。また、連文節の場合には、「主部」「述部」のように「～部」で示すことがある。

　「節」や「句」「単語」を単位として、「副詞節」や「副詞句」などの文の成分を立てる文法論もある。一般に述語を伴う文相当の構造を持つものを「節」、述語を伴わないものを「句」とするが、述語を伴わない文の成分を「～語」、述語を伴うものを「～節」で区別する立場もある。なお、学校文法で用いる「主語」や「修飾語」の「～語」は、あくまで文の成分の名称として用いるものであり、単位が「単語」であることを示したものではない。

　日本語の構文論は、主に英語の構文論を導入する形で整備されてきたこともあり、戦前の文典類には、「主語」「述語」「修飾語」のほか、「客語」「補語」などの文の成分が立てられたものもある。ただし、英語のobjectに相当するものを「客語」、complementに相当するものを「補語」として区別するもののほか、「補語」だけで「客語」を立てないものもあり、必ずしも文典間の用語の整備はなされていない。このような状況において、児童・生徒の

学習に適した形として支持されたのが、文節を単位とした橋本進吉の文の成分論である。文節は、文法的単位としては課題が残るが、児童・生徒が自ら文を分けて得られる単位であること、文節の相互の関係も児童・生徒が自ら観察できること、困難な「客語」と「補語」の区別や主語以外の名詞句と副詞句との区分を廃して、述語にかかる主語以外の成分を「連用修飾語」としてくくったことなど、学習用の文法論として配慮がなされている。

　一方で、接続語と連用修飾語との境界に関する課題や、「大きい、赤い花が」と「大きく、赤い花が」や「京都、大阪に」と「京都や大阪に」「京都や大阪、神戸に」の位置づけなど、「並立の関係」の認定に関わる課題など、文の成分の指導にあたって課題として残されたところも少なくない。

【問題点】一方で、接続成分と連用修飾成分に関して、たとえば「{寒いので・寒くて}あわてて服を着た」において、「寒いので」「寒くて」を、「あわてて服を着た」などと同じ連用修飾と見るか、接続成分であり連用修飾とは違う構造と見るか、など、見方の違いがある。また、前述のように、「あわてて」・「服を」と「着た」の関係も、前者が修飾的なのに対して後者は目的語的であり、同じとは言えない。さらに、「もし雨が激しく降れば」の「もし」なども、「激しく」と同じ「降れば」への連用修飾というより、節全体について仮定条件を誘導する形と見るという考え方もできる。このほかに、「首都、東京」など同格をどう位置づけるかの問題や、「京都や大阪」に対し、「京都や大阪、神戸」のように助詞の出現が対応しない並列をどう位置づけるかという問題なども議論が必要である。さらに、「象は鼻が長い」「牡蠣料理は広島が本場だ」など「は～が」という構造を文の成分としてどう見るかという点での議論も必要である。

［文献］橋本進吉博士著作集刊行会編『国文法体系論』（岩波書店 1959）、渡辺実『国語構文論』（塙書房 1971）、三上章『構文の研究』（くろしお出版 2002）、高橋太郎ほか『日本語の文法』（ひつじ書房 2005）　　［矢澤真人］

文のタイプ
ぶんのタイプ
types of sentences
文法

文の定義は極めて難しいが、基本的には完備性と独立性から特徴づけられる。文には表現として未分化な「水！」のような一語文をはじめ非完備的なものもある。完備した文の場合、主述関係がその骨格をなすが、省略される場合や言いさし表現などもある。一般に、述べる内容（事柄）に対して話し手の捉え方（無標のこともある）が加わることで独立した文となる。

述べ方から見れば、平叙文・疑問文・感嘆文／意志文・命令文といった分類などがある。意志文や命令文は世界へはたらきかける事態統制の文で過去テンスを持たない。それ以外の文は世界や思考を言語化する文と言える。ただし、形と意味とは単純に結びつかず、たとえば「早くしないか！」のような個々の形式はどう扱うのか、感嘆文といった文型は必要か、確認文など他の類型も必要か、など認定にはさまざまな考え方がある。

述語の品詞からは、「何（誰）が何だ」という名詞文、「何（誰）がどうだ」という形容詞文、「何（誰）がどうする」という動詞文に分ける考え方もある（三文型）。ただし、「優れている」など形容表現的な動詞の用法、「私は帰る予定だ」のような文末名詞の用法など、単純にはあてはまらない。

構造としては、独立度の高い節が並ぶ重文、従属的な節を含む複文、主述関係が1つである単文、という分け方もある。

このほか「は」など主題がある文（有題文）とない文（無題文）といった分別や、文構造からの単文・複文・重文というタイプ分けもある。

［文献］宮島達夫・仁田義雄編『日本語類義表現の文法（上）（下）』（くろしお出版 1995）、矢澤真人「構文論をどう見直すか」『日本語学』16-4（明治書院 1997）

［森山卓郎］

文法化
ぶんぽうか
grammaticalization
文法

本来文法形式でなかった語が通時的変化を経て文法形式になること。内容（実質）語と機能語の連続性に注目する見方とも言える。元の実質語の用法も残る場合（分岐）と変質する場合とがある。

英語で "be going to" が未来を表す助動詞のようになり、"gonna" という形に変わる例などが挙げられるように、用語自体は英語からの訳であるが、日本語学でも（文法）形式化という概念で広く議論されてきた。「してくれる、している、していく」などの補助動詞も元は動詞だったものが機能語化したものであるし、「するところだ」の「ところ」などの形式名詞も文法化によるものと言える。これらの名称からもその位置づけが分かる。

さまざまな品詞に及び、「へ」という格助詞も名詞「辺」と関連づけられるほか、「に＋おいて」「に＋よって」などの複合助詞なども実質動詞が機能語化したものと言える。

文法化にはさまざまなプロセスがある。たとえば、終助詞の「かしら」は、「〜か知らぬ」が基になっているが、「知る」という実質語としての意味が希薄化し（意味の漂白）、「かしらぬ→かしらん→かしら」のように形も変化し（音声弱化）、文法的にも終助詞化して、そのはたらきや形が変化している（脱範疇化）。こうした文法化の段階が進んだものもあり、たとえば「た」は「て＋あり」から「たり」へ、そして「た」へと進み、現在では述語の一形態となっている。

こうしたことに関連して変化の一方向性（内容語から機能語へそして接辞へ、場所から時間へ等）ということが提案されるなど、さまざまに議論されている。

［文献］ホッパー・トローゴット『文法化』（九州大学出版会 2003）、大堀壽夫「日本語の文法化研究にあたって―概観と理論的課題」『日本語の研究』1-3（2005）　［森山卓郎］

文法カテゴリー
ぶんぽうかてごりい
grammatical category

`文法`

　文法的な表現のグループのこと。ただし、grammatical category という用語自体は品詞のことを指して使われることもある。

　構造を持った文は、一定の表現のグループに分けて整理することができる。たとえば述語の形を見る場合、いわゆる助動詞や助詞などがついていない形（無標形）でも一定の意味を表すことがある。「シタ」が過去というだけでなく「スル」が現在・未来を表すといった見方も必要である。さらにたとえば古い過去を表す「ことがある」など関連形式の意味用法も含めて整理することが必要である。こうしたところから、文法カテゴリーという表現のグループ化がなされる。ただし、その認定は意味的なものであり、研究者による扱い方の違いもある。

　一方「スル対シタ」のように厳密に語形態に合わせてカテゴリーを形成する考え方もある（形態論的カテゴリー）。明示的整理ができるが、どこまでを「形態的対立」と見なすか、拡張的表現の扱いをどうするかなどが問題となる。

　一般によく取り上げられる文法カテゴリーは、「格：名詞と動詞の関係付け」「ヴォイス：受け身や使役などの格関係の調整」「アスペクト：テイル等動きの時間的な取り上げ方」「テンス：タ等発話時と出来事時等との関係づけ」「モダリティ：文の述べ方」などである。このほか肯否、敬語などの表現も1つのカテゴリーとして考えられる。

　文法カテゴリーはそれぞれ完全に独立しているわけではない。たとえば「タ」には、テンスとしての用法だけでなく、「あ、あった！」の発見用法のように捉え方の表現という側面もある。

［文献］鈴木重幸『日本語文法・形態論』（麦書房1972）、寺村秀夫『日本語のシンタクスと意味Ⅰ』（くろしお出版1982）　　　　　　　　　　　　　　　［森山卓郎］

文法変化
ぶんぽうへんか
grammatical change

`文法・歴史`

　文法の意味や形式に関わる通時的な変化のこと。主な種類として「機能語化」と「多機能化」がある。

【**機能語化**】名詞・動詞・形容詞などの内容語、または、これらの内容語を含む句が機能語になる変化である。助詞・助動詞などの付属的機能語になる場合と、感動詞・接続詞・副詞などの自立的機能語になる場合がある。前者は「文法化（grammaticalization）」とも言われ、事例には「位：名詞＞程度の助詞（倒れるくらい働いた）」「て居る：動詞句＞継続のアスペクト（書いている）」「かも知れない：動詞句＞蓋然性のムード（雪が降るかもしれない）」などがある。後者の事例には「この畜生：名詞句＞卑罵の感動詞（こんちくしょう）」「及ぶ：動詞＞等位の接続詞（会長および副会長）」「露：名詞＞否定の副詞（つゆ眠れず）」などがある。

【**多機能化**】機能語が新たな機能的意味を表すようになる変化である。付属的機能語における変化の事例には「が：主格（花が散る）＞接続（彼は来るが、彼女は来ない）」「た：過去（行った）＞命令（どいたどいた）」「だろう：推量（受かるだろう）＞確認要求（そこの角にあっただろう？）」などがある。自立的機能語における変化の事例には「まこと：評価の副詞（「本当に」の意）＞想起の感動詞（「そうそう（そう言えば）」の意）」「おい：詠嘆（「ああ」の意）＞呼び掛け」などがある。

【**その他の種類**】機能語化・多機能化にくらべて事例は多くないが、ほかの種類もある。1つは、複数の機能語が複合して別の機能語になる「複合機能語化」である。「も（並列の助詞）＋こそ（特立の助詞）＞もこそ（危惧の助詞。「人もこそ知れ」）」「あな（感動詞）＋や（詠嘆の助詞）＞あなや（感動詞）」などがある。もう1つは、接辞が機能語に発達する「昇格機能語

化」である。接尾辞が付属的機能語化した例に「る：自動詞構成の接尾辞（別か<u>る</u>）＞受身（欺か<u>る</u>）」「らしい：形容詞構成の接尾辞（馬鹿<u>らしい</u>）＞推定（止んだ<u>らしい</u>）」などがある。接頭辞が自立的機能語化した例に「極：接頭辞（<u>極</u>寒）＞副詞（<u>ごく</u>親しい）」「超：接頭辞（<u>超</u>大型）＞副詞（<u>ちょう</u>忙しい）」などがある。さらに例外的な変化として、付属的機能語が自立的機能語になる変化もある。接続助詞の接続詞化がそれで、「が：接続助詞（彼は来る<u>が</u>、彼女は来ない）＞接続詞（謝った。<u>が</u>、許してくれなかった）」などがある。

【形態の変化】 上に述べた機能語化は、意味的には具体的・内容的意味から抽象的・機能的意味への変化だが、形態的な変化を伴うこともある。たとえば、動詞「参らする」は機能語化の過程で「まいらする＞まらする＞まする＞ます」のように形態の縮小をくり返した。また、名詞「丈（たけ）」は機能語化の際に頭部が濁音化した（金<u>だけ</u>取る）。どちらも形を変えることによって、本来の自立性を喪失したことを形態的に示している。

【変化の方向性】 文法変化に関して「一方向性仮説」が言われることがある。これは、意味的には「内容的意味＞機能的意味」、形式的には「自立的形式＞付属的形式」という方向に変化し、逆方向には変化しないという仮説である。しかし、これは上に述べた「文法化」（付属的機能語化）をモデルにして考えたもので、その他の種類の文法変化を考慮に入れていない。そのため、これに反する事例は容易に見つけられる。付属的機能語化の事例が多いことは確かだが、一方向性仮説の言う方向性は法則ではなく、傾向と考えるべきである。

[文献] P. J. ホッパー・E. C. トラウゴット『文法化』（九州大学出版会 2003）、大堀壽夫「日本語の文法化研究にあたって―概観と理論的課題」『日本語の研究』1-3（2005）、金水敏・高山善行・衣畑智秀・岡崎友子『シリーズ日本語史3 文法史』（岩波書店 2011）、小柳智一『文法変化の研究』（くろしお出版 2018）　　　[小柳智一]

並列

へいれつ

coordination

文法

　文法的に同じ資格をもつ要素を並べた要素間の関係。並立、等位接続とも言う。

　日本語では、名詞句レベルでは「りんご<u>と</u>みかんを食べた」「りんご<u>や</u>みかんを買った」のように並列（並立）助詞を用いる。この時、並列される要素はどちらも名詞句であるとともに、どちらも動詞から対象格を付与されるという関係になっている。

　一方、動詞句や節レベルでは「ビールを飲ん<u>で</u>、唐揚げを食べた」「歌っ<u>たり</u>踊っ<u>たり</u>する」のように接続助詞を用いる。しかし、「飲んで」はテンス情報を担わず、「食べた」が全体のテンスを担うなど、文法的に必ずしも等価とは呼べない。動詞句・節レベルにおける「並列」の用語は意味的な関係を指すものである。「学校に行って、食事をした」のような継起関係のあるものや、「性能はいいが、値段が高い」のような逆接関係のものを「並列」に含めるかは研究者による。また、前の要素を文として区切る場合には「そして」「それから」などの接続詞が用いられる。

　「と」と「や」の違いについては、「と」が並列された要素以外の要素が存在しない全部列挙、「や」が他の要素も存在する一部列挙とされることがある（寺村 1991）。しかし、「道路を渡る前に右<u>や</u>左を見る」のような例もある。意味的には、「と」は並列される要素についていかなる制約も持たないが、「や」は意味が似た要素を並列させる。また、「と」の方が並列された要素の関係が緊密であり、「毎日ビールとワインを飲む」と「毎日ビールやワインを飲む」では、前者が両方を飲むという解釈になるのに対して、後者はどちらかを飲むという解釈になる（中俣 2015）。

[文献] 寺村秀夫『日本語のシンタクスと意味Ⅲ』（くろしお出版 1991）、中俣尚己『日本語並列表現の体系』（ひつじ書房 2015）　　　[中俣尚己]

母音
ぼいん
vowel

音声・音韻

肺からの呼気流を声道の途中で妨げずにつくられる音声。声道の広さにより、声帯振動を伴う有声音を基本とする。声道狭窄を伴う子音と対をなす分節音である。

【母音の分類基準】母音の分類基準として、一般に（1）舌の上下（開口度）、（2）舌の前後、（3）唇の丸めの三点がある。このうち（2）と（3）は相関することが多く、前舌母音/i/, /e/は非円唇に、後舌母音/u/, /o/は円唇母音に対応する。IPA（国際音声記号）の第一基本母音8つのうち7つはこの組み合わせであり、その組み合わせを変えた第二基本母音のうち、前舌円唇母音はウムラウトと対応する。

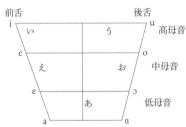

日本語5母音の配置とIPA第一基本母音

日本語の母音は三段階の高さを持ち、舌の位置が高い（開口度が低い）順に、高母音/i, u/、中母音/e, o/、低母音/a/に分類される。舌の前後に関しては、前舌母音として/i, e/が、典型的な後舌母音として/o/がある。これらの分類上の基準は、多くの音韻現象と関わる。

【中舌母音と精密表記・簡易表記】日本語の/u/は、IPAの後舌高母音 [u] よりも前方に寄っている。また、特に歯茎子音の [s], [ts], [dz], [z] 等に後続すると、さらに前に寄る。このため日本語の/u/は、しばしば中舌母音と呼ばれる。同時に、舌の前進に伴い円唇性も薄れる。これらの特徴により、非円唇後舌母音 [ɯ] に中舌化記号（¨）を付し [ɯ̈] と表記す

ることもある。ただ、一般に [ɯ]（第二基本母音）を持つ言語は [u]（第一基本母音）の存在を前提とするため、[u] を欠きながら [ɯ] のみが存在するのは、有標性の点で不整合である（窪薗 1999）。したがって、前寄り（˖）、弱円唇性（̜）を、下寄り（˕）の補助記号と合わせた [u̜] と表記するのが妥当と思われる。

上記のように、補助記号を用いて調音を詳細に示す方法を精密表記と呼ぶ。5母音を精密表記すると以下のようになる（（˖）（˕）は、それぞれ上寄りと後寄りを表す）。

い [i̞]、え [e̞]、あ [a̠]、お [o̞]、う [u̜]

しかしながら、精密表記には自ずと限界がある。たとえば、どの程度前寄りなのかなどを示すことは難しく、すべての例を精密表記するのは煩雑である。そのため、補助記号を外した簡易表記を併用することが多い。

【母音の素性と音声・音韻現象】日本語は、多くの言語と同様、子音と母音とが1つずつ繰り返されるCV音節構造（C：子音、V：母音）を好む。通言語的にこれが最も基本的な音節構造であり、この音節を欠く言語はない。

日本語で異なる子音連続（CC）や撥音以外の語末子音（-C#）は許容されない。このため、原語にこれらの音節構造を持つ外来語や漢語を受け入れる際には、基本的に高母音/i, u/が挿入されCV音節にする。高母音が選択されるのは、母音性の低さ（聞こえにくさ）による。

また、特に「石」「直」などの漢語形態素（(C)VCV）において、直前の母音の前舌性が、挿入される高母音の前舌性を決定することが多い。たとえば、漢語の「石」は、/seki/、/syaku/、/koku/の三種の読みがあり、前半の母音が前舌母音/e/の場合、後半に前舌高母音/i/が挿入される（/seki/となる）のに対し、そこが非前舌母音/a, o/の場合、後舌高母音/u/が挿入される（/syaku/, /soku/となる）。このような領域内における母音の共起制限を母音調和（vowel harmony）と呼び、そこに素性が関係するのが一般的である。

また、母音の無声化（vowel devoicing）は、

無声子音または無音に挟まれた高母音が対象となる。これも母音挿入と同様、高母音の母音性の低さに起因する現象である。

また、特に1990年代以降の歌謡（スピッツ、Mr. Children、ゆず、DREAMS COME TRUEなど）において、たとえば、/boku/→/bok(u)/（僕）、/site/→/s(i)te/（して）などのように、高母音を脱落させた音符付与が散見されるようになった（田中2008）。

それに対し、曲の最も聴かせどころ（サビ）には、低母音/a/が対応する例もある。たとえば、いきものがかりは、全シングル41曲のうち約8割（80%：33/41）においてサビを/a/で始めている（2019年4月現在）。

母音は、ネーミングやオノマトペ等における音象徴（sound symbolism）とも関係する。たとえば、/a/は大きなものと、/i/, /u/は小さなものと対応しやすく、それらは開口度と対応すると考えられる（川原2017）。

【子音挿入、母音脱落、母音融合】 多くの言語と同様にCV音節構造を好む日本語において、子音連続（CC）とともに母音連続（hiatus；VV）も好まれない。それらは、次のような方策により回避されてきた。

(1) 子音挿入：ko + ame → ko*s*ame（小雨）
(2) 渡り音挿入：daia ～ dai*j*a（ダイア／ダイ
　　　ヤ）, takuan ～ taku*w*an（たくあん／たく
　　　わん）
(3) 母音脱落：uti + umi → utumi（内海）
(4) 母音融合：am*ai* → am*ee*（あめえ）
　　　ariga*tau* → ariga*too*（ありがとう）

(2) 渡り音挿入においては、母音連続の前半が/i/の場合/j/が、/u/の場合/w/が挿入される。これは/j/と/w/の調音位置が、それぞれ/i/と/u/に近いことに起因する。

(3) 母音脱落については、通言語的傾向と同様、母音連続の前半が脱落し後半が残ることが多い。これは、前半の母音が形態素末に位置するのに対し、後半の母音は次の形態素の先頭に位置することが多いためである。一般に初頭部分は保持されやすいのに対し、末尾

部分は保持されにくい。ただし、/aka/ + /isi/ → /akasi/（明石）のように、前半母音の開口度（ソノリティー）が高い場合には、それが保持されることもある。

(4) 母音融合に関しては、2母音の中間に融合する場合（ai → eː, au → oː）もあるが、両者の素性の組み合わせによって説明可能である（窪薗1999）。

【母音の音響的特徴とフォルマント】 喉頭内の声帯振動によって作られた音源は、声道（咽頭・口腔・鼻腔）の形状により音色が変わる。音響的には母音については特定の周波数にピーク値が集中し、それが図のサウンドスペクトログラムのように、濃い帯状の模様として現れる。これをフォルマント（formant）と呼び、低い方から順に、第一フォルマント（F1）、第二フォルマント（F2）、第三フォルマント（F3）と言う。このうち、F1とF2は、母音の音色と大きく関係する。

第一フォルマントは舌の上下（開口度）と対応し、舌が下に位置する、つまり開口度が高いほど高い値を示す（[a]で最大、[i, u]で最小となる）。第二フォルマントは舌の前後と対応し、前舌性が高いほど値が大きくなる（[i, e]で値が大きくなる）。

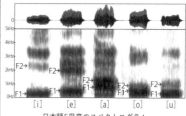

日本語5母音のスペクトログラム

[文献] 窪薗晴夫『日本語の音声』（岩波書店1999）、千葉勉・梶山正登『母音―その性質と構造』（岩波書店2003 [1942]）、斎藤純男『日本語音声学入門　改訂版』（三省堂2006）、田中真一『リズム・アクセントの「ゆれ」と音韻・形態構造』（くろしお出版2008）、川原繁人『「あ」は「い」より大きい!?―音象徴で学ぶ音声学入門』（ひつじ書房2017）

[田中真一]

方言意識
ほうげんいしき
attitudes towards dialect

社会

　この用語が指す対象は必ずしも定義されておらず、広範囲にわたる。そのうちの1つに、特定の方言に対するイメージがある。具体的には、特定の方言に対して個人が抱く「都会的／田舎っぽい」「明るい／暗い」「きれい／汚い」といったイメージのことで、「京都弁は上品」「東北弁は素朴」のように社会的に共有されていることも多い。こういったイメージは、方言そのものというより、その方言が話される土地や人物に対するイメージからきたステレオタイプであることがほとんどである。このステレオタイプを基盤として、特定のキャラクター性を表現するための「ヴァーチャル方言」として使用されることもある。

　また、個人や社会が方言をどのように受け止めるかという意識についても研究されている。たとえば、自分や周囲の方言に対する「好き／嫌い」「誇らしい／恥ずかしい」「後世に残したい／なくしたい」といった評価的態度である。こういった態度は地域や集団に対する帰属意識を反映していると考えられ、言語変化やことばの使い分けに影響する。

　さらに、方言と「意識」が関連するトピックとして「気づかない方言」がある。ある表現がいわゆる「方言」、つまりその地域特有の表現（俚言）であるにもかかわらず、話者はそう思っていない表現のことである。たとえば、近畿や九州では「なおす」という語を「片付ける」という意味で使うことがある。これは他の地域では通じない「方言」だが、当の話者の中では「方言」だと意識されていない。

[文献] 佐藤和之・米田正人編著『どうなる日本のことば—方言と共通語のゆくえ』（大修館書店 1999）、篠崎晃一『東京のきつねが大阪でたぬきにばける—誤解されやすい方言小辞典』（三省堂 2017）　　　[野間純平]

方言周圏論
ほうげんしゅうけんろん
concentric circle theory of dialect divergence

理論

　柳田國男が『蝸牛考』において示した、方言分布の解釈に関する理論。離れた地域に同じ語形が存在し、その間に別の語形が分布している状況において、周辺地域に分布する語形ほど古く、中心に分布する語は新しいと解釈する。「かたつむり」を表す語を例にとると、近畿を中心として、デンデンムシ系、マイマイ系、カタツムリ系、ツブリ系、ナメクジ系の順で語形が同心円状に分布していることから、中心のデンデンムシ系が最も新しく、東北や九州といった周辺部に分布するナメクジ系が最も古い語形と考える。この理論においては、新たな語は政治・文化の中心地で発生し、それが人の移動とともに周辺へ伝播すると考える。都から地方へ語が伝播している間に、さらに新たな語が都で発生し、前の「波」を追いかけるように伝播する、といったことを繰り返した結果、同心円状の分布が出来上がったと考えるのである。なお、ことばが波のように広がっていくという発想は、ヨハネス・シュミット（J. Schmidt）の波紋説（波状説）と同様のものだが、波紋説はことばが外側へ広がるにつれて周辺の言語と影響を与え合い、新しいものに変化していくと考えるため、方言周圏論とは新古関係の解釈が逆である（→巻末付録）。

　方言周圏論では、周辺部に分布するものほど古いと解釈するが、周辺部に分布する語形のほうが古いと解釈される事例もある。たとえば、動詞の「ラ行五段化」は周辺部において起こっており、中央部ではあまり見られない。これは、周辺部各地において同じ変化が別個に発生したものであり、周辺部の語形の方が新しいため、逆周圏分布と呼ばれる。

[文献] 柳田國男『蝸牛考』（刀江書院 1930）、松本修『全国アホ・バカ分布考』（太田出版 1993）　　　[野間純平]

母語
ぼご
mother tongue, native language

　個人が生まれて（母親などのことばをモデルにして）最初に身に付ける言語を言う。（あとで習得する「第二言語」に対して）「第一言語」と呼ばれることもある。方言についても同様に、最初に身に付ける方言を「母方言（第一方言）」と言う。以前は「母国語」と言うことが多かったが、一国内で複数の言語がさまざまな地域的・社会的広がりをもって使用されることがあること、移民二世にとっては父母の言語（継承語）と移住先の言語のどちらを母国語とするか決めにくいケースがあることなど、国と言語と話者の関係は複雑であり、この用語は避けられるようになった。

　母語や母方言には、最初に日常生活の中で身に付けるということと関連して、一般的に、最も能力が高いことば、インフォーマルな日常場面で使用されることば、意識しないで使用できることば、などの特徴がある。しかし流動性を特徴とする現代社会では、転勤や進学に伴う国内外の移住や国際結婚などが増え、次のような理由で母語や母方言の概念規定がむずかしくなっている。（1）小さい頃から複数の言語や方言を同時に身に付ける子どもがいる、（2）最初に身に付けた言語や方言の使用機会が減り、別の言語や方言を多用するようになることがある（言語交替）、など。方言についてはさらに、（3）ニュータウンなど多様な地域出身の住民がいる場所では親が子どもに標準語で話しかけ、子どももニュータウンの中では標準語を使い（標準語が母語となる）、幼稚園や小学校ではじめて方言を話す子どもと接触して方言を身に付ける（真田2001）、（4）親の転勤に伴ってさまざまな地域に居住し、どの方言が母方言かが分からない、といったケースも増えている。

［文献］真田信治『関西・ことばの動態』（大阪大学出版会 2001）　　　　　　　　　　　［渋谷勝己］

ポライトネス
politeness
（語用論・理論）

　ポライトネス理論はペネロピ・ブラウン（Penelope Brown）とスティーヴン・C・レヴィンソン（Stephen C. Levinson）が提唱した。この理論では、人間は基本的な欲求として、他者から評価されたい、受容されたい欲求であるポジティブ・フェイスと、自分の領域に踏み込まれたくない、自分の行動を邪魔されたくない欲求であるネガティブ・フェイスを持つと考える。その上で話し手や聞き手のフェイスを侵害する行為に対して、どのように対処するかを理論化した。ポジティブ・フェイスへの配慮・補償を行うのがポジティブ・ポライトネスで、ネガティブ・フェイスへの配慮・補償を行うのがネガティブ・ポライトネスである。

　ポライトネス理論においては、話し手と聞き手の社会的距離、話し手と聞き手の力関係、特定の文化における行為の負荷度からフェイス侵害行為の大きさが測られ、それによって、（1）あからさまに言う、（2）ポジティブ・ポライトネス、（3）ネガティブ・ポライトネス、（4）ほのめかし、（5）フェイス侵害行為の回避というストラテジーが選択されると考える。同じ、掃除をさせる命令でも、（1）「掃除をしなさい」、（2）「一緒に掃除しよう」、（3）「悪いけど、掃除してくれない？」、（4）「部屋が汚いよ」といった具合である。Brown and Levinson (1987) では各言語のポライトネス・ストラテジーの実例が紹介されており、近年の配慮表現研究（山岡・牧原・小野 2010）は日本語におけるポライトネス・ストラテジーの記述的研究として位置づけられる。

［文献］Brown, Penelope and Levinson, Stephen C. *Politeness: some universals in language usage.* Cambridge University Press, 1987., 山岡政紀・牧原功・小野正樹『コミュニケーションと配慮表現—日本語語用論入門』（明治書院 2010）　　　　　　［森勇太］

松下文法
まつしたぶんぽう
the grammatical theory of Matsushita Daizaburo

`理論`

　国語学者の松下大三郎が、清国留学生への日本語教育の経験や、科学的な普遍文法への志向を基に展開した文法理論で、概要は『改撰標準日本文法』によってうかがい知ることができる。

【学説】言語は、接頭辞・接尾辞や助詞・助動詞のようなmorpheme（形態素）に相当する「原辞」、文の構成部分として語（word）に相当する「詞」、文に相当する「断句」の三段階が存在するとされる。また文法論の組織に関して、「詞の本性論」では「名詞、動詞、副体詞、副詞、感動詞」の五品詞を立て、「詞の副性論」においては、動詞の受動・否定などを「詞の相（形態素の範列的な関係）」とし、名詞の格や動詞の活用などを「詞の格（形態素の連続的な関係）」とするなど、名詞や動詞の規定に関わる文法カテゴリーについて述べている。さらに、統語論に相当する「詞の相関論」では、成分における「統合、排列、照応」について言及している。

【影響】松下文法については、充実した形態論的・意義論的記述に対して、日本における構造主義言語学の先駆と見なすこともある。ただし、そうした構造主義言語学に似た記述主義的な性質は、旧来の論理主義的な性質が融合した形で成立しており、一方のみ注目することは適切でない。また、山田文法や時枝文法において重要なテーマである「陳述」について、論究を欠く点を批判的に取り上げる場合もあるが、これについても、文の成立を論じるにあたって、どのような議論が必要とされたのかという、研究史的展開を考慮しておく必要がある。

〔文献〕松下大三郎『改撰標準日本文法』（紀元社 1928／勉誠出版 復刻1978）、鈴木一『松下文法論の新研究』（勉誠出版 2006）　　　　　　　　〔山東功〕

名詞
めいし
noun

`文法`

　学校文法では、自立語で活用がなく、主語になるものと定義される。

【名詞の機能】文法的には、「学生が」「自転車で」のように助詞を伴って主語や修飾語などになるほか、「彼は大学生だ」のように「だ」を伴って述語になったり、「数学の教科書」のように「の」を伴って連体修飾語になったりと、さまざまなはたらきをする。「辞書が」「辞書を」などを「辞書＋が」「辞書＋を」と「名詞に助詞が接続したもの（二語）」と捉えるのではなく、「助辞「が」「を」のついた名詞（一語）」とする考え方もある（松下1928、鈴木1972、仁田2000など）。

【名詞の分類】名詞の分類としては、「普通名詞」「固有名詞」「代名詞」「数量詞（数詞）」「形式名詞」などが挙げられる。

（1）普通名詞：同じ性質を有する事物をまとめてつけられたもの。「山」「川」「犬」「鳥」「飛行機」などを言う。

（2）固有名詞：特定の1つの対象につけられたもの。「太郎」「花子」のような人名や「東京」「大阪」などの地名のほか、会社名や学校名などの団体名、書名や映画の題名などの作品名、商品名などが含まれる。

　英語では、普通名詞と固有名詞とが冠詞の有無などの文法的な違いによって区別されるが、日本語では明確な文法的区別は見られない。

（3）代名詞：「これ」「それ」「あれ」「わたし」「あなた」「彼」「彼女」などのように、人や事物などを相対的な関係において指し示すもの。「これ」「それ」「あれ」などを指示代名詞、「わたし」「あなた」「彼」「彼女」などを人称代名詞と言う。「自分」などの再帰代名詞を含む場合がある。指示代名詞は「こそあどことば」と重なるが、こそあどことばは「こう」「そう」などの副詞や「この」「その」「あの」

といった連体詞なども含む。代名詞を名詞とは別の品詞とする場合もある（山田 1936、時枝 1950 など）。

（4）数量詞（数詞）：「一つ」「三人」「1メートル」などのように、数に接尾辞である「助数詞」がついたもの。事物の類別を表す助数詞がついたものとして、人間に対して用いられる「－人」、動物に対して用いられる「－匹」「－頭」「－羽」、物に対して用いられる「－つ」「－本」「－個」「－冊」などがある。これらの助数詞は「類別詞」とも呼ばれる。また、単位を表す助数詞がついたものとして「1メートル」「10キログラム」「三年」などがある。数量詞を名詞とは別の品詞とする場合もある（時枝 1950 など）。

（5）形式名詞：実質的意味が希薄になり、必ず修飾語を伴って用いられるもの。たとえば「もの」であれば、「物体・物質」という意味を有する「ものには重さがある」の「もの」に対し、「夏は暑いものだ」の「もの」が形式名詞にあたる。「ため」（「メダルを取るために練習する」）、「こと」（「富士山に登ったことがある」）、「ところ」（「今終わったところだ」）、「とき」（「分からないときは質問してください」）なども形式名詞とされる。「ものだ」「ことだ」「ところだ」など、述語部分に現れるものについて、「ものだ」「ことだ」「ところだ」全体でひとまとまりのモダリティ表現（助動詞相当）と見なす場合もある。

【他の品詞との境界】「去年」「三人」などは、「去年は閏年だった」「三人が来た」のように主語になることから名詞であるが、「去年コートを買った」「学生が三人来た」のように、副詞的な用法がある。「事実」は「事実はこれだ」の場合は名詞であるが、「事実、その通りだ」のように「実際に」といった意味で用いられる場合は副詞に分類される。

「健康」「お人好し」などは、「健康が大事だ」「お人好しは君だ」の場合は名詞に分類され、「健康な生活」「お人好しな性格」の場合は形容動詞に分類される。

「検索」「賛成」などは、「検索がはやい」「賛成が多数だ」のように名詞で用いられるだけでなく、「キーワードで検索する」「案に賛成する」のように「する」をつけてサ変動詞として用いられる。このような名詞を「動名詞」と呼ぶことがある。

ほかの品詞からの転成によって名詞になったものもある。たとえば、「川の流れに沿って歩く」「体の動きを観察する」の「流れ」「動き」は、動詞の連用形が名詞に転成したものである。また、「大きさ」「おおらかさ」「甘み」「楽しみ」のように、「大きい」「おおらかだ」「甘い」「楽しい」といった形容詞・形容動詞に接尾辞「さ」「み」がついて名詞になったものもある。

名詞は「活用せず主語になる」ことが特徴の1つであるが、「血まみれ（の人）」「ひとかど（の人物）」のように、主語になりにくく（??血まみれが走った」「??ひとかどが来た」）、典型的な名詞とは言えない語も存在する（村木 2002 など）。

【性・数・定不定】外国語には、名詞の「性」「数」「定・不定」が文法範疇として機能するものがある。たとえば、フランス語の名詞や形容詞には、男性形と女性形がある（例：男子学生は「un étudiant」、女子学生は「une étudiante」）。また、英語では、名詞が数えられるものである「可算名詞」と数えられないものである「不可算名詞」に分類される。前者は不定冠詞（a、an）をつけたり複数形にしたりすることができる（例：This is a cherry tree. ／I am fond of birds.）が、後者は複数形にならない（例：*I have two waters every morning. → I have two glasses of water every morning.）という文法的特徴を有する。さらに、冠詞によって「定」「不定」（例：I saw a white dog in the park. The dog wasn't wearing a collar.）が区別される。よって、「可算名詞」と「不可算名詞」の分類や、それらの下位分類である「普通名詞」（dog、tree など）、「集合名詞」（family、class など）、「物質名詞」（water、air など）、「抽

象名詞」（kindness、educationなど）、「固有名詞」（John、Japanなど）の分類が重要となる（「普通名詞」「集合名詞」は「可算名詞」、「物質名詞」「抽象名詞」「固有名詞」は「不可算名詞」）。

一方、日本語においては、「性」や「数」による形態的変化や区別はなされない。複数を表す場合、「三人の学生が来た」のように数量詞「三人」を用いたり、「学生たちが来た」のように接尾辞「たち」をつけたりする方法をとるが、「学生が来た」と言った場合、学生が何人来たかは不問（一人のことも複数のこともあり得る）であり、英語のように、単数か複数かを必ず明示する必要はない。「定・不定」についても、英語の冠詞のようなものはないが、助詞の「は」と「が」がそれに類似するはたらきをするという指摘もある（例：「昔々あるところに、おじいさんとおばあさんが住んでいました。おじいさんは山へ柴刈りに、おばあさんは川へ洗濯に行きました。）。

そのほか、「意味的に充足し、名詞単独で外延（extension）を決定できるか否か」という観点からの分類もある。具体的には、たとえば、「（この芝居の）主役」（『源氏物語』の）作者」などのように、「Xの」というパラメーターの値が定まらない限り、それ単独では外延を決定することができない名詞を「非飽和名詞」、「俳優」「作家」などのように、それ単独で外延を決めることができ、意味的に充足している名詞を「飽和名詞」と呼ぶ（西山2003など）。

［文献］松下大三郎『改撰標準日本文法』（紀元社1928）、山田孝雄『日本文法学概論』（宝文館1936）、時枝誠記『日本文法　口語篇』（岩波書店1950）、鈴木重幸『日本語文法・形態論』（麦書房1972）、仁田義雄「単語と単語の類別」仁田義雄ほか『日本語の文法1 文の骨格』（岩波書店2000）、村木新次郎「第三形容詞とその形態論」『国語論究 第10集 現代日本語の文法研究』（明治書院2002）、西山佑司『日本語名詞句の意味論と語用論─指示的名詞句と非指示的名詞句』（ひつじ書房2003）

［安部朋世］

命令・禁止
めいれい・きんし
imperative / prohibitive

文法・語用論

命令・禁止は、ともに聞き手に対して何らかの行為の実行を求める指示行為であり、広義には依頼・勧め・要請といった言語行為も含む。命令・禁止を広義で捉える際には、「行為要求」「行為指示」という名称でも呼ばれる。日本語学研究ではモダリティ研究の中で扱われることが多く、話し手の発話・伝達的な態度（発話・伝達のモダリティ）の1つとして位置づけられる。

先行研究において、命令（行為要求）の成立条件は話し手に関する条件、聞き手に関する条件、要求される事態に関する条件の3つに大別される。中心的な条件を述べると、話し手の条件としては、話し手が望ましいと思う事態であり、命令の場合は聞き手よりも地位が高いこと、聞き手の条件としては、聞き手が存在し、聞き手がその遂行能力を持つと話し手が信じること、事態に関する条件としては、未実現であり、意志的な動作であることが挙げられる。

現代語では、学校文法の命令形（「しろ」）はぞんざいな表現と認識され、使用頻度は高くない。現代標準語では、命令形と同様に主に同等・目下の人物に用いられる形式として、「して」や「しな」がある。「しな」に相当する形式は、「し」（関西）や「しんさい」（中国地方）など、方言ごとの地域差が大きい。そのほか、敬語や授受表現、また文末表現に疑問表現や希望表現を用いるなど、聞き手への配慮の度合いに応じて、表現が多様であり、個人差も大きい。それぞれの使用範囲も重なり合っており、形式の使い分けやバリエーションを明らかにすることが課題である。

［文献］北﨑勇帆「現代語体系を中心とする活用語命令形の用法の再整理」『日本語学論集』12（東京大学2016）

［森勇太］

メタ言語
めたげんご
metalanguage

　言語を分析・記述するために用いられる言語。これに対しメタ言語によって記述される言語を「対象言語（object language）」と呼ぶ。「メタ meta」は「の後」を意味するギリシア語で、より基礎的な概念の呼称の造語要素として用いられる。

　メタ言語の理解には文字列の例が分かりやすい。テキストの中から条件にマッチする文字列を検索する手段として「正規表現」という一種の「言語」が用いられる。たとえば、アステリスク記号*は「直前の文字の0回以上の繰り返し」を意味する。したがって、ABC*と指定すると、AB、ABC、ABCCのような文字列を検索することができる。しかし、テキストの中から、ABC*というアステリスク記号*を含む文字列自体を検索したい場合、単にABC*と指定しただけでは検索できない。これだと、*が正規表現として機能してしまい、ABC*のみならず、AB、ABC、ABCCもヒットしてしまう。このトラブルは、*が見方によって二通りに解釈が可能であることに起因する。すなわち、「正規表現」という通常の「言語」としての*の用法と、正規表現と区別された*という「記号そのもの」としての用法である。この場合、「記号そのものとして使用された*」がメタ言語にあたる。また、「「が」は文頭に立てない」が矛盾でないのは、この「が」がメタ言語（記号そのもの）であるからである。

［文献］R.ヤコブソン『言語とメタ言語』（勁草書房 1984）、『詳説　正規表現　第3版』（オライリー・ジャパン 2008）、Friedl, Jeffrey E.F. *Mastering regular expressions.* Third edition. Beijing : O'Reilly, 2009　　　　　　［佐藤知己］

メタファー・メトニミー
metaphor / metonymy

（意味論）

　メタファー（隠喩）、メトニミー（換喩）は古典的定義に従えば、それぞれ類似性と近接性に基づいた比喩表現を指す。たとえば、「あいつは警察の犬だ」における「犬」は「手下・スパイ」という意味を持つが、これは、飼い主とそれに従順に従う犬の関係と、警察とそれに従順に従って働くものとの関係に類似関係を見出したメタファーである。一方、「今年の夏は、夏目漱石を読もう」における「夏目漱石」は明治時代の作家を指すわけではなく、その作家の作品を指す。作家とその作品という近接関係に基づいているので、これはメトニミーの例である。

　メタファーは類似性に基づくという点でシミリー（直喩）と共通性があるが、後者はその類似性を「あいつは警察の犬のようだ」のように、「XはYのようだ」「YそっくりのX」のように明示的に述べる点で異なる。

　メトニミーを定義する近接性には、「全体・部分」「製作者・製作物」「物品・その使用者」などがある。このうち、「花見」の「花」（類）と「サクラ」（種）のような「全体・部分」関係（あるいはその中でも「類・種」関係に限って）をシネクドキ（提喩）として区別することがある。

【喩えるものと喩えられるものの非対称性】 メタファーやメトニミーを支える類似性や近接性といった関係は対称的な関係である。しかし、これらの比喩表現では、喩えるものと喩えられるものの関係はしばしば非対称的となる。「男はオオカミだ」に対して「オオカミは男だ」はメタファーとして成立しにくいし、『『吾輩は猫である』は1867年東京生まれである』が作品名で作家を指すメトニミーとは理解しにくい。

【慣習的・非慣習的メタファー・メトニミー】 これらの比喩表現には、いかにも比喩としての修辞的効果があるものと比喩とはあまり意識さ

れないものがある。「お前たちは生まれると間
もなく、<u>生命に一番大事な養分</u>を奪われてし
まったのだ」(有島武郎『小さき者へ』)の下
線部分は、前者の例であり、ここでは母親を
指す。一方、「恐れない者の前に<u>道は開ける</u>」
(前掲書)は、後者の例であろう。慣習的
メタファーはさらに進んで「机の脚」のように
「脚」の語義として定着しているものもある。
メタファーやメトニミーの慣習化の結果、意
味変化を起こすことがある。たとえば、「芝
居」は猿楽・歌舞伎などの観客の座る場所を
表す意味から転じて演劇そのものを指すメト
ニミーに基づく意味変化を起こしている。

【**認知意味論の始まり**】比喩表現は、アリストテ
レスの『詩学』・『弁論術』に見られるように古
代ギリシャから注目されてきたが、それは修
辞法としてであった。これに対して、20世紀
後半には、比喩は人間の概念形成のあり方の
反映であるという認識論的メタファー論が起
こった。ジョージ・レイコフ(George Lakoff)
らは、いくつかの典型的な概念形成を表すメ
タファーを概念メタファーと呼び、これは、
喩えるものが属する領域から喩えられるもの
が属する領域への変換(写像)であるという
説を提示した。たとえば、「人生は旅である」
という概念メタファーは、旅という身体的・
物理的経験領域の事柄を人生という抽象的領
域へ移し換えて理解する変換であり、これに
基づいて上記の慣習的メタファーが理解され
る。概念化プロセスとしてメタファー・メト
ニミーを見るという転換は、認知意味論の出
発点となった。

[文献] G.レイコフ・M.ジョンソン『レトリックと人生』
(大修館書店 1986)、佐藤信夫『レトリック感覚』(講談
社 1992)   [田中英理]

モーラ・シラブル
mora / syllable

音声・音韻

　音韻論の一種であるメトリカルフォノロジ
ー(metrical phonology、韻律音韻論)において、
語をより小さく解析する単位を指し、現在で
は一般にモーラを拍、シラブルを音節と訳す。
　たとえば「学校」という語をモーラによっ
て分解すると、「が・っ・こ・ー」という4
単位になる。「っ(促音)」「ー(長音)」「ん
(撥音)」のような特殊音は、そのほかの音と
同じ長さ(等時性 isochronism)を持ち、1つ
のリズム単位を担う。俳句や短歌などでは、
モーラによって音の数を捉えることが自然で
ある。シラブルはそれよりも大きな言語単位
を指し、「学校」は「がっ・こー」という2つ
になる。特殊音は前の音と合わさって1つの
シラブルを構成する。
　日本語では、東京をはじめとする多くの地
域において、発話全体がモーラの単位を担う
とされる。ところが、東北北部や九州南部な
ど一部の地域では、特殊音が他の音との等時
性を持たずに短く実現し、1つのモーラを担
えないことがある。すなわち、語をシラブル
よりも小さな単位に分けられない。このよう
な方言をシラビーム方言(非モーラ方言)と
呼び、そうでない方言をモーラ方言と呼ぶ。
　なお、この2つのほかに重要な単位として、
フット(foot、韻脚)が挙げられる。たとえば
「就職活動」を「しゅーかつ」と省略する際、
「しゅー・か・つ」というシラブルよりも、2
モーラずつのまとまりで「しゅー・かつ」と
捉える方が自然である。このような2モーラ
からなる単位をフットとして、特に複合語や
短縮形などを考察するのに取り入れることが
ある。

[文献] 窪薗晴夫・太田聡『音韻構造とアクセント』(研究
社 1998)、上野善道「アクセントの体系と仕組み」上野
善道編『朝倉日本語講座3 音声・音韻』(朝倉書店 2003)

                          [山岡華菜子]

文字
もじ

writing, letter, character, script

文字

　言語情報を保存・伝達するための視覚記号。点や線から構成され、一定の音声言語単位に対応する。音声言語の瞬間性とそれに由来する制約に対して、永続性を有し、時間・空間の隔たりを有する伝達を可能にするという特長がある。一方、自然的に修得される音声言語に対して、意志的な学習を必要とするという相違もある。言語研究では、多くの場合、文字言語は音声言語に対して副次的なものとして扱われる。

【文字の種類】文字は、どのような音声言語単位と対応するかによって分類される。音素(phoneme)に対応するのが音素文字(segmental script)で、アルファベット(alphabet)はこれに含まれる。音節(syllable)に対応するのが音節文字(syllabary)で、ひらがな・カタカナはこれにあたる。この2つはまとめて表音文字(phonographic script)と呼ばれる。それに対し、有意味な単位に対応するのが表意文字(ideographic script)である。とりわけ形態素(morpheme)ないし語に対応するものは表語文字(logographic script)と呼ばれ、漢字はこれに該当する。

【日本の文字】日本における文字の歴史は中国からの漢字の伝来に始まる。漢字の伝来は2世紀頃から散発的に始まり、5世紀頃以降には本格的に受容された。漢字伝来以前の日本には神代文字と呼ばれる固有の文字があったという説が中世以降存するが、事実ではない。日本での漢字は、本来の字音に基づいた表語文字として用いられるとともに、次第に、読みとして意義の近い和語、即ち訓が与えられるようになった。さらに、仏教経典の陀羅尼などに見える、漢字の意味を捨象した表音用法の影響で、漢字を日本語の音にのみ対応させる用字法も成立した。これを万葉仮名と言う。万葉仮名からは、9世紀になって、漢文訓読の場で省画によってカタカナが、通信などの用途で草体化・連綿化によってひらがなが創出された。そのうちひらがなは、11世紀以降、美的な成熟を遂げ、その中で、比較的漢字の行書・草書体に近く、装飾的に用いられる草仮名も生み出された。なお、平安時代には男性は漢字を用い、女性はひらがなを用いたので、物語などに見える「男手」は漢字、「女手」はひらがなを指す、と考えられることが多かったが、必ずしも女性が漢字を使用しなかったわけではなく、男性がひらがなを使用するのはふつうだったこと、いっぽうで仮名消息などの書きぶりとして、男性は平坦に行書きするのに対して、女性は散らし書きをすることなどから、むしろそうした男女の書字のスタイルの差を指すものと見るべきかもしれない。また、本来ひらがなとカタカナはそれぞれ使用される領域をやや異にするものであったが、近代以降、漢字ひらがな交じり文の中で外来語やオノマトペなどをカタカナ表記することによって、漢字・ひらがな・カタカナの三種の文字を交用する現代の日本語表記システムができ、大正時代頃以降に確立した。そのほか、仏教界では平安時代の密教伝来以降、古代インドの文字である梵字(悉曇とも)も用いられた。アルファベットは、江戸時代、蘭学や英学などの世界で用いられ、近代以降日常生活でも使用されるようになった。

【用字法と正書法】個々の文字を配列して言語表現を作り上げる際の、文字の使用法を用字法と言う。現代日本語においては、特に漢字の同訓異字の使い分けや漢字・仮名の書き分けなどについて言われることが多い。また、語の表記における文字の綴り方の規範を正書法(orthography)と言い、日本語では主に仮名遣いがそれにあたる。

[文献] Gelb, I. J. *A Study of Writing*. The University of Chicago Press, 1952, 亀井孝・河野六郎・西田龍雄編『言語学大辞典 別巻 世界文字辞典』(三省堂 2001)、沖森卓也ほか『図解日本の文字』(三省堂 2011)　　　　[矢田勉]

モダリティ

modality

文法

　文の述べ方に関する文法的な表現のカテゴリー。動詞の形態であるムードと区別せずに使用されることもある。日本語では、主に文末の表現によって、断定や推量などの平叙文、疑問文や命令文などの文のあり方を決めるが、副詞なども関わる。

【無標形の意味】モダリティは文として述べる時に必ず問題になるものである。したがって、無標形（何もつかない形）も、「手を洗う（断定）」のほかに、文脈の助けを借りて「手を洗う！（命令）」、「(私は) 手を洗う（意志の告知）」のように、さまざまな意味を表す。断定としての終止は「救助を頼む」のように、この発話そのものが頼む行為になっている遂行文にもなる。なお、無標形でも「たぶん」など副詞の共起によって推量を表すことがある。

【文末表現】多くの場合、さまざまな文末表現がつくことによって、その文の述べ方が決まるのであって、その使い方が議論されてきた。平叙文の場合、基本的に、「事態概念（コトの中核）＋広義事態選択付加形式群＋推量付加形式群」＋「だろう」＋広義終助詞群（疑問文の標識である「か」など）という構成になる。これにル・タの対立（テンス形式）や「の」などの形式名詞が入り、「彼は来＋なければならない＋の＋かもしれない＋のだ＋ね。」のような順序で現れる。

　広義事態選択には希望・願望などの形式のほか価値判断的事態選択付加形式群がある。後者は「なければならない」「方がいい」などで、未実現事態への選び方についての判断を表し、その前にはル・タの対立はない。選択余地のある中で価値づけを表すものでは「{君は・??私は} 行くべきだ」のように自分にアドバイスするような関係から、一人称で言いにくいことがある。

　推量付加形式群は、判断系の「かもしれない」などとエビデンシャル系の「ようだ」などに分かれる（伝聞もここに入る）。これらは、「行くかもしれないか」のように疑問と共起しないが、そうでない可能性を表す推量とそうであるかどうかの選択を迫る疑問という意味関係から説明できる。なお疑問文は疑問詞あるいは「か」（上昇音調による代行もある）によって構成される。

　「だろう」は、「彼は行くだろうか」のような聞き手に答えを求めない疑問、「痛いだろ！」のような確認要求の意味などを持つ。「だろう」にはまだ考え中という意味があると言える。

　このほか、説明的な述べ方を表す「のだ」、取り立て的な位置づけを表す「～にすぎない・だけだ」などの表現もある。文末思考動詞の「～と思う」などが共起することもある。

　「～しろ」のような命令形や「～しよう」のような意志形は、それぞれ命令文や意志・勧誘文をつくる。これらは現実世界にはたらきかけてこれからの事態を制御するような意味となる。「*かなりがんばれ」などと言えないように、これらの文末はさまざまな副詞と共起制限があることなどが知られている。なお、命令文以外は疑問文にもなる。

　さらに「よ」「ね」などの終助詞群によって、さまざまな認識的意味や伝達的意味が付加される。これらは（伝達的なモダリティと呼ばれることもある）。その用法にはイントネーションなども関わる。たとえば「か」は真偽疑問を表す終助詞だが、下降すると「そうか！」のように情報受容を表すことがある。

【語用論との交渉】実際の発話では、「行けば？」という言いさしが勧めになったり、「行ってくれないか？」という否定疑問が依頼になることがある。このように、語用論的な要因でさまざまに表現が選ばれ、実際の文の機能が決まることにも注意が必要である。

〔文献〕森山卓郎・仁田義雄・工藤浩『モダリティ』（岩波書店 2000）

〔森山卓郎〕

役割語
やくわりご
role language
社会

　元来は、《老人》の話すことば「わしじゃ」、《平安貴族》の話すことば「まろでおじゃる」のように、話し手が発動させる人物像（例：《老人》や《平安貴族》の話すことば。金水敏の提唱による。

【定義の狭め】 当初（2003-2015頃）、上述の形で提唱されていた「役割語」を、金水自身はその後「キャラクター言語」と呼び換え、「役割語」はそのうち特定の社会的・文化的グループのことば遣いのみとしている。また、西田隆政は社会的・文化的グループとは別に、性格的なグループのメンバーに共通する人物像（例：《ツンデレ》）の発することば（例：「べ、べつに〜じゃないんだからね」）を「属性表現」と呼んでいる。

【イメージ性】 現実の老人が「じゃ」とは必ずしも言わず、また平安時代の貴族が実際には「おじゃる」とは言っていなかったように、上述の《老人》《平安貴族》などは、あくまで人物像つまり人物イメージ（これは「発話キャラクタ」もしくは「発話キャラ」と呼ばれることもある）であり、現実の人物ではない。

　なお、「キャラ語」という語が一部で見られるが、その意味するところは明確ではない。人物像（キャラ）とことばの関係は、(1) 人物像をことばが表す（例：《幼稚な男》をことば「坊ちゃん」が表す）、(2) 人物像がことばを発する（例：《老人》がことば「わしじゃ」を発する）、(3) 人物像の振る舞いをことばが表す（例：《大人》の持続的直立をことば「たたずむ」が表す）など、多様だからである。

[文献] 金水敏『ヴァーチャル日本語 役割語の謎』（岩波書店 2003）、西田隆政「「属性表現」をめぐって」『甲南女子大学研究紀要 文学・文化編』46（2010）、定延利之編『「キャラ」概念の広がりと深まりに向けて』（三省堂 2018）、定延利之『コミュニケーションと言語におけるキャラ』（三省堂 2020）　　　　　　　[定延利之]

山田文法
やまだぶんぽう
the grammatical theory of Yamada Yoshio
理論

　国語学者の山田孝雄（よしお）が、伝統的な国学の言語研究をはじめ、スウィート、ハイゼの文法論やヴントの心理学を基に確立した文法理論。山田文法においては、言語の基本単位となる単語を扱う「語論」と、文の構成を扱う「句論」に分けられ、下位分類にあたる「性質論」と、用法についての「運用論」が説かれる。

【語論】 品詞分類では、単語を「観念語」と「関係語」に二分し、前者を「自用語」と「副用語」に、さらに自用語を「観念語」と「陳述語」に分け、順に「体言（代名詞、数詞を含む）」、「用言（複語尾を含む）」、「副詞（接続詞、感動詞を含む）」、「助詞」というように四品詞を設けている。いわゆる助動詞の多くについては、動詞の語尾部分として、「複語尾」と位置付けられている。また、語のはたらきについては、「呼格、主格、述格、賓格、補格、連体格、修飾格」という7つの位格が立てられており、これは文の成分に相当する。

【句論】 句は「統覚作用によりて統合せられたる思想が、言語といふ形式によりて表現せられたるもの」（山田 1936）とされる。人間の意識活動である「思想」の統合作用にあたる「統覚作用」が、言語的に発表されるあり方を「陳述」と呼んでいる。句については、用言の述格を統覚の中心に置く「述体の句」と、体言の呼格を統覚の中心に置く「喚体の句」に分けられる。こうした「陳述」という用語の概念や定義をめぐっては、その後、陳述論争と呼ばれる議論に展開することとなった。

[文献] 山田孝雄『日本文法論』（宝文館 1908）、山田孝雄『日本文法学概論』（宝文館 1936）、斎藤倫明・大木一夫編『山田文法の現代的意義』（ひつじ書房 2010）

　　　　　　　　　　　　　　　　[山東功]

有声音・無声音
ゆうせいおん・むせいおん
voiced sound / voiceless sound

音声・音韻

　声帯を振動させることによりつくられる音声を有声音、振動させずにつくられる音声を無声音と呼ぶ。声道の広く保たれる共鳴音（/n, m, y, r, w/や母音）においては、有声のみを基本とするのに対し、声道の狭い阻害音（/t, d, k, g/）は、有声／無声の対立を持ち、かつ、無声音を基本とする。日本語の表記法にもそれは表れており、無声阻害音に濁点（゛）を加えることで新たに有声阻害音がつくられる（ka(か)→ga(が)）。なお、ア、ナ、ラ行などに濁点が付けられないのは、それらがもともと共鳴音（有声音）のためである。

　有声を基本とする母音が、環境によって無声音に変化する現象を母音無声化（vowel devoicing）と呼ぶ。[kita]（北）の「き」や、[desu̥]（です）の「す」のように、母音の声帯振動が停止する現象である。無声化した要素の下に補助記号（ ̥ ）を付して表記する。特に高母音/i, u/が無声子音間や無声子音と無間に挟まれた環境で起こる。

　反対に、無声音が有声化する場合として連濁がある。たとえば、/yama/＋/ta/→/yamada/（山田）のように、後半形態素の初頭子音が有声化（濁音化）する現象である。これは、/sake/＋/ya/→/sakaya/（酒屋）などの母音交替や、複合語アクセントとともに、一貫して結合部分で起こる語彙化の現象である。

　有声音と無声音には、有声性に付随していくつかの音声的な特徴が現れる。一般に無声子音は対をなす有声子音より持続時間が長く、VOTも大きな値を取る。また、無声子音に後続する母音の開始ピッチは相対的に高いのに対し、有声子音に後続する母音は低く現れ、有声性弁別の手がかりとなる。

［文献］ティモシー・J・バンス・金子恵美子・渡邊靖史編『連濁の研究』（開拓社 2017）　　　［田中真一］

洋学
ようがく
Western studies in the Edo period

歴史

　幕末から明治前期において、西洋の学術や西洋事情を扱った研究・学問を総称した「西洋学」を指す。広義には、17世紀初期を中心とするスペイン・ポルトガルからの学問・技術の伝来（「南蛮学」）や、長崎出島を経由したオランダとの交易に伴う学問・学術の伝来（「蘭学」）、さらに幕末のイギリス・フランスなど西洋諸国からの知の伝播（「英学」「仏学」など）すべてを包括して、「洋学」と呼ぶこともある。

【特徴】洋学の知識内容は、天文や医学といった科学技術的な側面のみならず、世界地理といった人文知識的な側面を兼ね備えた、極めて幅広いものであった。また、それらの知識を摂取するのに際し、オランダ語など外国語の学習が重視され、語学そのものへの関心も高まるようになる。ただし、その前提には、漢学の素養や漢文訓読法の習熟があったことから、洋学と漢学との連関についても留意しておく必要がある。

【影響】洋学による西洋概念の受容は、日本語に対しても影響を与えた。漢訳洋書を利用した漢語の摂取や、新訳語の創出によって、大幅な語彙の増加が見られるようになる。また、オランダ語文法書（蘭文典）や英文法書（英文典）を参考に日本語の文法書（洋式文法・洋式日本文典）が編纂されるなど、日本語研究に対しても大きな影響をもたらした。ただし、そうした洋学も、明治中期にはその啓蒙的な役割を終え、以後、近代的な諸科学がそれぞれ個別に、専門学知として直接、西洋から移入されるようになった。

［文献］松村明『洋学資料と近代日本語の研究』（東京堂出版 1970）、佐藤昌介『洋学史の研究』（中央公論社 1980）、日蘭学会編『洋学史事典』（雄松堂出版 1984）、沼田次郎『洋学』（吉川弘文館 1989）　　　［山東功］

四つ仮名
よつがな

yotsugana; the phonetic distinction between /zi/, /di/, /zu/, and /du/

音声・音韻

「じ」「ぢ」「ず」「づ」の四つの仮名、および
それらによって表される音韻を言う。謡曲伝
書『音曲玉淵集』(1727) に見られる用語であ
り、歴史上また現代方言における区別・混同
を指す。現在多くの方言では「じ」と「ぢ」、
「ず」と「づ」の音韻的区別はなくなってお
り、現代仮名遣いにおいては原則として「じ」
「ず」を用い、「ぢ」「づ」は「ちぢむ」「みか
づき」など表記上の例外として残されている。

元来ザ行音とダ行音とは明確に書き分けら
れていたが、「じ」と「ぢ」、「ず」と「づ」と
は、鎌倉時代頃から混同例が見られるように
なった。これはおおむね、タ行「ち」「つ」の
発音 [ti][tu] が [tʃi][tsu] になったのとほぼ
同時期に、ダ行「ぢ」「づ」の発音 [di][du]
が、比較的口の開きが狭い後続母音イ・ウに
ひかれる形で破擦音化して [dʒi][dzu] とな
り、ザ行「じ」「ず」の発音 [ʒi][zu] に近づ
いたためと考えられている。ロドリゲス『日
本大文典』(1604-08) によると、規範的な
発音をするはずの京都の人々にも発音の混同
があったとされ、江戸時代のうちに多くの地
域で区別がなくなったようである。現在、高
知などでは四つ仮名の区別があり、「じ・ぢ」
「ず」「づ」の3つを区別する地域（大分など）、
「じ・ぢ」「ず・づ」の2つを区別する多くの
地域、「じ・ぢ・ず・づ」を同一に発音する地
域（東北など）がある。

通時的変化の様相は資料の多い中央語につ
いても諸説ある。「じ」「ぢ」の混同が「ず」
「づ」に先行したと言われるが、中世に混同が
進んだ理由、ザ行・ダ行を含む濁音行に存在
した前鼻音との関わりを、地域差の問題を含
めて解明するのが課題であろう。

[文献] 亀井孝「蜆縮涼鼓集を中心にみた四つがな」『国
語学』4 (1950)　　　　　　　　　　[岸本恵実]

ラ抜きことば
らぬきことば
-ra-nuki kotoba

文法

　五段動詞以外の動詞の語幹につく「可能」を表す接辞が「-られる」ではなく「-れる」になる現象、またはその語形を指す。たとえば、一段動詞「見る」の「可能」を表す形は「ミラレル」が規範的とされているが、「ミレル」という形も使用され、「ラ抜きことば」とされる。一般的に、このような「ラ抜きことば」は規範から逸脱した「誤用」とされるが、実際にはかなり定着した語形と言える。

　一段動詞の「ミラレル」のような規範的な形と「ラ抜き」の形である「ミレル」の表す意味を比べると、前者は「可能」「受身」「尊敬」など複数の文法的意味を持つが、後者は「可能」のみを表す。これは、「ミレル」のような「ラ抜き」形が、五段動詞における可能動詞からの類推によってできたためと考えられる。現代標準日本語における五段動詞の「可能」の形は、可能動詞と呼ばれる形をとり、「受身」や「尊敬」の形とは区別される。たとえば、「乗る」であれば「ノレル」（可能）と「ノラレル」（受身・尊敬）で区別される。「ミラレル」から「ミレル」が作られたのは、この類推によるものと解釈することができる。すなわち、「ラ抜きことば」とは、五段動詞とそれ以外とで異なっていた可能の形をそろえ、接辞「-られる」が持つ意味の負担を減らそうとする言語変化と言える。

　一方で、この類推がさらに進んだものとして「レ足すことば」も発生している。これは、「書けれる」「飲めれる」のように、可能動詞に「-れる」を接続した形である。「ラ抜きことば」が定着したことにより、「語幹＋レル」が可能形として一般化され、それが可能動詞にも適用された過剰一般化の例と考えられる。

［文献］井上史雄『日本語ウォッチング』（岩波書店 1998）

［野間純平］

ラング・パロール
langue / parole（仏）

一般

　現代言語学の祖とされるフェルディナン・ド・ソシュールによる用語。ソシュールは、特定の言語の使用者のすべてが共有する言語知識体系（＝ラング）と、それを個々人が実際の発話として実現したもの（＝パロール）を区別した。私たちが日々の生活の中で直接観察可能な言語は、音声という物理的存在で（ただし手話言語の場合は視覚情報）、言い間違い、冗長性、音声の個人差など、規則化困難な多様な揺らぎを含んでいる。しかし、日本語話者ならみな「日本語」を話しているのに変わりはない。それは、話者同士が日本語固有の言語記号としての体系やそれを形づくる規則群を共有しているためで、これがラングであり、言語学の第一義的研究対象であるとされた。ソシュールはラングを共同体構成員間にある社会制度の一種と位置づけている。ラングは、個々人の脳に蓄えられたものであるという点で心的であり、その言語社会の成員が共有しているものであるという点で社会的である。パロールはそのラングを基に産出される、主として物理的、より個人的・個別的な存在である。人の言語活動全般はこれら2側面を合わせたもので、総体としてランガージュ（langage）と呼ばれた。

　ソシュールのラングとパロールの区別は、言語において当時不分明であった言語記号として特有の性質とそれ以外の要因を含む性質、および物理的に観察可能な対象とそれを司る知識規則体系を区別する端緒となったという点で画期的であり、その後さまざまな研究者によって咀嚼され、また形を変えて、言語の構造・成り立ちの解明や現代言語学の細分化・深化に貢献した。

［文献］フェルディナン・ド・ソシュール『新訳 ソシュール 一般言語学講義』（研究社 2016）

［林由華］

理解語彙・使用語彙
りかいごい・しようごい
receptive vocabulary / expressive vocabulary

【語彙】

　個人の語彙には「理解語彙」と「使用語彙」の二種類があるとされる。前者は聞いたり読んだりした際に理解できる語彙、後者は話したり書いたりして日常的に使う語彙を指す。2つは、重なる部分もあれば、そうでない部分もある。たとえば、「机」は理解もできるし実際に使いもするが、「罵詈雑言」は理解はできても自ら使うことはないというように、理解語彙の方が使用語彙を含んでより多いというのが一般的であるが、特に幼児などでは意味を理解しないまま使うということもあるので、単純には割り切れない。国立国語研究所のいくつかの調査によると、成人の理解語彙は約4〜5万語で、一日の話しことばでの使用語彙量（異なり語数）は1〜2千語であるとされる。ただし、語数については個人差が大きく、年齢（高年齢＞低年齢）や職業（専門家＞一般人）などによってもばらつきがある。

　森岡（1951）によると、語彙量は年齢が上がるにつれて増えていく（7歳6,700→9歳10,276→12歳25,668→13歳31,240→15歳40,462→20歳48,336）。しかし、どのような語彙をどのように獲得していくかについての研究は十分とは言えず、『分類語彙表』の見出し語を対象に個人の語彙獲得を縦断的に行った調査に真田（1994）があるが、今後蓄積が必要である。

[文献] 森岡健二「義務教育修了者に対する語彙調査の試み」『国立国語研究所年報2』（国立国語研究所 1951）、阪本一郎『読みと作文の心理』（牧書店 1955）、真田信治「ある個人における理解語彙量の累進パターン─『分類語彙表』収載語彙を対象として」『国語論究4　現代語・方言の研究』（明治書院 1994）　　　　　　[金愛蘭]

略語
りゃくご
abbreviation, clipped word

【語彙】

　テレビ（ジョン）、コンビニ（エンスストア）のように、既存の語の一部を省略して語形を短くした語。固有名詞の略語は「略称」とも言う。略語には4拍のものが多く、また漢語や外来語に多いが（国立国語研究所 1985）、使用頻度の高い日常語だけでなく、医学用語やIT用語など専門家どうしが用いる専門用語にも多く見られる。

　省略の方法には、上略（アルバイト）、中略（ビードロ玉）、下略（コネクション）、複合語の各一部を省略（高等学校）、頭文字言葉（Commercial Message）などがある。略語の表記や読み方は基本的には元の語をそのまま利用するが、「スマートフォン→スマホ」「携帯電話→ケータイ」「大阪＋神戸→阪神」「Japan Airline→JAL（ジャル）」のように変わる場合もあり、特に社名のネーミングではカタカナ表記が選ばれることが多い（カネボウ、ニチレイ）。また、元の語1つに対して略語が複数存在する場合もある（パーソナルコンピューター→パソコン・PC）。「転出入」「冷暖房」のような語は「略熟語」と言い、略語の一種とされる。タイプとしては、XA＋XB→XAB型（輸出入、国内外）とCY＋DY→CDY型（許認可、預貯金）がある。

　略語は元の語と意味は変わらないが、文体的には俗語的なニュアンスが高まるため、若者語などを中心に、話しことばで活発につくられ、用いられる。その多くは流行語や隠語として消費されるが、「自己中」「きもい」「KY」などのように日常語として定着する場合もある。

[文献] 国立国語研究所『語彙の研究と教育（下）』（大蔵省印刷局 1985）、窪薗晴夫『新語はこうして作られる』（岩波書店 2002）、米川明彦編『日本俗語大辞典』（東京堂出版 2003）、北原保雄編著『KY式日本語─ローマ字略語がなぜ流行るのか』（大修館書店 2008）　　[金愛蘭]

琉球語

りゅうきゅうご

the Ryukyuan languages

言語名

　琉球列島で話されてきた固有の方言群であり、日本語の唯一の姉妹語とされる。立場によって、琉球方言や琉球諸語と呼ばれることもある。800あまりある古くからの集落ではそれぞれ異なる方言が話されている。琉球語諸方言の下位区分はまず南北（奄美沖縄と宮古八重山）に大別され、それ以下については何を基準に分類するかで多少の違いはあるが、大まかに言って奄美諸方言、沖縄諸方言、宮古諸方言、八重山諸方言、与那国方言の5つに分類できる。これらの方言群間（しばしばその下位区分内でも）は互いに通じない。琉球語は日本語との分岐後異なる発展経路を辿っており、日琉祖語もしくは日本祖語と呼ばれる共通祖先から引き継いだ共通した要素もあるが、独自に発展させた要素もある。たとえば係り結びなど、現代日本語では失われた要素を引き継いでいることもある。日本語中央方言群との分岐は少なくとも7世紀以前と考えられるが、九州諸方言との近縁性も指摘されており、日琉系言語の話者が琉球列島入りした時期や移動経路とともに言語の歴史に関する研究が進められている。

【音韻】諸方言がそれぞれ異なる激しい音変化を経ており、音素数なども方言によってさまざまに異なる。全体的傾向として歴史的に狭母音化が生じており、たとえば「袖」がsudiとなるなど、e>i、o>uの変化が諸方言に見られるが、母音全体としての変化の諸相は方言によって異なる。各地の代表的な母音体系は次のようになる。奄美大島〜徳之島：/iïeëaou/、沖永良部〜沖縄：/ieaou/、宮古・八重山：/ɿieaou/、与那国：/iau/。最も少ないのは与那国方言の3母音、最も多いのは上記の奄美タイプに4つの鼻母音を加えた奄美佐仁方言の11母音である。子音音素にも豊かなバリエーションがある。一部のみ例示すると、北琉球全般に特徴的な喉頭音／非喉頭音の対立が見られる（例：沖縄首里ʔja「あなた、お前」／ja「家」）ことや、南琉球宮古大神方言は基本的に無声・有声の対立を持たないことなどが挙げられる。また、奄美大島南部諸方言のように閉音節の発達した方言（例：奄美諸鈍 kup「首」）や、宮古諸方言のように成節子音が発達した方言（例：宮古平良 v:「売る」）もある。

【文法】語順や語構成の方法自体は日本語と類似しているが、文法化された形式・機能に、日本語との間で、また方言間でも大きな違いが見られる。たとえば格システムについて、宮古以外の地域では、基本的に目的語全体と一部の主語が無助詞で現れ、有標主格かつ活格的性格を持っている。動詞の屈折（活用）体系について、たとえば北琉球では、歴史的にun「いる」由来の形態素が融合した活用形があり、語幹形式に融合形・非融合形の二系列がある（例：沖縄首里 nud-an 中立過去 num-utan 目撃過去「飲んだ」）。形容詞は、-sanに代表されるサアリ由来活用が広く見られるほか（例：沖縄首里 taka-san「高い」）、宮古など一部の地域ではクアリ由来活用になっている（例：宮古平良 taka-kaɿ「高い」）。このほか、宮古などでは形容語彙の述語形式が多様であり、たとえば畳語形（例：宮古平良 taka:-taka「高い」）なども用いられる。

【現在の状況】琉球王国が解体し琉球列島の日本化が始まって以来、琉球語から日本語への言語シフトが進み、現在ではすべての方言が消滅危機言語とされている。シフトの過程で日本語と地域語の混成言語的な新しい方言も各地で発生し、沖縄で生じたものはウチナーヤマトゥグチ、奄美で生じたものはトン普通語などと呼ばれている。

〔文献〕上村幸雄「総説」亀井孝ほか編『言語学大辞典世界言語編 下-2』（三省堂 1992）、Karimata, Shigehisa. Overview of historical development of Ryukyuan languages. In Heinrich et. al. (eds.), Handbook of the Ryukyuan Languages. Mouton de Gruyter, 2015.〔林由華〕

類義語・同義語
るいぎご・どうぎご

synonym

語彙・意味

同一の言語内で、意味がよく似た関係（類義関係）にある語を類義語と呼ぶ。また日常一般的に同義語・同意語と呼ばれることもある。語同士が意味の大部分を共有しているという点で類義語と対義語は似ているが、類義語は一部の意味が異なる関係を指し、対義語は一部の意味が正反対となる関係を指すという違いがある。

類義語は「辞書／辞典」（名詞）、「上がる／上る」（動詞）、「惜しい／もったいない」、（形容詞）、「おそらく／たぶん」（副詞）、「しかし／けれども」（接続詞）など、さまざまな品詞で見られる。また、類義の関係は二語間に限らず、「めくる／まくる／むく／はがす」のように数語にわたって見られる場合も多い。類義語間の類義性の度合いは、共有する特徴が多ければ高くなり、特徴が少なければ低くなるという差が生じる。

また、類義語には、たとえば「灯り／電灯／ライト」「台所／キッチン」のように、和語、漢語、外来語という語種の対立を利用したセットも存在する。語種の違いによって、外来語では新しい感じを、和語・漢語からは古い（在来の）感じを表すことも可能である。

なお、類義語のうち、共有する意味特徴が全く同じ単語のみを同義語として区別し、完全な同義語は存在しないという考え方もある。これはたとえば「パパ／父親／おやじ／おとうさん」といった語がいずれも男親を表す点では共通していても、それぞれの語感やニュアンスなどが異なっているように、語の中核的（明示的）な意味は同じでも、周辺的（副次的）な意味は異なるという考え方に基づくものである。

[文献] 国広哲弥「類義語・対義語の構造」『現代日本語講座4　語彙』（明治書院 2002）、斎藤倫明・石井正彦編『これからの語彙論』（ひつじ書房 2011）　　［東条佳奈］

連声
れんじょう

sandhi

音声・音韻

「三位」「観音」「屈惑（屈託）」のように -m・-n・-t に続く母音（ア行）・半母音（ヤ行・ワ行）が、ナ行・マ行・タ行音となる現象を言う。狭義には漢字音の音節末子音である鼻音韻尾 -m・-n・-ŋ および入声韻尾 -p・-t・-k のうち、唇内鼻音 (-m)、舌内鼻音 (-n)、舌内入声音 (-t) に後続する場合の現象を指す。喉内鼻音 (-ŋ)・唇内入声音 (-p)・喉内入声音 (-k) は早くに各々ウ・フ・キ・クに開音節化したために連声を生じなかった。連声は、音声学的には後続音が前接する音節末子音に同化して生じたと解釈されるが、音節末子音と後続音がそれぞれ拍として音韻論的に独立する点で、ほかの同化現象と異なる。したがって連声は撥音や促音の成立と深い関係を持つ。漢字音が流入してから中世頃まで同化現象が規則的に生じていたことは、最古例と言われる『和名抄』の「心美佐宇（浸淫瘡）」をはじめとして『反音作法』紙背文書などの仮名表記やロドリゲス『日本大文典』の日本語観察などの諸例から窺えるが、近世にはその規則的な同化現象の力は失われ、ある種の読み癖として実現するばかりとなった。『音曲玉淵集』において規範として連声で読む語例が示され、また『かたこと』に「連声とてよき言葉なり」と価値意識が記されるのは、そのような背景があってのことである。現代語における「三位」などの特殊な読みは、その化石的な残存である。なお、歴史的には -m と -n の区別はなくなり -n に統合されたため、本来は -m であるのに「感応」「陰陽」となる例も現れる。平曲や謡では、助詞に続く「鬼神は」を「キシンナ」、「時節を」を「ジセット」と読むことが記され、連声が漢字音に留まらない現象であったことも知られる。

[文献] 林史典「日本の漢字音」大野晋ほか編『日本語の世界4　日本の漢字』（中央公論社 1982）　　［加藤大鶴］

連体詞
れんたいし
adnoun

【文法】

　自立語で活用がなく、連体修飾語としてのみはたらくもの。「副体詞」と呼ばれることもある（松下 1928・橋本 1934）。

　主な連体詞として次のものが挙げられる。(1) ある、去る（5月）、(2) 大きな、小さな、おかしな、(3) この、その、わが、(4) あらゆる、いわゆる、大した、とんだ（災難）、(5) かかる（事態）、さる（人物）など。(1)は動詞、(2)は形容詞・形容動詞、(3)は名詞＋助詞、(4)は動詞＋助動詞、(5)は副詞＋動詞が元となっている。このように、連体詞はほかの品詞の用法が衰退し、連体修飾語として固定化したものであると言える。

　上記のような定義に基づくと、連体修飾語の機能がどの程度固定化しているか、ほかの機能がないかどうかが問題となる。たとえば、「最も」「少し」などは「最も東」「少し前」のように名詞を修飾する用法があるが、「最も多い」「少し赤い」のように連用修飾の機能を有することから副詞に分類される。また、「ろくな」「めったな」などは、「ろくな案がない」「めったなことでは動じない」のように、文末に必ず否定的な表現を伴い、連用修飾的な性質を有することから、「陳述の連体詞」と呼ばれることがある（金水 1986など）。さらに、「粒の大きなぶどう」の「大きな」のように叙述用法を有する（「粒の」と主述の関係をとる）ものも見られる。

[文献] 松下大三郎『改撰標準日本文法』（紀元社 1928）、橋本進吉『国語法要説』（明治書院 1934）、小松寿雄「「連体詞」の成立と展開—研究史・学説史の展望」鈴木一彦ほか編『品詞別日本文法講座5 連体詞・副詞』（明治書院 1973）、橘豊「連体詞・副詞と他品詞との関係」同上、金水敏「連体修飾成分の機能」『松村明教授古稀記念国語研究論集』（明治書院 1986）　　　　　[安部朋世]

連濁
れんだく
rendaku; sequential voicing

【音声・音韻】

　複合語（合成語）の後部成素（要素）が濁音化する日本語独自の現象。「アマグモ（雨雲）」、「サンボン（三本）」などがある。

【名称】術語としての「連濁」は江戸時代後期に「連声の濁音」が省略されて生まれた。平安時代から、漢字本来の濁音を「本濁」、連濁の濁音を「新濁」と呼んだ。連濁した語形を「連濁形」、連濁しない語形を「非連濁形」と呼ぶ。「アカッパジ（赤恥）」のような後部成素頭の半濁化は連濁に含めない。

【規則性】語種によって連濁が起きる条件が異なる。和語は特に条件がなくても連濁が起きる。漢語は撥音の後に連濁が起きることが多い。外来語はほとんど連濁しない。和語でも以下の場合は連濁しない。前部成素と後部成素が並列の関係の場合（例：「ヤマカワ（山川）」）。後部成素中に濁音がある場合（例：「ナマタマゴ（生卵）」）。この非連濁規則を連濁研究の嚆矢となる研究を行った Benjamin Smith Lyman の名をとって「ライマンの法則」と呼ぶ。後部成素が前部成素の目的語（ヲ格）である場合（例：「タイルハリ（タイル貼）」）。この場合後部成素は動詞連用形転成名詞であり、その意味は「タイルを貼ること／貼る人」である。ただし完了継続（〜が〜てある）の意味の場合は「タイルバリ」と連濁形になる。その他前部成素の長さ、普通名詞と固有名詞の別、語の意味の違いなどによっても連濁しない場合がある。2字漢語では「カブシキガイシャ（株式会社）」のように日常よく使用される語の場合連濁するものもある。1字漢語（字音形態素）では「ウイザン（初産）」「タシザン（足算）」「トザン（登山）」のように特定の意味・用法で連濁する場合がある。

[文献] 鈴木豊「連濁研究史—ライマンの法則を中心に」『連濁の研究—国立国語研究所プロジェクト論文選集』（開拓社 2017）　　　　　[鈴木豊]

ローマ字
ろーまじ
the Roman alphabet

文字

ヨーロッパで普及している表音文字で、もともとはラテン語を書き表すためのもの。日本語の表記にも使われている。江戸から明治にかけてローマ字表記を広く用いるべきだという議論が起こったが、現在は道路の地名表示に使われる公共サイン、パスポートの名前表示、パソコンの入力時など目にする場所、使用する場面は限られている。

【表記の種類】ローマ字は、ヘボン式、日本式、訓令式という三種類の表記方法が代表的である。ヘボン式はジェームス・ヘボン（アメリカの宣教師で医者）がつくった辞書『和英語林集成』（1867）に採用されていたもので、子音表示が英語式になっている。タ行子音は「ta chi tsu te to」、ハ行子音が「ha hi fu he ho」といった発音重視の表記である。日本式は五十音図の体系を重視した表記で、タ行子音が「ta ti tu te to」、ハ行子音が「ha hi hu he ho」となる。物理学者、田丸卓郎の著書『ローマ字国字論』（1914）で日本式の意義を丁寧に説明している。

この両者が対立していたことを受けて国は、1930年に臨時ローマ字調査会を設置し検討を続けた。その結果を受けて1937年に、内閣訓令（国から自治体などに出す事務関連の命令）として「国語ノローマ字綴方ニ関スル件」が出され、国の方針として訓令式が提案された。これは日本式に近いものであった。

【各方式の特徴】ヘボン式は発音重視のため、英語のように読めばそのまま日本語の音が出るという長所を持っており、英語話者には使いやすい。一方、日本式・訓令式による五十音の体系重視は、活用などの変化を上手に表せる。「立たない、立ちます、立つ、立てば、立とう」といった活用に関する下線部を、日本式・訓令式なら「ta ti tu te to」と表示でき、規則的に変化していることが示せる。

【ローマ字の表記ルール】現在は、「ローマ字のつづり方」（1954）という内閣告示（国が広く一般に向けて行う通知）が基準となっている。この告示は、訓令式を基本としつつ、ヘボン式や日本式も許容するという形になっている。この背景には、1937年に内閣訓令として出した以上、国の方針として訓令式を軽視できないのだが、ヘボン式がすでに普及しているという当時の現状があった。敗戦後の日本は連合国最高司令部に統治されていたが、当時地名表記にヘボン式が採用されていた。そのため、駅名や道路名はヘボン式で書かれることになった。この影響もあり運輸省（現在は国土交通省）がヘボン式を採用することになる。

【学校教育】小学校学習指導要領（2017告示）は、ローマ字の指導を第三学年で行うこととし、「ローマ字のつづり方」に基づくこと、日常使われている簡単な単語を読んで書くことなどの教育内容を記している。また、配慮事項としてコンピュータ入力の指導（総合的な学習の時間）との連携を推奨している。なお、国語の教科書には街の公共サインのローマ字を読んでみる活動が掲載されている。

【公共サイン】国土交通省はヘボン式を採用するとしており、道路には地名や施設名が漢字とともにローマ字表記されている。たとえば「恵比寿橋入口」という信号機についている公共サインには「Ebisu Brdg.」と併記されている。しかし、厳密には日本語と英語が対応していない（英語は恵比寿橋になっている）こと、英語話者でも難しい短縮表示を使うことなど、さまざまな問題点が指摘されている。また、道路の公共サインはヘボン式が誤解されて普及しており、長音を表示しないものが多い。そのため、たとえば滋賀県では、湖南と甲南がどちらも「konan」と表示されている。

[文献] 武部良明『日本語の表記』（角川書店 1979）、本田弘之ほか『街の公共サインを点検する』（大修館書店 2017）

〔岩田一成〕

和歌技巧

わかぎこう

waka rhetorical techniques

社会

　和歌は漢詩に対する日本固有の詩歌形式であり、基本的に五音句と七音句の組み合わせによってさまざまな歌体に分類できる。最も多く一般的なものが短歌で五七五七七の五句からなるが、五七句を繰り返し最後を五七七で終結する長歌、五七七五七七の旋頭歌（五七七を片歌と言い、平安期には五七五五七七の旋頭歌も詠まれた）、五七五七七七の仏足石歌体などがある。五七五句と七七句を順序は任意で別人が詠み付け合わせる短連歌も派生、それから句を鎖のように繋いでいく長連歌が生まれ中世以降流行し、近世の俳諧へと展開していく大きな流れも、広義の和歌の歴史と考えることもできる。一方歌謡など芸能のジャンルとの関係も深い。こうした中で、基本句の音数に足らない例も古くは見えるが（「大和」の枕詞「そらみつ」など）、五音・七音を超過する場合を字余りと言う。『万葉集』の字余り歌の本則は句中に母音の音節を含むこととなり、そのほかの場合も含めて毛利正守が詳細な整理を行っている（毛利 1979）。平安以降になると、本則に合わない事例も増え、京極派では表現技巧として意図的に字余りが多用された。

　和歌に詠む歌語は、日常語とは位相を異にするものと意識され、平安中期には「歌枕」と称され、歌語を集成する歌学書が現れた（『能因歌枕』など）。なお歌枕は中世に入ると、和歌に詠む地名を指す用語となっていく。

【枕詞】枕詞は通常五音節からなり、五音句に位置しあとに続く特定の語を修飾する。その関係性は、意味と音の面から説明される場合が多いが、古伝承に基づく由緒を媒介とするものは関係が不明となり、新たな意味づけが案出されることもあった。平安以降は枕詞を名詞と捉える意識も生じ、「あしひき」を「山」、「ひさかた」を「月」の異名と歌学書に記載する事例も見える。

【序詞】枕詞同様に、あとに続く語句へと導く前置きとして用いられたレトリックで、二句以上にわたり音数に限定なく、枕詞のように定式化されることもない。修飾語句との関係は、（1）比喩によるもの、（2）懸詞によるもの、（3）同音反復によるものの、三種類に分類できる。（1）は「あしひきの山鳥の尾のしだり尾の」が「ながながし」に連接する例、（2）は「我が背子が衣」が「（張る）春雨」を引き起こす例、（3）は「駿河なる宇津の山辺の」が「うつつ」に続く例を掲げることができる。

【懸詞】語句の同音異義を利用して、両意を一首の文脈の中で生かす技巧を懸詞（掛詞）と言う。中国六朝詩に多用される双関語（同音同声調語の意を兼備させる技巧）との関係が指摘され、『万葉集』にその萌芽が見えるが、展開したのは平安以降で、『古今集』に豊富な用例が見出される。なお、濁音専用のひらがながつくられなかったため、清濁は通用して懸けられた。また時代が下ると音韻変化に応じ、表記にはあまり拘泥しない用例も出現した。懸詞の技巧は、詩歌のジャンルはもとより、謡曲や浄瑠璃など主に韻律的な要素を持った作品を中心に、広く用いられていく。

【縁語】一首の内に、主文脈とは関係なく、相互に関係の深い複数の語句を、同音意義などを媒介させ配する技巧で、浮上する語同士の類縁関係から興趣が喚起されるように仕組む。「縁」「寄せ」と称された。『古今集』六歌仙時代に発達、在原業平の「唐衣きつつなれにしつましあればはるばるきぬる旅をしぞ思ふ」は、「唐衣」の縁語「なれ」「つま」「はるばる」「き」をちりばめ、超絶的技巧を示している。

[文献] 毛利正守「万葉集に於ける単語連続と単語結合体」『万葉』100（1979）、久保田淳・馬場あき子編『歌ことば歌枕大辞典』（角川書店 1999）、『和歌文学大辞典』（古典ライブラリー 2014）、渡部泰明編『和歌のルール』（笠間書院 2014）　　　　　　　　　　［兼築信行］

和語
わご
native Japanese word

語彙

　日本語にもともと存在した語。古くは「倭語」とも書き、「大和ことば」とも言った。語種（語の出自）において、他言語から取り入れた借用語（漢語・外来語）に対する固有語を指す。ただし、日本語の系統が不明であるため、固有か借用か判断の難しい場合が多い。漢字の読み方と関連づければおおむね漢字の訓に相当するが、文献以前に日本列島へ移入した古代中国語「馬・梅」はその歴史の長さから和語と見なす。また、「菊・肉」など訓を欠く語は和語と誤認されやすい。

【基本語彙の中核として】高頻度語・広範囲語が多く、全品詞に分布し、活用語尾・助詞・助動詞といった文法機能をもっぱら担う。

【意味】自然物・自然現象を表す語が多い。反対に抽象的概念を表す語は少なく、これらは漢語・外来語が補う。また、一語の表す意味範囲は広くなる傾向にある。たとえば、漢語では「{乗車／乗船／搭乗} する」と目的語により表現し分けるが、和語では「乗る」一語でその意味領域をカバーする。

【語形】オノマトペ・俗語を除き、語頭に（半）濁音・ラ行音が立つことは稀である（「いだす＞だす（出）」、「いばら＞ばら（薔薇）」、「たれ＞だれ（誰）」と変化）。また、「ひ（日・火）」「よ（夜・四）」「海・山」「父・母」「聞く・見る」など基本的な1・2拍語が多い。同音語は漢語ほど多くないため、耳で聞いただけでも意味が分かるという利点を持つ。

【位相】一般的に、和語は日常語的で漢語は文章語的だと言われる。ただし、雅語とも呼ばれる「あけぼの・いにしえ・ふたたび」などから分かるように、文章語には和語系・漢語系の2つがある。

［文献］西尾寅弥「語種」北原保雄監修・斎藤倫明編『新装版　朝倉日本語講座4　語彙・意味』（朝倉書店 2018）

［池上尚］

音 声 器 官

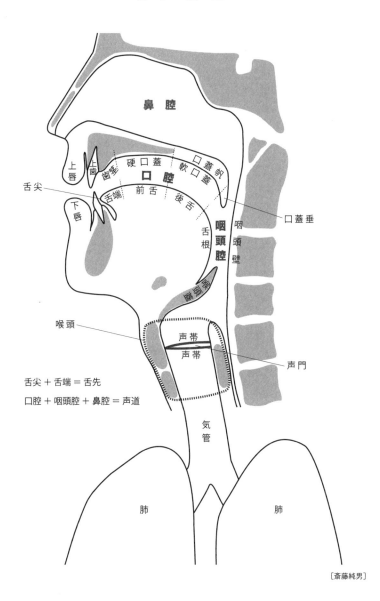

舌尖 ＋ 舌端 ＝ 舌先

口腔 ＋ 咽頭腔 ＋ 鼻腔 ＝ 声道

［斎藤純男］

IPA（国際音声記号）2015年改訂版

子 音（肺臓気流）

	両唇音	唇歯音	歯音	歯茎音	後部歯茎音	そり舌音	硬口蓋音	軟口蓋音	口蓋垂音	咽頭音	声門音
破裂音	p b			t d		ʈ ɖ	c ɟ	k g	q ɢ		ʔ
鼻音	m	ɱ		n		ɳ	ɲ	ŋ	ɴ		
ふるえ音	ʙ			r					ʀ		
はじき音		ⱱ		ɾ		ɽ					
摩擦音	ɸ β	f v	θ ð	s z	ʃ ʒ	ʂ ʐ	ç ʝ	x ɣ	χ ʁ	ħ ʕ	h ɦ
側面摩擦音				ɬ ɮ							
接近音		ʋ		ɹ		ɻ	j	ɰ			
側面接近音				l		ɭ	ʎ	ʟ			

マス目の中の左が無声音、右が有声音。　網かけは調音が不可能と考えられる部分

母 音

記号が2つ並んでいるものは、右が円唇、左が非円唇

子 音（肺臓気流以外）

吸 着 音		有声入破音		放 出 音	
ʘ	両唇	ɓ	両唇	ʼ	例：
ǀ	歯	ɗ	歯（茎）	pʼ	両唇
ǃ	（後部）歯茎	ʄ	硬口蓋	tʼ	歯（茎）
ǂ	硬口蓋歯茎	ɠ	軟口蓋	kʼ	軟口蓋
ǁ	歯茎側面	ʛ	口蓋垂	sʼ	歯茎摩擦

超分節音

ˈ	第1ストレス	ˌfoʊnəˈtɪʃən
ˌ	第2ストレス	
ː	長い	
ˑ	半長の	
̆	特に短い	
|	小（フット）グループ	
‖	大（イントネーション）グループ	
.	音節境界	ɹi.ækt
‿	切れ目のない	

トーンとアクセント

平ら		曲線	
e̋ または ˥	超高平ら	ě または ˩˥	上がり
é または ˦	高平ら	ê または ˥˩	下がり
ē または ˧	中平ら	e᷄ または ˧˥	高上がり
è または ˨	低平ら	e᷅ または ˩˧	低上がり
ȅ または ˩	超低平ら	e᷈ または ˧˩˧	上がり下がり
↓	ダウンステップ	↗	全体的上昇
↑	アップステップ	↘	全体的下降

その他の記号

ʍ	無声両唇軟口蓋摩擦音
w	有声両唇軟口蓋接近音
ɥ	有声両唇硬口蓋接近音
ʜ	無声喉頭蓋摩擦音
ʢ	有声喉頭蓋摩擦音
ʡ	喉頭蓋破裂音

ɕ ʑ	歯茎硬口蓋摩擦音
ɺ	歯茎側面はじき音
ɧ	ʃ と x の同時調音

破擦音と二重調音は、必要があれば2つの記号を次のように結合させて表すことができる

ts k͡p

補助記号　下に伸びた記号にはその上に付けてもよい　例：ŋ̊

̥	無声の	n̥ d̥	̤	息もれ声の	b̤ a̤	̪	歯音の	t̪ d̪
̬	有声の	s̬ t̬	̰	きしみ声の	b̰ a̰	̺	舌尖で調音する	t̺ d̺
ʰ	帯気音化した	tʰ dʰ	̼	舌唇の	t̼ d̼	̻	舌端で調音する	t̻ d̻
̹	より丸めの強い	ɔ̹	ʷ	唇音化した	tʷ dʷ	̃	鼻音化した	ẽ
̜	より丸めの弱い	ɔ̜	ʲ	硬口蓋化した	tʲ dʲ	ⁿ	鼻腔開放の	dⁿ
̟	前寄りの	u̟	ˠ	軟口蓋化した	tˠ dˠ	ˡ	側面開放の	dˡ
̠	後ろ寄りの	e̠	ˤ	咽頭化した	tˤ dˤ	̚	開放のない	d̚
̈	中央寄りの	ë	̴	軟口蓋化あるいは咽頭化した	ɫ			
̽	中舌寄りの	e̽	̝	より狭い	e̝ (ɹ̝ = 有声歯茎摩擦音)			
̩	音節主音の	n̩	̞	より広い	e̞ (β̞ = 有声両唇接近音)			
̯	音節副音の	e̯	̘	舌根が前に出された	e̘			
˞	r音色の	ɚ a˞	̙	舌根が後ろに引かれた	e̙			

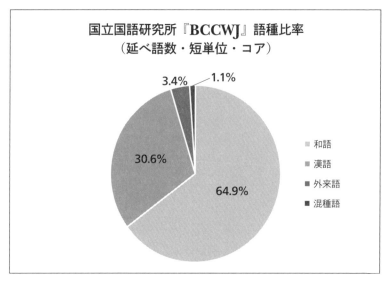

国立国語研究所『BCCWJ』語種比率
（延べ語数・短単位・コア）

3.4%　1.1%

和語
漢語
外来語
混種語

30.6%

64.9%

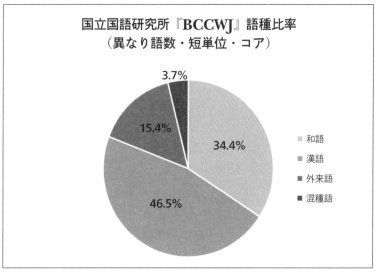

国立国語研究所『BCCWJ』語種比率
（異なり語数・短単位・コア）

3.7%

和語
漢語
外来語
混種語

15.4%

34.4%

46.5%

『現代日本語書き言葉均衡コーパス』（BCCWJ）の「中納言」データ Ver.1.1 に基づく「BCCWJ語種構成表（Version 1.1）」（https://pj.ninjal.ac.jp/corpus_center/bccwj/bcc-chu.html）より集計

［池上尚］

語法から見た東西方言境界線

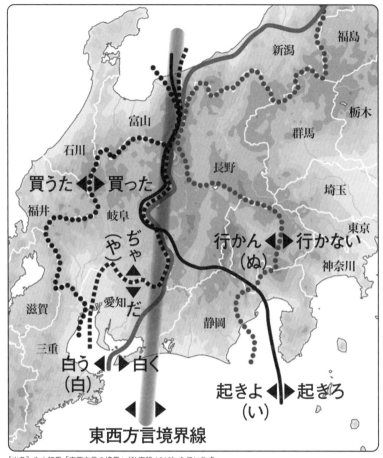

[出典] 牛山初男「東西方言の境界」（私家版 1969）を元に作成

かたつむり（蝸牛）の方言

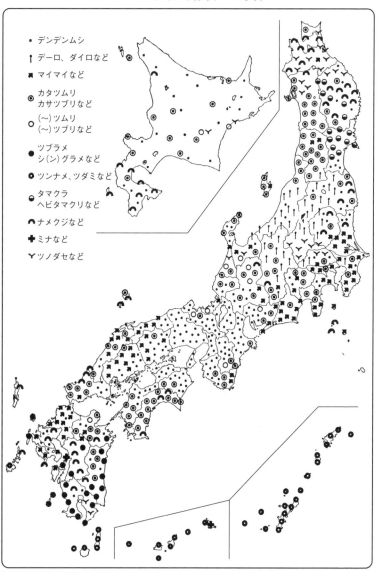

- ・ デンデンムシ
- ↑ デーロ、ダイロなど
- 🪰 マイマイなど
- ◉ カタツムリ
  カサツブリなど
- ○ （〜）ツムリ
  （〜）ツブリなど
- ● ツブラメ
  シ（ン）グラメなど
- ◕ ツンナメ、ツダミなど
- ◓ タマクラ
  ヘビタマクリなど
- ⌒ ナメクジなど
- ✚ ミナなど
- Ｙ ツノダセなど

［出典］徳川宗賢『日本の方言地図』（中央公論社 1979）を元に作成。佐藤亮一担当執筆

詳細品詞分類

*学校文法を基準にした。

A 自立語：それだけで文節をつくれる（独立した言い方ができる）もの

A1 活用のないもの：名詞・副詞・連体詞・接続詞・感動詞

A1-1 主語になるもの（体言）：名詞

- 代名詞：「私」「これ」等。かつては体言を「名詞」「代名詞」に二分する考え方もあった。英語等では形が変わるが日本語では他の名詞と区別はない。
- 形式名詞：「こと（だ）」「つもり（だ）」「ところ（だ）」等。文法形式化した名詞。文末で使われるものには、助動詞として扱えるものもある。
- 動名詞：「勉強」等。「〜する／〜できる／〜なさる」等の形で動詞となる。
- 数量詞：「一本」等。数量を表す。名詞の直後や「ガ・ヲ」等の格助詞の後に来て連用修飾ができる。
- 主語になりにくい形容的名詞（第三形容詞）：「黒ずくめ」「満員」「海千山千」等は、格助詞につく点、「〜だ」等と言える点で名詞として扱われることが多いが、実際には主語になることはほとんどなく、名詞ではないとも言える。
- 上記以外の一般名詞：意味によって固有名詞、普通名詞がある。普通名詞には、「昨日」「毎日」等境遇性のある時間名詞のほか、「事実」「実際」等述べ方の注釈的用法を持つものなど副詞化したものもある。そのほか、「性格」等他との関係で指示対象が決まる関係的な名詞（非飽和名詞とも。「性格（＝がどうか）を聞く」「〜な性格だ（文末名詞）」等、語により多様な用法）、場所名詞や方向名詞など動詞との共起制約があるものもある。

A1-2 修飾語になるもの

■主として用言（形容詞、形容動詞、動詞）を修飾するもの：副詞

- 情態副詞：「ふわふわ」「わざと」等。動きの多様な側面を修飾する。「〜と」「〜に」という形も多い。「〜している」という形になるものもある。オノマトペも多い。
- 程度副詞：「かなり」「大変」「ちょっと」等。文末制約があるものもある。量を表せるかどうかなどの違いもある。
- 陳述副詞：「もし〜ば」「めったに〜否定」等の呼応があるものが多い。「ぜひ」「たぶん」等の叙法副詞、「ただ」等の取立て副詞等、多様なものがある。

■名詞を修飾するもの：連体詞

- 指示詞系：「この」「こんな」等。コソアドことば（指示語）。
- その他：「大きな」「ろくな」（否定呼応を要求する点で異質）等の不完全形容動詞系、「いわゆる」「あらゆる」「或る」等。

A1-3 文からやや独立して使われるもの（あとに読点を打つことも多い）

■違う文や節との接続関係を表すもの：接続詞

- 文中成分接続可能接続詞：「および」等の並列、「あるいは」等の選択など。
- 文境界接続詞：「だから」等の順接、「しかし」等の逆接、「さて」等の転換、「さらに」等の累加、「つまり」等の言い換え、「たとえば」等の例示など。

■感動を表すものやコミュニケーションの場で独立して使われるもの：感動詞

- 応答詞：「へえー」「はい」「いいえ」等。
- 感嘆詞（情動的感動詞）：「あっ」「ああ」「ぎゃあ」等。
- 挨拶：「おはよう」等（出会い）、「ごめん」「ありがとう」（関係修復）等。
- 掛け声（行為遂行感動詞）：「さあ」「どっこいしょ」「わっしょい」等。
- 呼びかけ詞：「おい」「ねえ」「こら」等。
- 言いよどみ（フィラー）：「あー」「えーと」「そのー」等。

A2 活用のあるもの（用言＝それだけで述語になれるもの）：動詞・形容詞・形容動詞

A2-1

■ウ段の音で言い終わるもの：動詞：次のようにさまざまな観点から下位分類がある。

・他動詞・自動詞：ヲ格をとるのが他動詞、とらないのが自動詞（ただし、通過点を表す「を」を除外する立場もある）。一般には「壊す・壊れる」等、変化があるものでは自他の対応関係が見られる（有対自・他動詞）。この場合、他動詞では対象が変化するが、対応する自動詞は主体が変化する（非対格自動詞）。一方、対応がないもの（無対自・他動詞）に、「走る」等主体が能動的に関わる自動詞（非能格自動詞）や「蹴る」等対象変化がない他動詞がある。

・意志動詞・無意志動詞：意志動詞は命令形や意志形などで使え、「〜てみる」「〜おく」等が言える。他動詞や非能格自動詞が多い。

・動き動詞・非動き動詞：特定の時間で発生する動きを表すのが動き動詞。非動き動詞には「ある」等の状態動詞、「優れる」等の様態性の動詞（テイル形で終わる）等がある。「見える」「飲める」等動きとしても状態としても使える動詞もある。

・可能動詞：「飲める」など五段活用動詞語幹にeruがついた形、「できる」。（非五段活用は助動詞「られる」を使うが、ラ抜きことばと言われるように「ら」を落とした形も増えてきている）。

・補助動詞：「〜ておく」等、テ形につく形式化した動詞。

・文法的複合動詞：「〜続ける」「〜過ぎる」等、組み立て的な複合動詞。

・複合助詞化した動詞：「〜について」「〜によって」等。元は動詞だが助詞化している。

A2-2

■言い終わりが〜イになるもの：形容詞（イ形容詞・第一形容詞）

・シイ型（古典語ではシク活用）「嬉しい」等の情意性形容詞が多い。

・非シイ型（古典語ではク活用）「白い」等。比較的多くが情態性形容詞。形容詞などの否定には「ない」という形容詞がつく（補助形容詞）。

A2-3

■言い終わりが〜ダ〜デス、名詞の前では〜ナになるもの：形容動詞（ナ形容詞・第二形容詞）。

・古典語では「なり活用」「たり活用」の2つがある。たり活用は現代語では存在しないが、「堂々と」という副詞、「堂々たる」という連体詞をまとめれば、連用形と連体形の残存とも言える。「変だ」「クリアだ」等漢語や外来語のものも多いが、「確かだ」など和語もある。「同じだ・*同じな」「いろいろ｛な・の｝」等活用形が違うものもある。

B 付属語：それだけで文節をつくれないもの

B1 ■活用のあるもの：助動詞

未然形接続系：動詞の拡張接尾語的なもの、非現実性に関わるものなどがある。

・受け身・可能・尊敬：「（ら）れる」。可能は五段活用動詞では可能動詞となる。

・使役：「（さ）せる」「（さ）す」。

・否定：ない・ぬ：「〜なければならない」等否定を含む助動詞的連語もある。

・不確実・意志：「（よ）う」：意志勧誘用法では「（よ）う」、推量や確認的用法では「だろう」の形で使われる。「だろう」は本来「断定の助動詞ダの未然形＋う」だが、断定の意味を無くし、用言に直接付き助動詞化している。

連用形接続系：主に完了系、品詞拡張系。

・過去・完了：「た」「優れた〜」等性質の成立を表す用法もある。

・希望：「たい」：「水｛が・を｝飲みたい」のように2通りの言い方がある。

・丁寧：「ます」：否定の過去は「ませんでした」となる。

・様態：「そうだ・そうです」：「忙しそうだ」「落ちそうだ」のようにどう見えるか、直前の様相などを形容動詞的に表

す。「よさそうだ」など形容詞によって
は「さ」が入る。

終止形・連体形接続系：推量など、文の述
べたてに関するものが多い。

・類似：「ようだ」：類似を表すところか
ら、比喩・推量・例示を表す。
：「らしい」：推量・伝聞を表す。名詞に
つくこともできる。

・伝聞：「そうだ」：連体形がなく名詞が来
る場合には「という」などになる。

・必要：「べきだ」：連体形は「べき」。

・「う・よう」の否定：「まい」。

・「方がいい」「かもしれない」など助動詞
化した連語もある。

名詞接続系：断定の意味に関わる。

・断定：「だ」：「か」「らしい」などに続く
場合は消える（本だ＋か→本か？）文章
語では連用形の「で」に「ある」をつ
け、「である」となることもある。断定
詞、判定詞、コピュラなどと呼ばれるこ
ともある。

・丁寧断定：「です」：「白いです」のよう
に形容詞などに断定の意味なしに接続す
ることがある。

B2■活用のないもの：助詞

格助詞：名詞につくもの。

・構造的な格助詞：「が」「を」「に」「の」
がつかない。

・意味的な格助詞：「へ」「から」「と」「で」
「より」「まで」等：「の」がつく。

・連体助詞：「の」（「私の本」「受験生の
娘」のように所有や同格などを表す。
「おいしいのがいい」等、名詞句を構成
するものは準体助詞とも呼ばれる。）

・並列格助詞：「と」「や」「とか」「やら」

副助詞（とりたて助詞）：取り立てを表す
もの。

・古典語で係助詞（対比・累加・強調等）：
「は」「も」「こそ」等。

・極限：「さえ」「まで」「すら」等。

・限定：「だけ」「のみ」「ばかり」等。

・例示（評価も表すことがある）：「なん
か」「くらい」「でも」等。

・並列：「やら」「とか」（例示用法も）等。

接続助詞：接続を表すもの。

・単純系：「て」：日本語教育などでは、
「テ形」という形で動詞の1つの形として
扱われることがある。「歩いてくる
（補助動詞）」「歩いて渡る（動きの様
子）」「いったん入って出る（続きの動
き）」「うるさくて困る（原因）」「お金は
あって、時間がない（並列）」等、独立
度に対応して多様な用法を持つ。

・条件系：前件が後件の前提条件やきっか
けになるもの：
「なら」：仮説的に言う。話を受ける用法
もある。
「と」「ば」「たら」（「た」の仮定形とす
る考え方もある）：偶然確定用法もあ
る。文末制約などがそれぞれ違う。

・譲歩（逆条件）系：「ても」等。

・順接確定（原因理由）系：「から」「ので」
等。

・逆接確定系：「けれど」「が」（注釈的用
法などもある）、「のに」等。

・並列系：「たり」「とか」は「する」を続
ける構造。「し」など比較的独立度の高
いものもある。

・同時系：「ながら」「つつ」（動詞句につく）

終助詞：文末に使われるもの。文の終結
した形につく。イントネーションにも関
わる。同一系では共起しないが別の系と
はこの順で共起できる。

・認識系（平叙）：「わ」「ぞ」：認識の仕方
を表す。「じゃないか（じゃん）」等も名
詞につかない場合は終助詞と見なせる。

・認識系（疑問）：「か」：「～か（知らない）」
など文中で接続助詞的に使われるものと
区別する考え方もある。

・認識系（禁止）：「な」：禁止を表す。

・伝達系：「よ」「さ」：典型的には相手に
伝達する意味をそえる。

・確認・詠嘆系：「ね」「な（あ）」：確認や
詠嘆を表す。

間投助詞：文中で間投的に使われるもの。

・「ね」、「さ」等。

〔森山卓郎〕

敬語分類対照表

三分類	五分類	敬意の対象	代表形式
尊敬語	尊敬語	主語・所有者	られる　なさる　お〜になる　お〜等
謙譲語	謙譲語Ⅰ	動きの相手（主語以外）	お〜する　お〜申し上げる　頂く等
	謙譲語Ⅱ*	聞き手	致す　おる等（「〜ます」の形で使用）
丁寧語	丁寧語**	聞き手	です・ます・ございます
	美化語***	特になし	お〜（お金・お茶　等）

【解説】

　これは、平成19年度文化審議会答申（19.2.2）「敬語の指針」での敬語五分類とそれ以前の三分類を対照して整理したものである。

　*謙譲語Ⅱは「丁重語」とも呼ばれ、「おり（ます）」のようにふつう「ます」を伴い、聞き手への敬意を高める。主語が下がるので、「主語を下げることで敬意の対象を上げる」という捉え方ができる。謙譲語Ⅰは実は主語を下げているわけではないが、謙譲語Ⅱとともに、主語を上げる尊敬語との違いから、「謙譲語」として位置づけられた。しかし、本来はかなり性質の違うものと言える。なお、「弊社」「拙者」等も聞き手を意識して謙譲的に使われるので謙譲語Ⅱに該当する。

　**命令文での「なさい」「ください」等は実質的には丁寧語と言うべきだが、指針では規定されておらず、尊敬語「なさる」「くださる」の命令形という扱いと見られる。「くださいませ」の「ませ」は「ます」の命令形。

　***美化語は誰かを高めるわけではない。単に「金」「茶」と言うと乱暴な印象があるので「お金」「お茶」のように「お」をつける。その点で、三分類で考えた場合でも丁寧語とは本来異質と言える。なお、「（金魚に餌を）あげる」等もこの用法と言える。　　　　　　　［森山卓郎］

学校文法と日本語教育との動詞の形の呼び方の対応例

学校文法	日本語教育などの用語
未然形＋ない	：ナイ形
未然形＋う・よう	：意志（意向）形
連用形＋ます	：マス形
連用形＋て・た	：テ形・タ形
終止形・連体形	：辞書形
仮定形＋ば	：バ形

［森山卓郎］

ローマ字による古典語・現代語対照形容詞活用表

古典語				現代語
	ク活用	シク活用	カリ活用	
例	暑し	悲し	（し）く＋あり	暑い／悲しい
語幹	ATU	KANA		ATU/KANASI
未然	ku	siku	(si)kara	karo
連用	ku	siku	(si)kari	katt　ku　u
終止	si	si	–	i
連体	ki	siki	(si)karu	i
已然	kere	sikere	–	kere
命令	–	–	(si)kare	–

【解説】
　形容詞の活用をローマ字書きで現代語と古典語を対照して整理したものである。古典語のカリ活用は、ク活用とシク活用とを合わせて示す。「すさまじ」などシク活用の「し」が「じ」の場合もある。
　　　　　　　　　　　　　　　　　　　　　　　　　　　　　　　　　　　　　　［森山卓郎］

ローマ字による古典語・現代語対照動詞活用表

活用	四段	ナ変	ラ変	下一	下二	上一	上二	カ変	サ変	接続例
例	押す	死ぬ	あり	蹴る	捨つ	見る	過ぐ	来る	する	
語幹	OS	SIN	AR	K	SUT	M	SUG	K	S	
未然	a	a	a	e	e	i	i	o	e	ず
連用	i	i	i	e	e	i	i	i	i	て・たり
終止	u	u	i	eru	u	iru	u	u	u	べし
連体	u	uru	u	eru	uru	iru	uru	uru	uru	ごとし
已然	e	nure	e	ere	ure	ire	ure	ure	ure	ば・ども
命令	e	ne	e	eyo	eyo	iyo	iyo	o(yo)	eyo	！

活用	五段				下一	上一		カ変	サ変	接続例
例	押す	死ぬ	ある	蹴る	捨てる	見る	過ぎる	来る	する	
語幹	OS	SIN	AR	KER	SUT	M	SUG	K	S	
未然	a				e	i		o	i	ない
連用	i				e	i		i	i	て・た
終止	u				eru	iru		uru	uru	けれど
連体	u				eru	iru		uru	uru	こと
仮定	e				ere	ire		ure	ure	ば
命令	e				ero	iro		oi	iro	！
意志	o				e＋	i＋		o＋	i＋	（う・＋よう）
別称	1類				2類			3類		

【解説】
　動詞の活用をローマ字書きで現代語と古典語を対照して整理したものである。現代語の五段活用動詞は、語幹末子音によって、「書いて」「死んで」「蹴って」など、「連用形＋た・て等」の形が違う。語幹の認定には別の考え方もある。
　　　　　　　　　　　　　　　　　　　　　　　　　　　　　　　　　　　　　　［森山卓郎］

英日対照表

【A】

abbreviation　略語
accent　アクセント（現代語）
acoustic phonetics　音響音声学
address term　呼称
addressee honorifics　丁寧語
adjacency pair　隣接対
adjective　形容詞
adnoun　連体詞（副体詞）
adverb　副詞
affix　接辞
agreement　一致
alexia　失読症
allegory　諷喩
allophone　異音
alphabet　アルファベット
antonym　対義語
aphasia　失語症
arbitrariness　恣意性
articulatory phonetics　調音音声学
aspect　アスペクト（相）
aspiration　気息
attitudes towards dialect　方言意識
attitudinal expression　待遇表現
auditory phonetics　聴覚音声学
autonomous word　自立語
Aynu (Ainu)　アイヌ語

【B】

base　語基
basic vocabulary　基礎語彙・基本語彙
benefactive expression　授受表現
bibliography　書誌学
borrowed word　外来語
braille　点字

【C】

case　格
case particle　格助詞（格助辞）
catathesis　カタセシス
character　文字
character form　字体
character shape　字形
character type　字種
clause　節
clear sound　清音
clipped word　略語
clitic　接語
closed syllable　閉音節
coda　尾子音
cognitive linguistics　認知言語学
cohesion　結束性
colloquial style　口語
common language　共通語
comparative linguistics　比較言語学
complementary distribution　相補分布
complex onset mora　拗音
complex sentence　複文
compound sentence　重文
compound word　複合語
concentric circle theory of dialect divergence
　方言周圏論
concord, congruence　呼応
conditional allophone　条件異音
conditional expression　条件表現・条件表現
　（古典）
conjugating verbal suffix　助動詞
conjugation　活用
conjunction particle　接続助詞
conjunctive adverb　接続詞
consonant　子音
construction　構文
context　コンテクスト（コンテキスト）（文脈）

contrastive linguisitics　対照言語学

conversation analysis　会話分析

conversational implicature　会話の含意

conversational part　会話文

coordination　並列（並立・等位接続）

copula　コピュラ

corpus　コーパス

corpus linguistics　コーパス言語学

creole　クレオール

critical discourse analysis（CDA）　批判的談話
　分析

cross-reference　相互照応

【D】

deixis　ダイクシス

demonstrative　指示詞

derivation　派生

diachrony　通時態

dictionary　辞書

discourse　談話（ディスコース）

discourse analysis　談話分析

discourse marker　談話標識

discriminatory term　差別語

(distinctive) feature　（弁別）素性

doublet　二重語

downstep　ダウンステップ

dual　双数

dyslexia　読字障害

【E】

emotive expression　感情表現・感覚表現

encyclopedia　辞書

epistemic modality　認識的モダリティ

error analysis　誤用分析

ethnomethodology　エスノメソドロジー

etymology　語源（学・論）

euphemism expression　婉曲表現

euphonic change　音便

event　出来事

evidentiality　証拠性

exalted form　尊敬語

exclamatory expression　詠嘆

existential expression　存在表現

experimental phonetics　実験音声学

explicature　明意

expressive vocabulary　使用語彙

extension　外延

【F】

filler　フィラー

first language　第一言語

first language acquisition　第一言語習得

focalization　とりたて

focus　フォーカス（焦点）

foot　フット（韻脚）

foreign borrowing　外来語

form class　形式類

formal noun　形式名詞

formant　フォルマント

free allophone　自由異音

【G】

geminate consonant　二重子音

gender　ジェンダー

generative grammar　生成文法

genre　ジャンル（文種）

glossed materials　訓点資料

glyph　字形・字体

government　支配

grammatical category　文法カテゴリー

grammatical change　文法変化

grammaticalization　文法化

grapheme　書記素

greeting　挨拶

【H】

half-muddy sound　半濁音

hearsay　伝聞

heavy syllable　重音節

hiatus；VV　母音連続

honorifics　敬語

humble form　謙譲語

hybrid word　混種語

【I】

iconicity　類像性
ideographic script　表意文字
ideophone　オノマトペ
idiom　慣用句
illocutionary force　発話の力
immotivé（仏）　無縁
imperative　命令
implicature　暗意、含意、推意
incomplete sentence　言いさし表現
indirect speech act　間接発話行為
inference　推量
inferential expression　推量表現（古典）
insubordination　従属節の主節化
intension　内包
interjection　感動詞
interjectory particle　間投助詞
interlanguage　中間言語
intonation　イントネーション
intransitive verb　自動詞
irony　反語
isochronism　等時性

【J】

jūbako-yomi; partly Sino-Japanese, partly
　native Japanese reading　重箱読み

【K】

kaigō; open-closed distinction　開合
kakari-musubi　係り結び
kana; Japanese syllabogram　仮名
kana orthography　仮名遣い
kana suffix following kanji　送り仮名
kanji; Chinese character　漢字
kanji for common use　常用漢字
Kirishitan materials　キリシタン資料

【L】

langage（仏）　ランガージュ

language　言語
language acquisition　言語習得（獲得）
language behavior　言語行動
language contact　言語接触
language life　言語生活
langue（仏）　ラング
letter　文字
lexicon　語彙
light syllable　軽音節
linearity　線条性
linguistic geography　言語地理学（方言地理
　学・地理言語学）
linguistic relativity　言語相対論
linguistic typology　言語類型論
linguistic variety　言語変種
literary style　文語
loanblend　混種語
loanword　外来語
logographic script　表語文字
long vowel　長音

【M】

main clause　主節
merge　併合
mermaid construction　人魚構文
metalanguage　メタ言語
metaphor　メタファー（隠喩）
metonymy　メトニミー（換喩）
metrical phonology　韻律音韻論
mimetic word　オノマトペ
minimal pair　ミニマル・ペア（最小対）
minus treatment expression　卑罵語
modality　モダリティ（様態）
modification　修飾
mood　ムード（法）
mora　モーラ（拍）
moraic nasal　撥音
moraic obstruent　促音
morpheme　形態素
morphological change　形態変化
morphology　形態論

mother tongue　母語
muddy sound　濁音

【N】

-na adjective (second adjective)　形容動詞
native Japanese reading　訓読
narrative part　地の文
nasalized voiced onset mora　鼻濁音
national language policy　国語施策
native Japanese word　和語（大和ことば）
native language　母語
native signer　手話言語母語話者
negation　否定
neologism　新語
nominal　体言
non-verbal communication　ノンバーバル・コミュニケーション
non-volitional verb　無意志動詞
noun　名詞
nucleus　核
number　数

【O】

object honorifics　謙譲語
object language　対象言語
official language　公用語
onset　頭子音
open syllable　開音節
orthography　正書法

【P】

palatal sound　口蓋音
paradigmatic　範列的
paradigmatic relation　範列的関係
paragraph　段落
paralinguistic information　パラ言語情報
parole (仏)　パロール
parts of speech　品詞
peak　頂点
pejorative language　卑罵語
person　人称

personification　活喩
perspective　視点
phoneme　音素
phonetic sound　音声
phonetics　音声学
phonographic script　表音文字
phonology　音韻論
phrasal unit　文節
phrase　句
pidgin　ピジン
plural　複数
point of view　視点
polarity　極性
polite form　丁寧語
politeness　ポライトネス
political correctness (PC)　政治的公正性
polysemic word　多義語
postposition　後置詞
postpositional particle　助詞
pragmatics　語用論
predicate　述語
prohibitive　禁止
prominence　プロミネンス
pronoun　代名詞
proper noun　固有名詞
prose　散文
prosody　プロソディー（韻律）
psycholinguistics　心理言語学
punctuation mark　句読点

【Q】

quantifier　数量詞
quantifier expression　数量表現
quantitative linguistics　計量言語学
question　疑問
quotation　引用

【R】

-ra-nuki kotoba　ラ抜きことば
receptive vocabulary　理解語彙
reference　概念・指示

referent　指示対象

refined language　雅語

regional dialect　地域方言

register　位相

register-specific language　位相語

rendaku; sequential voicing　連濁

repair　修復

repetition　反復

reportative　伝聞

respectful language　尊敬語

rhetoric　修辞法

rhyme　ライム

role language　役割語

root　語根

ryme dictionary, ryme book　韻書

【S】

sandhi　連声

school grammar　学校文法

scope　スコープ

script　文字

second language acquisition　第二言語習得

segment　分節音

segmental script　音素文字

semantic change, semantic shift　意味変化

semantics　意味論

sentence　文

sentence element　文の成分

sentence-final particle　終助詞

sentence patterns　文型

shōmono; Muromachi-period commentaries on Chinese classics and Buddhist scriptures　抄物

sign language　手話

signifiant（仏）　シニフィアン（能記）

signifié（仏）　シニフィエ（所記）

simile　直喩

simple sentence　単文

simplex onset mora　直音

singleton consonant　単子音

singular　単数

Sino-Japanese word　漢語（字音語）

slang　スラング（俗語）

small kana added to kanji to indicate pronunciation　振り仮名

sociolect, social dialect　社会方言

sociolinguistics　社会言語学（言語社会学）

sound change　音変化

sound symbolism　音象徴

special kana usage in Old Japanese　上代特殊仮名遣

speech act　発話行為（言語行為）

speech-language disorder　言語障害

speech role　発話役割

spoken language　話しことば

standard language　標準語

stem　語幹

stroke order　筆順

style　スタイル（文体）

subject　主語

subject honorifics　尊敬語

subordinate clause　従属節

syllabary　音節文字

syllable　シラブル（音節）

synchrony　共時態

synecdoche　シネクドキー（提喩）

synnomous word　付属語

synonym　類義語・同義語（同意語）

syntagmatic relation　統合的関係

syntax　統語（論）・構文（論）

【T】

teniwoha; Japanese particles　てにをは

tense　テンス（時制）

tertium comparationis (TC)　比較の第三項

text　文章

the gojūon table; system of ordering kana　五十音図

the grammatical theory of Hashimoto Shinkichi　橋本文法

the grammatical theory of Matsushita Daizaburo　松下文法

the grammatical theory of Otsuki Fumihiko　大槻文法

the gramamatical theory of Tokieda Motoki　時枝文法

the gramamatical theory of Yamada Yoshio　山田文法

the history of Japanese accent　アクセント（歴史）

the Iroha; poem used for ordering kana　いろは歌

the merger of non-initial [Φ] with [w]　ハ行転呼音

the Roman alphabet　ローマ字

the Ryukyuan languages　琉球語

the Sapir-Whorf hypothesis　サピア・ウォーフの仮説

thesaurus　辞書

time expression　時の表現（古典）

topic　主題

transitive verb　他動詞

transitivity　他動性

turn　ターン

turn construction unit; TCU　ターン構成単位

types of sentences　文のタイプ

【U】

universal grammar　普遍文法

unpleasant term　不快語

【V】

variant character　異体字

velar sound　軟口蓋音

verb　動詞

verbal　用言

verse　韻文

vocabulary　語彙

vogue word　流行語

voice　ヴォイス（態）

voice onset time　VOT（声立て時間）

voiced sound　有声音

voiceless sound　無声音

volitional verb　意志動詞

vowel　母音

vowel devoicing　母音の無声化

vowel harmony　母音調和

【W】

waka rhetorical techniques　和歌技巧

Western studies in the Edo period　洋学

word　語

word formation　語構成

word order　語順

wordplay　ことば遊び

writing　表記・文字

written language　書きことば

【Y】

yotsugana; the phonetic distinction between /zi/, /di/, /zu/, and /du/　四つ仮名

yutō-yomi; partly native Japanese, partly Sino-Japanese reading　湯桶読み

明解日本語学辞典

2020 年 5 月 30 日　第 1 刷発行

編　者　森山卓郎、渋谷勝己
発行者　株式会社　三省堂　代表者　北口克彦
印刷者　三省堂印刷株式会社
発行所　株式会社　三省堂
　　　　〒 101-8371
　　　　東京都千代田区神田三崎町二丁目 22 番 14 号
　　　　電話　編集 (03)3230-9411　営業 (03)3230-9412
　　　　商標登録番号　5028257
　　　　https://www.sanseido.co.jp/

落丁本・乱丁本はお取り替えいたします。
©Takuro MORIYAMA, Katsumi SHIBUYA 2020
Printed in Japan
ISBN978-4-385-13580-9
〈明解日本語学辞典・208pp.〉